JACOB HOLDT
BILDER AUS AMERIKA

Eine Reise durch das schwarze Amerika

S. FISCHER

Aus dem Dänischen von Peter Jacobi

19. bis 22. Tausend
Originaltitel der dänischen Ausgabe: »Amerikanske Billeder«

Layout: Kitte Fennestad
Umschlagentwurf: Atelier Rambow, Lienemeyer, van de Sand
unter Verwendung einiger Fotos des Autors
Satz: Otto Gutfreund & Sohn, Darmstadt
Druck und Einband: Carl Ueberreuter, Wien
Printed in Austria 1978
ISBN 3 10 034101 5

Vorwort

»Du mußt an das Beste im Menschen glauben und das Schlimmste in Zweifel ziehen. Sonst wird das Schlechteste überhandnehmen.«

Jose Marti, kubanischer Freiheitsheld

»Wir wissen jetzt, daß kein Weg herausführt, daß ›das System‹, dieses bösartige Produkt öffentlicher Versäumnisse und privater Besitzgier, bestehenbleiben und auf ewige Zeit ein Sturmzentrum für unsere Zivilisation sein wird. Wir können nichts anderes tun als versuchen, das Beste aus einem schlechten Geschäft herauszuholen. Falls es so aussehen sollte, als ob die Leiden und das Unrecht der ›anderen (armen) Hälfte‹ und all das Böse, das dadurch verursacht wird, nichts anderes als eine gerechte Bestrafung dieser Gesellschaft sind, die ihr keine andere Wahl ließ, so deshalb, weil es die Wahrheit ist.«
Als ich im Sommer 1975 zufällig in eine Buchhandlung in San Francisco hineinstolperte, fand ich dort das Buch von Jacob A. Riis »How The Other Half Lives«, aus dem das Zitat stammt. Niemals vorher hatte ich etwas von Jacob Riis gehört, und das Buch machte deshalb einen so starken Eindruck auf mich, daß ich beschloß, es mitgehen zu lassen, was ein wenig über meine wirtschaftliche Situation zu diesem Zeitpunkt sagt. Die Entdeckung von Jacob Riis sowie der Mord an zweien meiner besten Freunde in San Francisco brachten mich dazu, den USA den Rücken zu kehren, einem Land, das ich so sehr lieben gelernt hatte, daß ich eigentlich hatte bleiben wollen. Auf jeden Fall hatte ich niemals daran gedacht, wieder nach Dänemark zurückzukehren. Als ich es 1970 verließ, schickte ich von Kanada aus einen einhundertfünfzig Seiten langen stürmischen Brief an meine Freunde. Ein kurzer Auszug aus diesem Brief zeigt, welcher Art meine Gefühle gegenüber Dänemark zu jenem Zeitpunkt waren.
»Wir alle sind schuldig! Du auch, Kaj. Auch wenn Du noch ein paar Fenster in der Botschaft, bei PanAm, in der Pilestraede, im Folketing eingeworfen hast... Solange nur ein einziges Fenster im ganzen Land noch heil ist, sind wir schuldig an den Verbrechen des Westens in Indochina... Aber wenn diese Scheibe eingeworfen ist..., vielleicht merkt dann die Regierung, aus welcher Richtung der Wind bläst... Und vielleicht dringt dann der Leichengestank ein, und sogar Paul Möller mit seiner königlichen Nase wird ihn bemerken. Zerbrecht alle Scheiben Dänemarks, so daß selbst der kälteste Konservative den Gestank napalmverbrannter Haut bemerkt! – So daß selbst Hartling nachts mit Schweiß auf der Stirn erwacht und die Todesschreie der Kinder hört, die von Splitterbomben durchbohrt sind! Und wenn es dann immer noch einige Konservative gibt, denen der Gestank seine Visitenkarte noch nicht überreicht hat, einige steinharte Seelen, die nicht protestieren..., dann zerstöre sie auch – denn sie haben Herzen aus Glas – und was ist Gewalt gegen Glas im Vergleich zu der Gewalt, die wir in Vietnam üben! Zerstört alle Scheiben im Lande! Zerstört die vier bluttriefenden Scheiben in der Flagge Dänemarks. Zerstört alles – solange dies die einzige Hilfe ist, die wir den Vietnamesen geben können – solange die Bourgeois in unserer Regierung uns zwingen, zu diesen Mitteln zu greifen. Nach unserer letzten Schäferstunde mit dem Glasklotz in der My-Lai-Nacht fuhr ich traurig und gebrochen nach Hause. Ein stiller Regen drückte derartig auf die Stimmung, daß man nur dastehen und Wasser aus seiner seelischen Plattfüßigkeit in eine diluvianische Verlaine-Tristesse tröpfeln lassen konnte, während die Pflastersteine sich auflösten und rückwärts in den Wahnsinn flogen. Hier hatte man die letzten drei Jahre gearbeitet, um der Bevölkerung klarzumachen, daß sie an diesem Völkermord mitschuldig war, hatte argumentiert, demonstriert, Scheiben eingeworfen, Häuser demoliert, Mauern bemalt, sein ganzes Geld verbraucht, bombardiert, geweint, agitiert..., während die Situation immer die gleiche geblieben war – eine heuchlerische Marionettenregierung, die sagt ›Wir können nicht stillschweigend Zeuge sein, wie die Freiheit und Selbständigkeit eines Volkes beschnitten wird‹, und die doch stillschweigend akzeptiert, daß dies geschieht – die stillschweigend ein ganzes Volk mordet, die stillschweigend dänische Firmen (Christiani und Nielsen) Flugplätze in Thailand bauen läßt, von denen aus wir täglich Hunderte von Männern, Kindern und Frauen in Nord-Vietnam, Laos und Kambodscha morden. (Das geschieht in diesem Augenblick – Du weißt es – und bleibst doch sitzen und öffnest diesen närrischen Brief, statt mit Pflastersteinen die Scheiben des Nachbarn einzuwerfen, statt sein Auto umzuschmeißen, seinen Kühlschrank, seinen Fernseher, damit er endlich seine stillschweigenden Massaker und Plünderungen in der Dritten Welt zugibt!) – Am Tage nach der My-Lai-Nacht haute ich ab, niedergeschlagen und desillusioniert. Ich war enttäuscht darüber, daß die fünfundzwanzig Jahre lang andauernden Massaker gegenüber einem anderen Volk noch immer nicht im Bewußtsein der Bevölkerung vorhanden waren, enttäuscht darüber, daß die Bevölkerung noch immer nicht im geringsten ahnte, was eigentlich in Indochina vor sich ging, enttäuscht darüber, daß unsere Arbeit, diese Verhältnisse zu ändern, ohne Ergebnisse geblieben und aussichtslos war, enttäuscht darüber, einem Volk böser, verdorbener, gleichgerichteter, pestkranker, unmenschlicher ›Menschen‹ anzugehören – und gleichzeitig erleichtert darüber, fünf Millionen blinden Mördern entkommen zu sein – glücklich darüber, aus dem Todesreich Dänemark auferstanden zu sein...«
Wenn ich heute zurückdenke an die Gefühle, die ich damals hatte, so ist es für mich interessant, daß mir ein junger Amerikaner, der bei mir wohnte, die Augen für das Unrecht

des Vietnam-Krieges öffnete und mich für den Widerstand dagegen begeisterte. Die ganze Zeit über nährte sich mein Widerstand aus einer tiefen moralischen Verachtung. Ich sah den Vietnam-Krieg nicht als Ergebnis eines Systems, sondern mehr als einen unglücklichen Seitensprung der Demokratie. Ich blieb deshalb auch Mitglied der Konservativen Jugend und sah darin nichts Widersprüchliches; mich störten auch immer die vielen roten Fahnen in den Demonstrationen, da sie die Leute doch nur glauben machen würden, wir seien Kommunisten. Immerhin ging ich eifrig zu Werke und bemalte eines Tages sogar die Kirche meines Vaters mit politischen Bibelzitaten, um der Bevölkerung in diesem west-jütländischen Landstrich die Augen zu öffnen. Einer meiner Freunde aus der Zeit war im übrigen ein netter Kerl mit Namen Anker Jörgensen, mit dem zusammen ich im Vorstand von »Vietnam 69« saß und vor dem ich damals viel Achtung hatte. Aber seitdem ging jeder von uns seiner Wege. Wie man sieht, war ich damals fast so etwas, was die Amerikaner »liberal« nennen. Gegenüber Amerika hatte ich eigentlich keine negativen Gefühle (ich betrachtete es geradezu als einen Teil Dänemarks), aber aus dem Vorangegangenen geht hervor, daß ich sehr negativ gefärbte Gefühle gegenüber Dänemark hatte. An diesen Gefühlen hielt ich im großen und ganzen während meiner Reise fest, und jedesmal, wenn ich in Amerika einen der Filme von R. W. Fassbinder sah, entdeckte ich, wie nach und nach meine positiven Gefühle gegenüber Amerika immer stärker anwuchsen. Fassbinder bestätigte mir nur die Verschlossenheit und Engstirnigkeit, die ich aus Europa kannte und vor der ich auf der Flucht war. Obwohl ich eine stärkere Harmonie zwischen den Amerikanern und mir verspürte, bedurfte es doch einiger Zeit, bevor ich mir vollkommen darüber im klaren war, daß ich Amerika mochte. Als ich aus Dänemark abreiste, hatte ich auch keineswegs die Idee, mich in die USA zu begeben, die ich mir doch nur als ein langweiliges weißes Land vorstellte. Daß es dort auch Neger und andere Farbige gab, war mir eigentlich nie in den Sinn gekommen. Aus reiner Abenteuerlust gedachte ich nach Lateinamerika zu reisen, begann aber meine Reise in Kanada, wo ich auf dem Hof einer Familie, die ich in Kopenhagen kennengelernt hatte, arbeiten sollte. Im Winter fuhr ich per Anhalter quer durch Kanada mit der Absicht, mir auf dem Wege nach Südamerika San Francisco und Los Angeles anzusehen. Aus den unterschiedlichsten Gründen kam ich nie an mein damaliges Ziel. Im gleichen Augenblick, als ich der amerikanischen Jugend begegnete, packte mich eine Liebe zu ihr, die mich mitriß. Einige fragten mich, ob ich nicht an den großen Antikriegsdemonstrationen in Washington teilnehmen wolle, und so zog ich mit ihnen quer durchs Land zur Hauptstadt. Es war die April-Demonstration im Jahre 1971. Eine Million Menschen waren zusammengekommen, und es herrschten eine Solidarität und eine Stimmung, die einen tiefen Eindruck auf mich machten. Ich war verblüfft darüber, daß viele dieser Menschen einen viel stärkeren Widerstand gegen den Vietnam-Krieg leisteten, als ich ihn kannte, und ich dachte sogar, es ginge ein bißchen zu weit, als die Witwe von Martin Luther King vom Podium herunter sagte, wir müßten jetzt alle marxistischen Revolutionen draußen in der Welt unterstützen, und die Menge daraufhin in ein einziges Jubelgeschrei ausbrach. Einen tiefen Eindruck machten auf mich auch Hunderte von Vietnam-Veteranen, viele unter ihnen verkrüppelt, die ihre militärischen Auszeichnungen, ihre Medaillen, dem Kongreß vor die Füße warfen. In diesem Moment beschloß ich mit Tränen in den Augen, daß dies nicht die Zeit sei, seiner Abenteuerlust nachzugeben. Ich mußte diese Leute auf die eine oder andere Art unterstützen. Und das ganze nächste Jahr über kam ich zu kaum etwas anderem, als von Demonstration zu Demonstration durch das ganze Land zu reisen. In dem Maße, wie ich mit der allgemeinen Bevölkerung in Kontakt kam, entdeckte ich, wie wenige eigentlich den Vietnam-Krieg unterstützten. In mir erhob sich deshalb langsam die Frage, wie es dazu kam, daß dieser Krieg so weitertoben konnte, obwohl ihn nur wenige Amerikaner unterstützten. Ich begann zu begreifen, in welch hohem Grade die Vietnamesen recht hatten, wenn sie sagten, sie könnten das amerikanische Volk nicht hassen, sondern nur die amerikanische Regierung und diejenigen, die sie vertrat. Immer stärker begann ich über dieses »System« nachzudenken, dem es offensichtlich gelang, den Krieg in Gang zu halten. Das Wort »System« hörte ich unaufhörlich unter Jugendlichen, die selbst unablässig versuchten, das Puzzlespiel zusammenzusetzen. Wenn sie bei dem Puzzlespiel einmal nicht vom »System« sprachen, nannten sie es normalerweise »The Big Corporation«. Überall, wohin ich auch kam, begegnete ich einer großen Offenheit, die ich bei den versteinerten Dänen nie angetroffen hatte. Ich begann zu begreifen, daß das Unglück für die Amerikaner darin bestand, daß sie von ihrer Presse nur einseitig über Vietnam aufgeklärt

worden waren, da die Presse von der Regierung selbst getäuscht worden war, während das Unglück in Europa schlicht darin bestand, daß die Europäer keine anderen Gesichtspunkte berücksichtigen wollten als die, die sie bereits kannten. Inwieweit diese Sicht berechtigt war, weiß ich nicht. Auf jeden Fall war sie die Ursache meiner aufkeimenden Liebe für die Amerikaner. Es kam der Zeitpunkt, daß meine feindlichen Gefühle gegenüber der Alten Welt mich meine Verbindungen zu Dänemark vollkommen abbrechen ließen.
Dänisch-Amerikaner trugen auch nicht gerade dazu bei, gegenüber Dänemark ein Gefühl des Stolzes hegen zu können. Ich erinnere mich, wie ich eines Tages Schlange stand nach Suppe und später einige Damen, die sich freiwillig erboten hatten, Suppe austeilen zu helfen, draußen auf der Straße miteinander dänisch sprechen hörte; ich ging zu ihnen, um mit ihnen zu reden, aber sie fragten mich nur, ob sie mich nicht nach Suppe hatten anstehen sehen, und als ich bejahte, wollten sie mit mir nichts mehr zu tun haben. Sicher sah zu dem Zeitpunkt meine Kleidung genauso schlimm aus wie die der anderen Armen, aber ich konnte trotzdem nicht begreifen, daß diese Beobachtung eines Klassenunterschiedes um so viel stärker ins Gewicht fallen konnte als die Tatsache, daß wir doch Landsleute waren. Und was brachte Leute eigentlich dazu, Wohltätigkeitsarbeiten für andere zu tun, wenn sie doch keine Beziehung zu den Notleidenden herstellen wollten? Diese Begegnungen mit Dänen waren nicht dazu angetan, wieder zurückzukehren. Im übrigen brachte mich dieses Erlebnis dazu, selbst ein ganzes Jahr lang in der Glide-Kirche in San Francisco Essen an die Armen auszuteilen. – Oft versuchte ich aus dem reinen Nichts heraus, den Menschen einen ganz persönlichen Dienst zu erweisen, um ihnen das Gefühl zu nehmen, nach Suppe Schlange stehen zu müssen. Gemeinsam mit einem Schwarzen Panther, der die gleiche Einstellung hatte, ging ich von Tisch zu Tisch, teilte Suppe aus oder schenkte Kaffee ein. In dieser Stadt erinnern sich deshalb eine Menge notleidender Menschen noch heute an »the coffee-man with the breaded beard« (den Kaffee-Mann mit dem geflochtenen Bart), wie auch ich mich an viele Dinge erinnere, die sie mir an diesen Abenden über die Gesellschaft beibrachten. Hier in dieser Kirche begann meine gemeinsame Arbeit mit Popeye, dessen Tod mich das Ganze aufgeben und abhauen ließ. Und da ich gleichzeitig Jacob Riis entdeckte und erfuhr, wie er in meiner Heimat aufgewachsen war, bekam ich plötzlich wieder ganz starke positive Gefühle gegenüber Dänemark, die auch dazu beitrugen, daß ich zurückkehrte.
Fünf Jahre waren auf diese Art verstrichen. Mir fällt es schwer, aus meiner Entwicklung, die ich in diesen fünf Jahren durchmachte, klug zu werden. Am Anfang standen die vielen Demonstrationen, aber ich begann bald, wirkliches Interesse für die Amerikaner zu empfinden, und ich versuchte Ordnung in den Wirrwarr der Dinge, die in diesem Lande passierten, zu bringen. Ich hatte viele phantastische Erlebnisse, über die ich meinen Eltern berichtete. Manches Mal haben sie sicher geglaubt, ich übertriebe, und sie schickten mir deshalb eine Kamera, damit ich die Dinge »beweisen« könnte, von denen ich berichtete. Es war eine billige Kleinbildkamera, und es bedurfte keines größeren Wissens, sie zu bedienen. In den ersten zwei Jahren blieben die Aufnahmen mehr dem Zufall überlassen. In Wounded Knee wurde die Kamera im übrigen beschädigt, und es dauerte fast ein ganzes Jahr, bis ich genügend Geld zusammen hatte, um sie reparieren zu lassen (26 Dollar).
Anfangs reiste ich ziemlich ziellos umher. Es waren die Jahre, in denen ich lernte, wie viele einsame und verlorene Geschöpfe es in unserer Gesellschaft gibt, weil es fast immer sie waren, bei denen ich landete. Sie brauchten jemanden, mit dem sie reden konnten, oder auch nur jemanden, der bereit war, ihnen zuzuhören. Manchmal war ich tagelang mit einer einzigen Person zusammen und hörte zu, und je mehr ich ihre Enttäuschungen kennenlernte, desto mehr begann ich darüber nachzudenken, was sie eigentlich in diese Situation gebracht hatte. Da sich oft starke Bande zwischen diesen Menschen und mir knüpften, war die Kamera in den ersten Jahren eine Art Tagebuch, weil ich mich gern an sie erinnern wollte. Es ist ganz natürlich, daß viele dieser Beziehungen auf einer sexuellen Grundlage begannen, denn oft schien es, als ob erst diese Schwelle überschritten werden mußte, bevor eine Intimität erreicht war, die es gestattete, sich dem anderen zu öffnen. Die Amerikaner sind auf diesem Gebiet sehr aggressiv, sowohl Männer als auch Frauen, aber ich liebe sie wegen dieser Aggressivität, denn sie schafft trotz allem Möglichkeiten für menschliche Kontakte, wohingegen man zum Beispiel leicht durch Europa reisen kann, ohne Kontakt mit einem einzigen Menschen zu bekommen. Sicherlich konnte es manchmal etwas ärgerlich sein, wenn man an bestimmten Tagen drei homosexuelle Lifts nacheinander bekam oder drei religiöse Lifts mit drei verschiedenen Predigten. Überall in Amerika habe ich mit Menschen gemeinsam gebetet, aber es entbehrt bestimmt nicht einer gewissen Komik, daß ich manchmal an ein und demselben Tag morgens erst zu Gott beten, danach in einer buddhistischen Familie »Nam myo ho lengay kjo« singen und am Abend in einer schwarzen mohammedanischen Familie zu Allah beten mußte. Ich machte es immer so, wie mich die Leute darum baten, und bin deshalb sicher, daß ich mich mit allen Göttern gut stehe. Manchmal erlebte ich die merkwürdigsten Kombinationen von Aggressivität. In Houston zum Beispiel wohnte ich bei einem Priester, mit dem ich zuerst gemeinsam beten mußte und der sich anschließend als Homosexueller entpuppte.
Ich versuchte immer, mich vollständig auf die Gedanken meiner Mitmenschen einzustellen, aber einmal war es nahe daran, schiefzugehen. Eines Nachts betete ich stundenlang mit zwei Damen in einer Kirche in Mississippi. Beide hielten mich an

den Händen. Sie waren überzeugt davon, daß ich »erlöst« werden könne und daß ich »Jesus zu mir« kommen lassen müsse. Wie immer versuchte ich, so gut ich konnte, mich ihnen zu öffnen; sie hatten eine Liebe und Intensität in ihren Augen, wie ich dem in so starker Form vorher niemals begegnet war, und plötzlich begann alles vor mir zu verschwimmen, und ich fühlte, wie ich Jesus zu sehen begann. Ich versuchte energisch dagegen anzugehen. Die ganze Zeit über flüsterte ich mir ein: »Nein, du darfst jetzt nicht fliehen. Du mußt an den Menschen glauben. Du mußt an den Menschen glauben. Du mußt...«
Es gelang mir, mich selbst vor der »Erlösung« zu bewahren, aber das Dilemma, in dem ich mich befunden hatte, war für mich brennend aktuell. Wenn ich an den Menschen glaubte, mußte ich auch volles Vertrauen zu dem haben, was mir diese beiden Damen erzählten. Von diesem Augenblick an war ich mir stärker bewußt, daß ich, um an einen Menschen zu glauben, an alle Menschen glauben mußte.
Das Argument, mit dem ich damals im stillen der Situation in dieser Kirche begegnete, lautete: »Sie lassen ja keine Neger ihre Kirche betreten.« Ohne dieses Gegenargument hätten sie mich vielleicht erlöst, aber ich konnte es nicht über mich bringen, ihnen das zu erzählen, denn ich mochte sie sehr gern.
Als ich begann, die Summe der menschlichen Leiden zu sehen, tauchte das Wort »System«, das ich von den Demonstranten gelernt hatte, wieder auf. Immer deutlicher sah ich einen gemeinsamen Nenner hinter diesen menschlichen Leiden.
Und ich glaube, daß ich nach und nach auch meiner Kamera beibrachte, dasselbe zu sehen. Gegenüber dieser Gesellschaft wurde ich politisch bewußter und ahnte, daß ich ihre innere Dynamik zu begreifen begann. Einige der Schlußfolgerungen, die ich gezogen habe, sind in diesem Buch zusammengefaßt.
Ich wäre sicher zu den gleichen Ergebnissen gekommen, wenn ich mich hingesetzt und einen Haufen Bücher gelesen hätte. Aber einerseits fällt es mir außerordentlich schwer, mich aufs Lesen zu konzentrieren, und andererseits war ich in Dänemark derartig mit dem Zerschmeißen von Fensterscheiben beschäftigt gewesen, daß mir nie genug Zeit geblieben war, nachzulesen, warum ich das eigentlich tat; in Amerika wiederum war ich so beschäftigt, mit Menschen zu reden, daß es mir in den fünf Jahren nicht gelang, auch nur ein einziges Buch durchzulesen. Lange Zeit hindurch las ich im Süden nicht einmal eine Zeitung, denn sie waren es nicht wert, gelesen zu werden. Nur wenn ich zweimal wöchentlich zum Blutspenden ging, blieb mir Zeit zum Lesen. Hier und da ein oder zwei Kapitel in zufällig gefundenen Büchern. Deshalb sind nahezu alle Informationen, die in diesem Buch enthalten sind, persönliche Erlebnisse. Einige Statistiken stammen aus den Mülleimern in New York (aus denen ich normalerweise die ausgezeichnete Zeitung »New York Times« herausholte).
Nahezu die Hälfte meiner Zeit in Amerika verwendete ich im übrigen darauf, Briefe an Leute zu schreiben, bei denen ich früher gewohnt hatte (einige dieser Briefe wurden in dieses Buch aufgenommen; falls ich alle abgedruckt hätte, würden sie mehr Bücher füllen, als ich in Amerika gelesen habe). Obwohl dieses Buch meine ganz persönlichen Erlebnisse wiedergibt, hoffe ich trotzdem, daß es von allgemeinem Wert sein möge und beispielsweise im Schulunterricht benutzt wird. Ich bin davon überzeugt, daß meine Schulbücher, wären sie in einer etwas persönlicheren Form geschrieben gewesen, mein Interesse gefunden hätten, so daß man mich nicht aus dem Gymnasium hätte zu werfen brauchen. Mit Sicherheit ist das Buch ziemlich links orientiert, aber ich bitte euch zu begreifen, warum das nicht anders sein konnte. Ich fühle eine persönliche Verantwortung gegenüber diesen Menschen, die ich fotografiert und mit denen ich oft zusammen gelitten habe. Deshalb verspüre ich eine zwingende Notwendigkeit, Lösungen für ihre Probleme zu finden. Ich glaube nicht, daß die Lösung rechts liegt, denn man kann in den USA nicht viel weiter nach rechts gehen, will man nicht im Faschismus enden. Ich glaube ebensowenig, daß die Lösung in einem Status quo liegt, denn gerade der Status quo hat ihnen ihr Elend geschaffen. Da ich auch nicht der Ansicht bin, daß die Lösung im Himmel zu suchen ist, muß ich sie also links suchen. Im ganzen gesehen, könnte ich mir gut vorstellen, einem Menschen zu begegnen, der die gleichen menschlichen Leiden in den Slums und in der Armut erlebt hat und dadurch trotzdem nicht linksorientiert geworden ist. Der Vietnam-Krieg war trotz allem so weit weg, daß er mich nicht dazu brachte, linksorientiert zu denken, aber als ich selbst ein Teil des Leidens wurde, gab es für mich keinen Weg zurück: Ich fing an, viele Werte, an die ich früher geglaubt hatte, zu verwerfen. Und ich meine, es ist hier der richtige Augenblick, einen Dank an all diejenigen Amerikaner zu richten, die mit dazu beigetragen haben, mich zu beeinflussen, und die dadurch meinem Leben einen neuen Sinn gaben. Sie vermittelten mir das Gefühl, jetzt für etwas

Bestimmtes zu kämpfen. Aber meinen tiefsten Dank richte ich an die Afro-Amerikaner, die mir die Augen geöffnet und mich einsehen gelehrt haben, in welchem Maße ein System – eine Gesellschaftsordnung – die Sinne und Herzen meiner Vorväter und ihrer amerikanischen Verwandten verkrüppeln konnte. Heute sitzen wir an der Spitze des Überflusses, den der Sklavenhandel und Kolonialismus Westeuropa und Nordamerika gebracht haben, aber ich hoffe, daß ihr Befreiungskampf zu einem Beispiel wird, unsere Gewalt einer Herrenrassenkultur gegenüber Minderheiten und farbigen Menschen überall auf der Erde zu bremsen, und uns hilft, nicht länger die innere Weichheit und Menschlichkeit der Neger, der Armen, der Verdammten dieser Erde zu verletzen, und daß er mit dazu beiträgt, der Verkrüppelung unserer eigenen Sinne Einhalt zu gebieten, die diese institutionalisierte Gewalt verursacht. Helft uns, unsere Menschlichkeit zurückzugewinnen. Ihr solltet den weißen Mann nicht aufgrund seiner augenblicklichen verzerrten Ansichten verleugnen. Über all eure Leiden hinaus scheint der Sinn eures Überlebens mit den folgenden revolutionären Sätzen beschrieben zu sein:
Du mußt an das Beste im Menschen glauben und das Schlimmste in Zweifel ziehen. Sonst wird das Schlechteste überhandnehmen.

Deswegen handelt dieses Buch vom schwarzen Amerika und ist ihm in besonderem Maße gewidmet. Sagte nicht Dostojewskij einmal, daß »man vom Charakter einer Gesellschaft einen Eindruck erhalten könne, wenn man ihre Gefängnisse betrete«? Ob man in demselben Maße ein Gesellschaftssystem beurteilen kann, wenn man seine Gettos betritt, möge dem Leser zur Entscheidung überlassen bleiben. Nur glaube ich nicht, daß man Forderungen nach »Objektivität« stellen kann, wenn man nicht die ganze Zeit über eine Gesellschaft aus dem Gesichtswinkel der am schlechtesten Gestellten betrachtet. Diejenigen Journalisten, die versuchen, den Gesichtswinkel der Reichen gegen den der Armen auszubalancieren, haben bereits die ungleiche Verteilung akzeptiert, sie gerechtfertigt und nehmen deshalb teil an der Unterdrückung. Sie können deshalb keine Forderungen nach historischer Objektivität aufstellen, denn fast immer hat die Geschichte in letzter Instanz den Ärmsten recht gegeben (selbst wenn danach neues und kaum anderes Unrecht geschehen ist und immer geschehen wird).

Es gibt deshalb auch nicht viele, die heutzutage zugeben, daß es für die Linksorientierten vor einhundertzwanzig Jahren (die Abolitionisten) richtig gewesen ist, die Standpunkte der Sklavenhalter nicht mit denen der Sklaven in Ausgleich zu bringen. Obwohl sich damals auch oft die Mehrzahl der Sklaven bei Aufständen auf die Seite ihrer Herren schlug und damit in letzter Instanz selbst deren Argumente bezüglich »privaten Eigentumsrechts an Menschen« akzeptierte. Vielleicht ist die Objektivität der Zukunft oft nur die Subjektivität der Gegenwart. Auf jeden Fall dürfte es schwierig sein, sogar für einen Freud, den Geisteszustand eines Unterdrückten objektiv in dem Grenzfall zu beschreiben, in dem der Unterdrückte es als Naturgesetz ansieht, daß er unterdrückt ist. Aber gleichgültig, wie dieses Buch auch immer aufgenommen wird: ich möchte unterstreichen, daß es auf keinen Fall als einziges Zeugnis angesehen werden darf. Es ist und bleibt nur der Eindruck eines Vagabunden und darf auf keinen Fall als Aussage eines Experten betrachtet werden. Das ist sicher sowohl seine Schwäche als auch seine Stärke. Wer einen vollständigen Eindruck von den afro-amerikanischen Verhältnissen erhalten will, muß andere Schriften ergänzend heranziehen. Er sollte vor allem das Buch von Alex Haley »Roots« (»Wurzeln«) lesen. Alex Haley ist ein schwarzer Amerikaner, der nach jahrelangen Nachforschungen nach seiner Abstammung seine Wurzeln im Afrika des achtzehnten Jahrhunderts wiederfand. Er hat jetzt ein Buch in Romanform über die Geschichte seines Geschlechts geschrieben, eine Geschichte, die allen Afro-Amerikanern gemeinsam ist, ein Buch, das schon jetzt mit »Krieg und Frieden« verglichen wird und zu den größten Bestsellern in der Geschichte der USA gehört. Nur Menschen, die ein wenig die Gedankengänge der schwarzen Bevölkerung kennen, werden Haleys Wiederauffinden seiner Wurzeln genügend zu schätzen wissen, dieser Wurzeln, die allen schwarzen Amerikanern am Herzen liegen. Das einzige Gebiet, auf dem man mich gern als Experten bezeichnen mag, ist Vagabundieren, das man bekanntlich nicht aus Büchern lernen kann. In einem Lande wie den USA zu reisen, das aufgrund kolonialer Gewalt gegründet wurde, das ist notwendigerweise ein von Gewalt geprägtes Erlebnis. Das Wunder meines Überlebens verdanke ich meinem beständigen Glauben an den Satz von Jose Marti, der mir in folgenden Situationen half: Viermal wurde ich von pistolenbewaffneten Räubern überfallen (dreimal befreundete ich mich so gut mit ihnen, daß ich später bei ihnen wohnte und sie bei anderen Raubzügen begleitete), zweimal wurde ich von Männern mit Messern überfallen, zweimal zog die Polizei aus Angst mir gegenüber die Pistolen, mehrere Male war ich in dunklen Gassen von verschiedenen Schwarzen umringt und entging nur um Haaresbreite dem Tod, einmal fiel ich in einen Ku-Klux-Klan-Hinterhalt, verschiedene Male flogen mir bei nächtlichen Schießduellen die Kugeln um den Kopf, auch in

Wounded Knee, zweimal wurde ich vom FBI festgenommen, viermal wurde ich für kurze Zeit vom Secret Service eingesperrt – einmal nachdem ich mit einer Kurzhaarperücke ins Hauptquartier von Nixon eingedrungen war, wo ich zwei Tage lang wohnte, bevor man auf die Idee kam, ich sei »bolschewistisch«. Man durchstöberte die ganze Etage, in der ich gewohnt hatte, und schickte einen Trupp Bombenexperten, um ein Ding in dem Zimmer zu demontieren, wo ich mich aufgehalten hatte, das sich schließlich als mein Blitzlicht entpuppte und zum Wiederaufladen in der Steckdose steckte. Und schließlich ganz zu schweigen von den zahllosen Morddrohungen, die ich erhielt.

Insgesamt wohnte ich bei dreihunderteinundachtzig Familien in achtundvierzig Staaten und reiste einhunderteinundsechzigtausendzweihundertfünfundsechzig Kilometer per Anhalter. Nicht gezählt sind die Kilometer, die ich in den Großstädten zurücklegte, wo ich fast nie mit dem Bus fuhr. Am Anfang reiste ich viele tausend Kilometer mit einer Perücke, da zu der Zeit noch immer viele Langhaarige niedergeschossen wurden. Persönlich habe ich sieben Todesfälle beglaubigt bekommen, darunter auch die von zwei Söhnen aus Familien, bei denen ich wohnte. Mehrfach wurden aus Autofenstern Bierflaschen nach mir geworfen, und ich erhielt zahlreiche Bußen und Verwarnungen von der Polizei, die in vielen Staaten Anhalter konsequent ins Gefängnis wirft. Ich kam mit vierzig Dollar in den USA an, mit denen ich fünf Jahre lang auskam. Meine Reisekosten betrugen deshalb ca. zwanzig Mark pro Jahr. Ich habe drüben niemals gearbeitet, denn ich hatte ja nur ein Touristenvisum. Ein einziges Mal bekam ich jedoch in New York Gratiskost und ein bißchen Taschengeld in einem Volksmusikclub, wo ich als Rausschmeißer beschäftigt war. Ich hatte betrunkene Neger und andere unerwünschte Personen vor die Tür zu setzen; eines Tages warf ich aus Versehen Bob Dylan hinaus, da er nicht bezahlen wollte, und lag wieder auf der Straße. Aus diesem Grunde habe ich beinahe alle Filme damit finanziert, daß ich zweimal wöchentlich für jeweils etwa fünf Dollar Blut spendete. Zuerst entnahmen sie das reine Blut, zentrifugierten es, hielten das Plasma zurück, dann spritzten sie mir die Blutzellen wieder ein und wiederholten den Prozeß, der insgesamt vier Stunden dauerte. Bei diesen Gelegenheiten traf ich viele der Ärmsten der USA, bei denen ich dann oft wohnen durfte. Wie an anderer Stelle im Buch berichtet wird, brachte ich auch zuweilen Kriminelle dazu, meine Filme zu finanzieren. Aber 1974 hatte ich einen ökonomischen Durchbruch, als mir eine ältere Dame siebzig Dollar dafür in die Hand drückte, daß ich ihr Auto runter nach Florida fuhr. Ich verwendete das Geld dafür, von einigen der besten Diapositive Papierbilder anfertigen zu lassen, um den Leuten auch etwas zeigen zu können. Von diesem Zeitpunkt an erhielt ich häufig kleinere Geldspenden aus der Bevölkerung.

Als ich mich endlich wieder auf den Weg nach Hause machte, hatte ich an die fünfzehntausend Bilder bei Familien in New York, Chicago, San Francisco, Washington und Greensboro gelagert. (Alle Bilder in diesem Buch wurden übrigens von Kleinbild-Farbdias gemacht, woraus sich die schlechte Qualität bei einigen Schwarz-Weiß-Reproduktionen erklärt.) Ich begann erst ziemlich spät, mich mit dem Gedanken zu beschäftigen, die Bilder zu verwerten. Am Anfang waren sie, wie gesagt, eine Art Tagebuch für mich. Als ich mich in stärkerem Maße für die Verhältnisse der Neger zu interessieren begann, hatte ich die Idee, sie an »The Schomberg Collection«, das schwarze Museum in Harlem, zu senden, wo beinahe nichts über die gegenwärtige Armut im Süden vorhanden ist.

Aber als sich nach und nach herausstellte, daß ich nicht nur um der Menschen willen fotografierte, wie in den ersten Jahren, packte mich schließlich ein starker Überdruß, da ich glaubte, das Ganze sei Ausbeutung. Zu diesem Zeitpunkt hörte ich mit Fotografieren auf und begann statt dessen Essen in einer Kirche in San Francisco auszuteilen und Gefangenenhilfe zu organisieren. Im übrigen heiratete ich zu der Zeit ein schwarzes Mädchen aus Mississippi, das genau wie ich ein starkes Bedürfnis nach Stabilität hatte. Da die Ehe offenbar jedoch den Charakter von Flucht in sich barg, wurde sie zu einem Fehlschlag. Auch meine Bindung an die Kirche ging auf die Dauer nicht über eine rein soziale Tätigkeit hinaus – eine Arbeit, die mir im übrigen große Freude bereitete. Nach acht Monaten flüchtete ich erneut auf die Landstraße und versuchte, das Fotografieren und meine soziale Tätigkeit miteinander zu verbinden. Im Herbst 1975, unmittelbar nach dem Mord an Popeye, gab ich den Gedanken auf, die Bilder in Amerika zu verwenden, und nahm sie statt dessen mit nach Europa. Hier stellte ich eine fünfstündige Multimediashow zusammen, mit der ich von Schule zu Schule zog. Als die Zeitung »Information« im Jahre 1976 von meiner Tätigkeit hörte, brachte sie das groß heraus, und ich hatte das Ganze plötzlich nicht länger unter Kontrolle. Im Handumdrehen wurde ich gebeten, das Material zu einem Buch zusammenzustellen. Meine Inspirationen aus den USA waren inzwischen wesentlich geringer geworden, wir haben deshalb den Text und die Bilder großenteils aus der Show entnommen und, ergänzt mit einigen meiner Briefe aus den USA, zu einem Buch zusammengestellt. Die Idee mit dem Buch hat mich nie besonders begeistert, da ich der Ansicht bin, daß sie den Menschen, um die es hier geht, nicht hilft, und weil ich

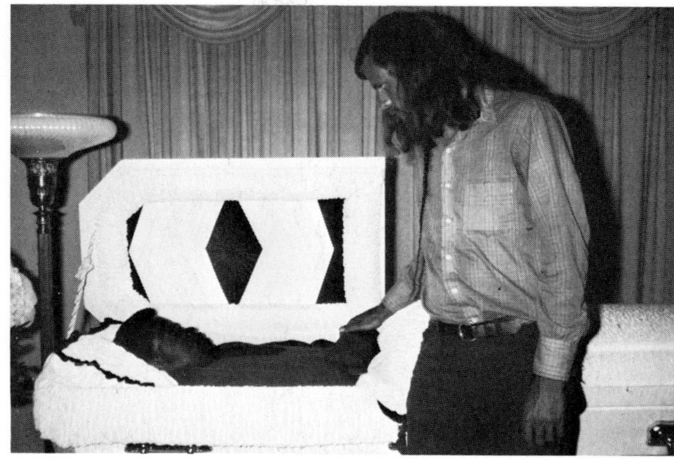

vermute, daß die Herausgabe eines Buches den Kontakt zu den Menschen unterbricht, mit denen ich sprechen will. Es ist einfach menschlicher, mit einer Show unterwegs zu sein, mit dem Publikum zu reden und bei ihm zu wohnen. Aber ich hoffe, daß das Buch wenigstens andere Vagabunden inspiriert oder andere dazu bringt, zu vagabundieren. Ganz besonders hoffe ich, daß es einige der Millionen junger Arbeitsloser in Europa dazu bringt, herumzureisen und die Gesellschaft zu studieren, die sie arbeitslos gemacht hat. Im übrigen ist es für eine Gesellschaft billiger, wenn in ihr Vagabunden leben, als Arbeitslosenunterstützung zu gewähren. Gleichzeitig hoffe ich, daß das Buch euch, die ihr begüterter seid, inspiriert, jeden Vagabunden, den ihr seht, zu euch nach Hause einzuladen und alle Tramper mitzunehmen. Das Ganze ist natürlich nur ein Anfang, aber wenn die Bevölkerung es nicht einmal schafft, den Menschen zu helfen, die draußen am Straßenrand stehen und um Hilfe bitten, wie sollen wir dann imstande sein, jemals menschlich gegenüber der Dritten oder Vierten Welt zu handeln? Es sein zu lassen, ist keine Entschuldigung.

Als Vagabund entdeckt man sehr bald, daß das Schlimmste keineswegs die Furcht vor anderen Menschen, sondern die Furcht der anderen Menschen vor einem selbst ist. Wer die Angst eines Autofahrers (oder seine Selbstsucht) gegenüber einem Anhalter kennengelernt hat, versteht beispielsweise, wie schwer es für einen Schwarzen in einer weißen Gesellschaft ist. Die eigene Angst gegenüber Menschen kann man bekämpfen, denn sie ist irrational und von der Wirklichkeit her unbegründet. Aber der Angst anderer Menschen vor einem selbst steht man machtlos gegenüber:

Sie schließt einen sofort in ein Getto ein.

Deshalb: Fangt klein an. Ladet jeden amerikanischen Anhalter oder Touristen zu euch nach Hause ein, und nicht zu vergessen all die anderen, die ein Dach über dem Kopf brauchen und Sehnsucht nach menschlichem Zusammensein haben.

Gleichzeitig werdet ihr feststellen, daß das eine wesentlich bessere Form der Unterhaltung ist als das tägliche Fernsehprogramm oder Bücher wie dies hier. Und sollte euer Fußboden bereits belegt sein, oder solltet ihr aus dem einen oder anderen Grunde nicht imstande sein, sie aufzunehmen, so seid so freundlich und schickt sie zu mir.

Mit freundlichen Grüßen!
Jacob Holdt
Købmagergade 43
1150 Kopenhagen K
Dänemark

Jakobus' Brief 5, 1-6

In New Orleans wohnte ich bei einem schwarzen Mörder, der Nell hieß. Genau wie die anderen Mörder, die ich kennengelernt oder bei denen ich gewohnt habe, war er ein ganz gewöhnlicher Durchschnittsbürger, der nur durch Zufall zum Mörder geworden war – oder, richtiger gesagt, aufgrund seines sozialen Hintergrundes. Es dauerte natürlich einige Zeit, bis er mir aus seiner Vergangenheit berichtete, denn er war aus einem Gefängnis in Nevada geflohen und man suchte ihn; aber genau wie andere Kriminelle hatte er natürlich das Bedürfnis, das, was ihn bedrückte, anderen Menschen, auf die er sich verlassen konnte, mitzuteilen. Niemand kann mit so einem schweren Schicksal allein leben. Wir wohnten mit einigen anderen Menschen draußen im östlichen Teil New Orleans' zusammen, und Nell versuchte intensiv, ein normales bürgerliches Leben zu führen, soweit es die Umstände zuließen. Da er wußte, daß er lebenslänglich ins Gefängnis zurückgeschickt würde, sobald er in eine krumme Sache verwickelt wurde, versuchte er, sich von Kriminalität soweit wie möglich fernzuhalten, und lebte hauptsächlich vom Blutspenden.
Ich hielt seine Chancen, für den Rest seines Lebens auf freiem Fuß zu bleiben, nicht für groß; aber ich versuchte, so gut ich es vermochte, ihm diese Atempause der Freiheit so fröhlich und aufmunternd wie möglich zu gestalten.
Meiner Meinung nach war er schon, bevor er sein Verbrechen beging, bestraft genug mit der Armut und Demütigung, denen die Gesellschaft ihn seit seiner Kindheit ausgesetzt hatte. Als ich ihm während eines unserer nächtlichen Gespräche diese Auffassung von mir näherbrachte, vertraute er mir sein Verbrechen an, und seitdem waren wir noch stärker miteinander verbunden. Wir gingen oft zusammen durch die Straßen oder zum Blutspenden. Meistens ernährten wir uns ausschließlich davon, daß wir uns zweimal in der Woche Blutplasma abnehmen ließen, denn die Blutbanken in New Orleans bezahlten zu diesem Zeitpunkt in den USA den höchsten Satz, nämlich sechs Dollar und zehn Cent pro Blutspende. Ich war nur selten gezwungen, Käse oder ähnliche Kleinigkeiten in den Supermärkten zu stehlen, um satt zu werden. Ich wollte nicht, daß Nell das erledigte, denn er riskierte immerhin lebenslängliches Gefängnis, während ich wußte, daß ich mich selbst aus so einer peinlichen Situation durch Reden mit dem Personal befreien konnte, falls ich geschnappt wurde. So wurde Nell eigentlich dauernd von seinem Schicksal verfolgt. Aber das wurde mir niemals so deutlich wie an dem Abend, als ich ihn zuletzt sah.
Wir hatten die Dummheit begangen, gemeinsam durch die Straßen unseres schwarzen Viertels, wo wir wohnten, zu gehen, und zogen dadurch die Aufmerksamkeit der Polizei auf uns. Es ist eine Todsünde für einen Weißen und einen Schwarzen, gemeinsam in einem schwarzen Viertel aufzutreten, da man sofort als Rauschgifthändler angesehen wird. Aber wir unterhielten uns eifrig, als wir in das Viertel einbogen, und vergaßen, uns zu trennen. Es dauerte nicht lange, bis ein Polizeiauto neben uns hielt – im Dunkeln einer der nur wenig beleuchteten Straßen im Ostgetto. Die Beamten gehörten zu dem schnellen jovialen Typus, und eigentlich wollten sie uns nur erschrecken; sie sagten deshalb, sie ließen uns laufen, wenn wir ihnen sofort unsere Marihuanazigaretten übergeben würden. Viele Male vorher hatte ich beobachtet, daß die Polizei diese Methode in den schwarzen Vierteln anwendete, da sie dann keine Berichte zu schreiben brauchte und das beschlagnahmte »Gras« selbst rauchen konnte. Fast alle jungen Amerikaner rauchen »Gras«, obwohl es offiziell immer noch ungesetzlich ist. Ich selber hatte nichts bei mir, wußte aber, daß Nell einen oder zwei »Joints« bei sich hatte. Doch plötzlich wurde Nell von der Wahnwelt seines Schicksals ergriffen – dieser Paranoia, diesem Mißtrauen gegenüber den Mitmenschen, das fast alle auszeichnet, die seinen sozialen Hintergrund haben –, und er weigerte sich, seine »Joints« auszuhändigen.
Ich selbst hätte keinen Augenblick lang überlegt. Ich hatte volles Vertrauen zu den Beamten. Nells Mißtrauen gegenüber der Polizei ließ ihn völlig überschnappen und irrational handeln. Die Polizei ist darauf trainiert, diese Art der Reaktion bei Kriminellen zu vermuten, und die beiden Beamten stiegen sofort aus und machten eine Leibesvisitation. Sie fanden nur zwei kleine »Joints« und sein Messer, aber weil er keinen Ausweis bei sich hatte, nahmen sie ihn mit zur Polizeistation, um seine Fingerabdrücke zu überprüfen. Ich wußte sofort, daß ich Nell niemals wiedersehen würde. Er war aufgrund der unglücklichen Paranoia und des Schuldgefühls, das alle armen Neger haben, unabhängig davon, ob sie ein Verbrechen begangen haben oder nicht, erwischt worden. Es war dieselbe Paranoia, die ihn damals zum Mörder gemacht hatte. Nachdem Nell aus »dieser Welt« verschwunden war, wirkte New Orleans auf mich plötzlich wie eine Geisterstadt, und ich konnte auch nicht länger in dem Haus wohnen bleiben. Ich wollte raus aus der Stadt und auf der Autobahn in Richtung Baton Rouge trampen. In dieser Gegend der USA ist es am schwierigsten, per Anhalter zu reisen, und ich stand lange Zeit vergeblich mit meinem Schild auf der Autobahn in der Hoffnung, einen Wagen zu bekommen, bevor die Polizei auftauchte. Plötzlich hielt der einzige Rolls-Royce, der mich jemals mitgenommen hat, mitten auf der Autobahn und sammelte mich ein. Es war in der Hauptverkehrszeit, und hinter uns bildete sich sofort eine größere Schlange hupender Autos. Kaum hatte ich mich ins Auto gesetzt, erschien hinter uns die Polizei mit heulendem Warnsignal, um ein Bußgeld für dieses unerlaubte Anhalten zu kassieren. Der Mann, der mich in sein Auto genommen hatte, sagte, er würde das schon in Ordnung bringen, ging zu den Beamten und reichte ihnen wortlos seine Visitenkarte. Als sie seinen Namen lasen, wurden die Beamten freundlich, lächelten, folgten ihm zurück zu seinem Rolls-Royce, schlugen ihm auf die Schulter und sagten, das Ganze sei nur eine Bagatelle, die wir vergessen könnten. Ich fragte mich natürlich verwundert, wer das sein könne, dem es so leicht gelungen war, einem Bußgeld

zu entgehen, und er erzählte mir, sein Name sei Wayne A. Karmgard. Er hatte mich mitgenommen, weil er mein Schild gelesen hatte »Touring USA from Denmark«. Er hatte noch niemals vorher einen Anhalter mitgenommen, aber plötzlich gedacht, das könne Spaß machen, da er selbst dänischer Abstammung war. Normalerweise hätte mich diese Information schnell zum Schweigen gebracht und ich wäre so bald wie möglich wieder ausgestiegen. Ich hatte seit langem jegliche Lust verloren, mit Dänisch-Amerikanern zusammen zu sein, die mir fast jedesmal nur ein einziges Gefühl vermittelten: Scham, Däne zu sein. Dänen, die in die USA reisen, möchte ich einen Rat geben: Wollt ihr einen guten Eindruck von den USA erhalten, so meidet die dänische Bevölkerungsgruppe, die eine der rassistischsten und reaktionärsten weißen Gruppen überhaupt repräsentiert. Achtzig Prozent von ihnen stimmen republikanisch. Das einzige, worüber sie mit Begeisterung reden, ist, wie schön es sei, den hohen Steuern zu Hause in Dänemark entgangen zu sein. Sie fliehen jegliche mitmenschliche Verantwortung und wären bereit, die Neger in eine Art psychologisches Konzentrationslager zu schicken, wenn es sich, zum Beispiel, auf diese Art und Weise ermöglichen ließe, ihre Steuern zu senken. Ich bin Dänisch-Amerikanern begegnet, die zu Hause in Dänemark »rotglühende« Sozialdemokraten gewesen waren, die sich aber im Laufe von nur fünf Jahren in schwärzeste Reaktionäre verwandelt hatten. Dänisch-Amerikaner haben für die Neger und ihre Armut genausoviel Verständnis wie eine Peitsche für das Verhältnis Herren–Sklaven und stehen damit in schreiendem Gegensatz zu den Juden, der einzigen weißen Bevölkerungsgruppe, bei der ich mich wirklich zu Hause und mit der ich mich in tiefer Harmonie fühle. Diese Gruppe hat ein sehr tiefes Verständnis für die Verhältnisse der Neger und für die Mechanismen im System, das sie selbst auf die gleiche Art jahrhundertelang zu den »Negern« Europas gemacht hat.

Nun, zu dem Dänisch-Amerikaner in seinem Rolls-Royce konnte ich doch nicht nein sagen und begann sofort, ihn mit Reisegeschichten zu unterhalten, denn ich wollte, daß er mich zu sich nach Hause einlud. Besonderes Gewicht legte ich auf meine Erlebnisse mit Rockefeller, Kennedy usw., denn alle Kleinmillionäre trachten danach, Großmillionäre zu werden, und ich war deshalb ziemlich sicher, daß er mich nach Hause einladen würde, weil er auf diese Weise etwas mehr in die Nähe von Rockefeller rückte. Ich behielt recht, und das Ganze endete damit, daß wir zurück nach New Orleans fuhren. Er besaß das teuerste und vornehmste Hotel der Stadt im französischen Viertel. Alle in der Stadt kannten ihn, und später erzählte man mir, daß er einen großen Teil des französischen Viertels besaß und Wohnungsspekulant war. Er brachte mich in einer schönen Suite in seinem Hotel »Maison de Ville« unter und sagte mir, daß ich nur die Klingel zu betätigen brauchte, falls ich irgendwann irgend etwas wünschte. Schwarze Diener in frisch gebügelten Uniformen servierten mir – mit einer unglaublichen Untertänigkeit – alles auf Silbertabletts. Ich saß draußen im Garten des Hotels und ließ einen schwarzen Bediensteten das eine oder andere bringen und bemühte mich, ihn dazu zu bringen, sich mir zu eröffnen, aber unmöglich. Sicherlich fühlte er seine gesamte Existenz bedroht, als ich ihn wie einen gewöhnlichen Menschen ansprach. Ich saß da und dachte darüber nach, wie merkwürdig es sei, daß Nell sich jetzt von weißen Gefangenenwärtern in der Hölle »bedienen« lassen mußte, während ich selbst von einem schwarzen Diener im Himmelreich versorgt wurde. Es schien, als ob schon ganz früh in unserem Leben auf eine natürliche Weise jeder an den Ort seiner Bestimmung geführt worden wäre, während unsere kurze Freundschaft doch nur eine Utopie geblieben war. Aber es fesselte mich, daß Nell als Schwarzer eigentlich weiter gekommen war, denn war er nicht freier als dieser unterdrückte Diener, der nur imstande war, zu überstehen, weil er gelernt hatte, seine eigene Unterdrückung in dieser reichen dänischen sadomasochistischen Welt auszunutzen? War nicht Karmgard auch ein Mörder und Leuteschinder, während er gleichzeitig offensichtlich ein schweigsamer, bescheidener und unglücklicher Mensch war, der gelernt hatte, die Mechanismen, die ihm in dieser Gesellschaft gegeben waren, bis an die äußersten Grenzen auszunutzen? Außerdem war er, so sagten die Leute, der reichste Homosexuelle der Stadt, was ihn selbst ja auch zu einem Teil einer unterdrückten Gruppe, einer Minderheit machte. Waren es nicht die gleichen Kräfte, die ihn in diese unglückselige Lage gebracht hatten, die auch die Juden an vielen Orten Europas durch alle Zeiten hindurch in entsprechende Positionen getrieben hatten? Die Sicherheit in dieser Umgebung war erstickend. Ich fühlte mich ruhelos und einsam. Es war ein bevorzugtes Hotel der reichsten und feinsten Filmstars der USA, aber es bestand kein menschlicher Kontakt. Sollte ich auf die Straße hinausgehen und einen Armen suchen, mit ihm die luxuriöse Hotelflucht teilen und eine Flasche Wein trinken? Nein, man soll sich Freundschaft nicht mit Reichtum erkaufen, dachte ich. Auch nicht mit geliehenem Reichtum. Ich wohnte dort nur eine Nacht, eine fürchterlich einsame Nacht. Jahre hindurch habe ich Bett und Haus mit Menschen geteilt, und für mich war es ein erschütterndes Erlebnis, plötzlich allein dazuliegen. Nach meinem Silbertablettfrühstück am nächsten Morgen stürzte ich kopfüber wieder in die Freiheit, fest entschlossen, Menschen zu suchen, bei denen ich wohnen konnte. In der Bourbon Street kamen zwei junge Mädchen auf mich zu und baten mich um ein Autogramm. Sie waren aus Neugierde als Touristen in dieses berühmte Hotel gegangen, hatten mich dort unter den Palmen frühstücken sehen und gingen davon aus, daß ich ein berühmter Filmstar sei. Einen Augenblick lang fühlte ich mich versucht, den Filmstar zu spielen, vielleicht um bei ihnen wohnen zu können, aber entschied mich dann doch, ihnen die Wahrheit zu sagen. Daraufhin verloren sie das Interesse an mir, und ich begriff, daß ich wieder auf der Erde war. Aufgrund der vielen

Touristen ist es in New Orleans unmöglich, als Landstreicher irgendwo eine Bleibe zu finden. Gegen Abend fühlte ich mich sehr hungrig und dachte an Bonnies Grill an der Decatur Street, den Nell mir einmal gezeigt hatte. Bonnie war ein riesiges, fettes, weißes Mädchen, das hier eine kleine reizende Kaffeebar besaß. Bonnie gehörte zu der Sorte Menschen, die mit anderen nur grob und giftig reden können, aber je schlimmer sie mit den Leuten sprach und sie ausschimpfte, desto mehr liebte sie sie. Sie hätte leicht einen Tagesverdienst aus dieser Kaffeebar schlagen können und war trotzdem bettelarm. Ihr Lokal wurde nämlich von dem ärmsten Straßenproletariat aufgesucht, und Bonnie teilte den ganzen Tag über gratis Mahlzeiten an Leute aus, die kein Geld hatten. Bonnie konnte sich gut an mich erinnern und wußte, daß ich kein Geld hatte. Sie schob mir deshalb sofort eine große Schale mit Maisgrütze herüber und danach Hamburger und andere gute Sachen. In ihrer ganzen Riesenerscheinung stand sie, die Hände seitlich aufgestützt, da und betrachtete mich ohne ein Wort, aber ich wußte, daß sie mich mochte, denn ich hatte Nell gekannt. Ohne Nell zu erwähnen, sagte sie nach langem Schweigen: »Du kannst zu mir kommen und bei mir wohnen.« Ich zog also in Bonnies ärmliche und unaufgeräumte Wohnung. Es gab Läuse und Flöhe, und der Staub lag überall mehrere Zentimeter hoch. Was dann in den nächsten Tagen geschah, war bemerkenswert, denn obwohl wir kaum miteinander kommunizieren konnten und keine sexuelle Beziehung hatten, fühlte ich mich ihr bald stärker verbunden als irgendeinem anderen Menschen auf der ganzen Reise. Als wir erkannten, daß wir wohl die einzigen waren, denen Nell sein Vorleben anvertraut hatte, waren wir bald unlösbar miteinander verbunden. Mit Bonnie zu leben, hieß auf einem Vulkan menschlicher Wärme wohnen. Sie war die einzige, die ich kennenlernte, die ständig »The underground railroad« praktizierte. Bei ihr zu wohnen bedeutete gleichzeitig, daß uns fast jede Nacht ein Schwarzer auf der Flucht vor dem Gesetz wach klopfte. Sie alle fanden hier eine Freistätte. Bonnie liebte schwarze Männer und besonders diejenigen, die auf die eine oder andere Weise sich gegen das Herren-Sklaven-Verhältnis gewendet hatten, so war sie immer gewesen. Sie hatte früher in Jacksonville, Florida, gewohnt, war aber von den Weißen durchgeprügelt und aus der Stadt vertrieben worden. So war sie nach New Orleans gezogen, das zu den ein wenig freieren südlichen Städten gerechnet wird. Ihre beiden Kinder waren eigentlich vernachlässigt, und es fehlte ihnen sowohl an Kleidung als auch an gesundem Essen und Vitaminen, aber als Ausgleich waren sie durch die Handlungsweise der Mutter erzogen worden, nicht zu hassen, und waren so auf ihre Art weit gesünder als die meisten weißen Kinder. Ihre ganze Kindheit hindurch waren sie mit Narkotikern, Mördern und Dieben und anderen Gewalttätern zusammengekommen, die den Platz ihres Vaters im Bett der Mutter eingenommen hatten, aber sie hatten sie alle als Menschen

erlebt, denn sie sahen sie mit den Augen der Mutter, die sich weigerte, die Männer mit ihren kriminellen Handlungen zu identifizieren, und die durch ihren Glauben an den Menschen in Wirklichkeit den Menschen schuf. Für diese Kinder hatten Begriffe wie Mörder oder Nigger keinen Sinn. In Bonnies Haus benahmen sie sich nämlich alle wie ihr »Vater«, und so betrachteten die Kinder sie auch. Sie freuten sich jedesmal, wenn ein »Vater« aus dem Gefängnis gekommen war. Bonnie seufzte ein wenig wegen der Tatsache, daß sie Nell nie wieder zu sehen bekäme, war aber sehr schnell bereit, einen neuen Nell aufzunehmen. Zwischen Bonnie und mir bestand ein stilles Einverständnis, eine Zuneigung füreinander, die sich mit der Zeit zu einem starken Liebesverhältnis entwickelte, so daß ich immer und immer wieder nach New Orleans zurückkehrte, um bei ihr zu wohnen. Bonnie weiß nicht, ob sie Jüdin, Dänin, Irin oder Polin ist. Sie sei nur Amerikanerin, sagt sie.

Auszüge aus mehreren Briefen

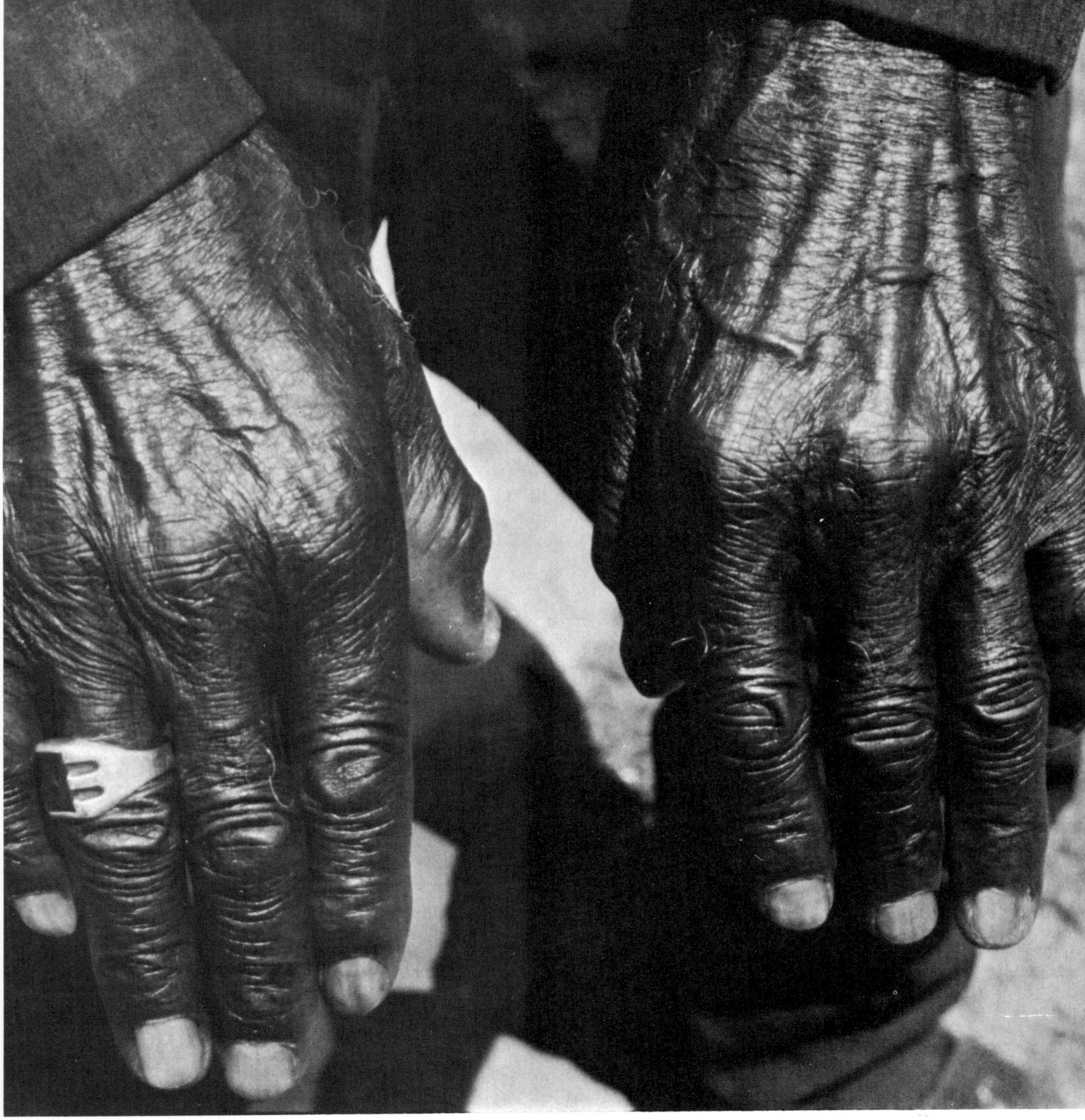

Schiff ahoi! Schiff ahoi! Schiff ahoi…
So weit, wie das Auge sehen kann,
Männer-, Frauen- und Kindersklaven,
die ins Land der Freiheit kommen,
wo ihre Lebensweise schon vorbestimmt ist –
sie sind so jung, sie sind so stark
und warten nur darauf, erlöst zu werden…

Der Herr soll wissen, daß ich müde bin,
und ich weiß, daß du auch müde bist.
Der Horizont ist rund –
sieh die Sonne, wie sie auf dich scheint…

Schiff ahoi! Schiff ahoi! Schiff ahoi…
Fühlst du nicht das Wogen des Meeres –
den kalten Wind, der vorüberweht?
Es gibt so viele Fische im Meer –
wir gleiten nur auf den Wellen,
den Wellen, den Wellen…

Die Zahl der heute noch lebenden Sklaven ist nicht groß; aber in Florida begegnete ich einem, der außerdem der älteste Bürger in den USA ist – dem einhundertvierunddreißigjährigen Charles Smith, der mir berichtete, wie er in Afrika gefangengenommen worden ist:
»Ich kam in die USA, als ich zwölf Jahre alt war.«
»Bist du als Sklave an die USA verkauft worden?«
»Ja, warte. Laß mich dir erzählen, wie das geschah. Als ich in die USA kam, wurden die Leute verkauft. Das war während der Sklaverei. Die Weißen haben mich von Afrika rübergebracht. Ich fragte meine Mutter, ob ich nach unten gehen dürfe, um mir das Schiff der Weißen anzusehen. Sie sagte ja, und seitdem habe ich Mama nicht wiedergesehen. Nachdem der Kapitän es geschafft hatte, uns alle an Bord zu kriegen – Männer, Frauen und Kinder –, lockte er uns ins Innere des Schiffes, um uns ›Zuckerbäume‹ zu zeigen. Wir bemerkten, daß sich das Schiff bewegte, aber glaubten, das käme vom Wind. Wir kamen niemals zurück. Zuckerbäume haben wir niemals zu sehen bekommen, auch dann nicht, als wir nach New Orleans kamen, um verkauft zu werden. Auf der Fahrt versuchten die Neger, mich über Bord zu werfen. Ich erinnere mich daran, als ob es gestern gewesen ist. Es war Legree, der weiße Kapitän, der sie daran hinderte, mich über Bord zu werfen. Nach der Ankunft hier wurden wir verkauft – auf den Block geworfen und auf der Auktion zum höchsten Angebot verkauft.«
Charles Smith wurde von einem Rancher aus Texas gekauft, dessen Namen er seitdem angenommen hat. Er kam 1853 in die USA; bei der Aufhebung der Sklaverei, zwölf Jahre später, war er fünfundzwanzig Jahre alt. Charles Smith hatte Glück. Als Afrikaner war er niemals zum Sklaven erzogen worden, deshalb fühlt er sich heute auch anders als andere Neger, auf die er praktisch heruntersieht. Unter anderem begreift er nicht, warum die erwachsenen Afrikaner ihn über Bord werfen wollten während der Überfahrt; aber das war nach Ansicht neuzeitlicher Historiker allgemeine Praxis, in der Absicht, die Kinder vor der Sklaverei zu bewahren.
Die tiefere Ursache dafür, daß Charles Smith und spätere Afrikaner den amerikanischen Neger von heute nicht verstehen, beruht auf ihrem mangelndem Verständnis dafür, daß eine über zwei Jahrhunderte andauernde Sklaverei deren Verhalten geprägt hat. Und solange man das nicht begreift, kann man nicht verstehen, warum die Aufhebung der Sklaverei nicht gleichbedeutend ist mit Freiheit. Mehr als hundert Jahre mußten verstreichen, bis die Neger ihre Freiheit erhielten, und es erhebt sich wirklich die Frage, ob sie sie heute haben. Formal wurden die USA erst vor zehn Jahren eine Demokratie, als alle ihre Bürger endlich das Stimmrecht erhielten. Aber handelt es sich wirklich um eine Demokratie? Im Staate Louisiana gibt es zum Beispiel zweihundertsiebenundfünfzigtausend Analphabeten. Ist es nicht Pflicht einer Demokratie, für die Bildung ihrer Bürger zu sorgen?

Martin Luther King und die revolutionäreren Kräfte, die ihm folgten, änderten in den sechziger Jahren viele dieser Dinge radikal. Sein heldenmütiger Kampf gegen die schweigende konservative Mehrheit wird erst spät in Vergessenheit geraten: »Ich träume, daß eines Tages die Söhne der früheren Sklaven und die Söhne der früheren Sklavenhalter auf den roten Hügeln in Georgia am Tisch der Brüderlichkeit zusammensitzen. Ich träume, daß eines Tages sogar der Staat Mississippi, der durch die Flammen des Unrechts zerstört zu werden droht, sich in eine Oase des Friedens und Rechts verwandelt. Ich träume, daß meine vier kleinen Kinder eines Tages in einer Nation leben dürfen, in der sie nicht nach ihrer Hautfarbe, sondern nach ihrem Charakter beurteilt werden. Ich träume, daß eines Tages – unten im Staate Alabama mit seinen böswilligen Rassisten – selbst dort kleine schwarze Kinder in der Lage sein werden, kleine weiße Kinder an die Hand zu nehmen.«

In den letzten zehn Jahren hat sich vieles geändert. Aber sitzen Sklavensöhne und Sklavenhaltersöhne heute in Georgia gemeinsam an einem Tisch? Haben die Rassisten in Alabama aufgehört böswillig zu sein? Das waren einige der Fragen, auf die ich während meiner Reise eine Antwort gesucht habe. Nein, meine sehr tragischen und bitteren Erlebnisse haben mir ein anderes Bild vermittelt. Der einzige Traum Kings, der in Erfüllung gegangen ist, scheint mir sein dritter zu sein: Neger werden nicht länger aufgrund ihrer Hautfarbe, sondern nach ihrem Charakter beurteilt. Und dieser Traum hätte eigentlich nicht in Erfüllung gehen dürfen, denn die Charaktereigenschaften, die man nach jahrhundertelanger Unterdrückung erworben hat, sind nun einmal anders als die, die man als Unterdrücker im Laufe der Jahrhunderte angenommen hat.
Das Tragische an Kings Traum wird besonders daran deutlich, daß seine Frau Coretta King ihre eigenen Kinder auf eine weiße Privatschule und nicht auf eine Schule für Schwarze geschickt hat; offensichtlich deshalb, weil sie nicht viel von den Charaktereigenschaften hält, denen man in einer Schule für Schwarze begegnet.

Historisches Foto

Die Grundzüge dieser Charaktereigenschaften sind natürlich in der Sklaverei geprägt worden. Jean-Paul Sartre beschreibt sie für Sklaven der ganzen Welt: »Durchgeprügelt, unterernährt, krank, ängstlich – aber nur bis zu einem gewissen Grade – trägt er, gleichgültig, ob er schwarz, weiß oder gelb ist, immer die gleichen Charakterzüge: Er ist ein Gauner, ein Faulpelz, ein Dieb, der von nichts lebt und nur die Sprache der Gewalt versteht.« Aber selbst wenn einige dieser Charakterzüge im amerikanischen Neger überdauert haben – sogar unter der milderen Form der Ausbeutung, die der Sklaverei folgte –, so muß man doch wohl feststellen, daß die Produktions- und Eigentumsverhältnisse des Spätkapitalismus, die so sehr an die Sklaverei erinnern, diese Charakterzüge nicht nur bis zu einem gewissen Grade bewahrt, sondern sogar auf einigen Gebieten noch verstärkt haben.

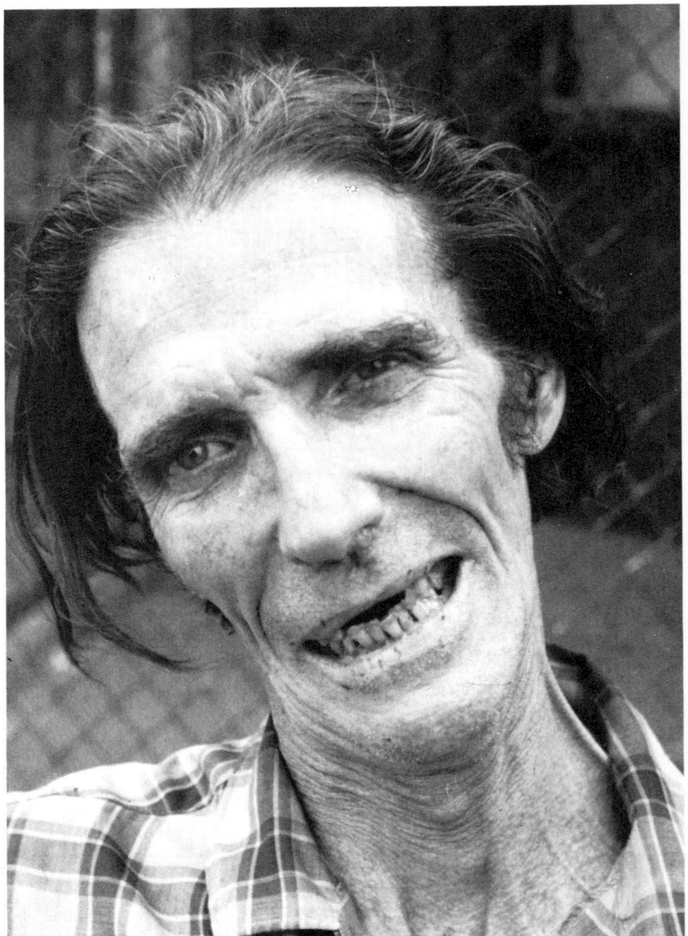

Laßt mich deshalb einen Augenblick lang die Arbeitsverhältnisse untersuchen, die sowohl während als auch nach der Zeit der Sklaverei mehr als alles andere dazu beigetragen haben, ihre Seelen zu formen. Die weiße Tyrannei hat kaum irgendwo so konkrete Formen angenommen wie in den Baumwollplantagen der Weißen. Während der gesamten Geschichte der Baumwolle und der Sklaverei hat die bürgerliche Propaganda die Sklaven und die späteren Baumwollpflücker lachend und glücklich, ja geradezu kindlich fröhlich dargestellt. Es besteht kein Zweifel daran, daß diese Stereotypen zu einem gewissen Grade mit dazu beigetragen haben, die Haltung der Schwarzen zu unterdrücken bis hin zur Identifikation mit diesem Stereotyp. Aber die Wirklichkeit sah für mich vollkommen anders aus. Das Lächeln, das man auf diesem Bild erkennt, war wirklich das einzige, das ich in meiner Zeit auf den Baumwollplantagen zu sehen bekommen habe. Und der Grund: Einer der Pflücker wußte nicht, wie meine

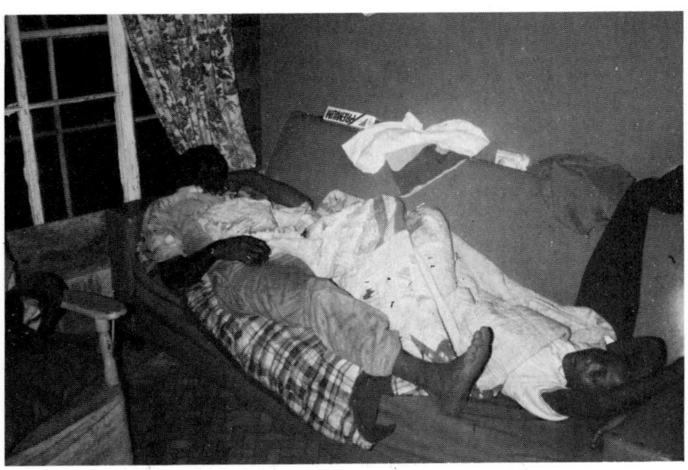

Kamera funktionierte. Es kostete mich viel Zeit, ihre Feindschaft oder Angst vor mir als Weißem zu überwinden. Zuletzt gelang es mir, bei ihnen wohnen zu dürfen, aber als Entgelt mußte ich ihnen die gesamte Baumwolle geben, die ich selbst gepflückt hatte. Obwohl ich von morgens bis abends schuftete und mir mein ganzer Körper weh tat, gelang es mir nicht, für mehr als zwölf Mark am Tag Baumwolle zu pflücken. Die anderen waren trainiert und kamen auf über fünfzehn Mark pro Tag.
Wir arbeiteten im Akkord und erhielten vier Cent pro Pfund. Der weiße Plantagenbesitzer verkaufte die Baumwolle auf dem Markt für zweiundsiebzig Cent pro Pfund. Selbst wenn man die Ausgaben für Düngemittel und alles andere abzieht, beginnt man bald zu begreifen, warum der Plantagenbesitzer in der Lage ist, in einem Plantagenhaus zu wohnen, während seine schwarzen Pflücker in *shacks** untergebracht sind.

Gegen Abend kam der Sohn des Plantagenbesitzers, um die Baumwolle zu wiegen und uns an Ort und Stelle auszuzahlen. Wir waren müde und erschöpft, niemand freute sich, wenn er den Lohn entgegennahm, für den man vielleicht gerade das Petroleum für die Lampe daheim in der Hütte kaufen konnte, eine Hütte, die kaum größer oder besser war als diejenigen, in denen damals die Sklaven gewohnt hatten. Wie kann man diese Menschen als frei bezeichnen, wenn alles um sie herum sie an die alten Herren-Sklaven-Verhältnisse erinnert?

* *shack – Hütte, Baracke, elende Behausung, »Bruchbude«.*

Aber du, Sklavenvogt,
das Bild beginnt sich zu ändern,
die Zündschnur brennt,
und das Feuer wird dich bald ergreifen.

Mein Blut gefriert zu Eis,
hör' ich den Knall der Peitsche.
Ich weiß, wie sie auf ihren Sklavenschiffen
meine Seele abstumpften...

Heute, sagen sie, haben wir unsere Freiheit,
doch nur, um gefangengehalten zu werden
in unserer Armut...
Du guter Gott,
vielleicht liegt es an ihrer Dummheit.
Eine kalte Mechanik,
die nur auf Profit eingestellt ist!

Aber diese Maschinerie oder dieses System ist doch nicht ganz so unpersönlich. Und das eine möchte ich wissen: Wie können wir sicher sein, daß diese Kapitalisten und Börsenleute, die ihre Kurven oben in New York ablesen und die es vor knapp hundert Jahren als etwas Natürliches ansahen, privates Eigentumsrecht an Menschen zu haben – wie können wir sicher sein, daß sie nicht auf die eine oder andere Art immer noch mit Menschenleben kalkulieren? Wir erleben diese reichen Spekulanten aus den Nordstaaten unmittelbar und ganz persönlich, wenn sie in ihren großen Campingwagen Stunde um Stunde an uns vorbei nach Süden in die Sonne und Wärme Floridas rollen. Jedes dieser »rollenden Häuser« verbraucht stündlich so viel Benzin, wie wir auf den Baumwollfeldern an einem ganzen Tag verdienen. Vielleicht klingt es ein bißchen naiv, wenn ich frage, wieso diese »Papierarbeiter« da oben in New York und in Massachusetts ein Recht auf rollende Zweithäuser haben, obwohl sie bereits Riesenvillen besitzen, während wir Baumwollarbeiter nicht einmal eine wasserdichte Hütte haben, um darin zu wohnen? Aber das ist offensichtlich ein Teil dieses ungerechten Systems.

Auch in den Tabakanbaugebieten besitzt und entscheidet der weiße Mann alles, während die Neger vollkommen abhängig sind – sowohl im Frühjahr, wenn der Tabak gepflanzt wird und ihre Frauen arbeitslos sind, in ihren »shacks« sitzen und zusehen – als auch im August, wenn der Tabak gepflückt wird. Das ist richtige Niggerarbeit, sagen die Weißen, denn sie sind ja schon schwarz, deshalb bleibt der Teer an ihnen nicht so gut kleben wie an den Weißen. Gesetzlich ist ihnen ein Mindestlohn zugesichert, der zur Zeit etwa sechs Mark pro Stunde beträgt. Aber es handelt sich um Saisonarbeit, und außerhalb der Tabakzeit gibt es nicht viel Arbeit. Dadurch ist der Arbeitslohn pro Jahr, den sie nach Hause tragen, sehr niedrig.

Danach wird der Tabak getrocknet und auf Auktionen verkauft. Es gibt nicht viele Orte, an denen das Herren-Sklaven-Verhältnis so stark in das Bewußtsein des Negers eingebrannt wird wie hier. Vorweg gehen die weißen Aufkäufer der Tabakgesellschaften und geben mit erhobenem Zeigefinger diskrete Signale, während die Neger so schnell, wie sie können, hinterherlaufen und die Tabakbündel einpacken. Der Weiße fährt mit seinem großen teuren Dollarschlitten direkt hinein in die Auktionshalle, und mittags werden reihenweise tellergroße Steaks verzehrt, während die Neger ihre mitgebrachten Brotpakete an einem anderen Platz auspacken müssen. Wie können wir es zulassen, daß diese Menschen, die nicht im mindesten weniger arbeiten müssen als die Weißen, Gesichter haben, wie nur Sklaven sie haben, wenn sie doch Gleichheit und Freiheit erreichen könnten, wenn wir nur ein paar Cent mehr für eine Packung Zigaretten ausgeben würden.

Doch selbst denen, die weiterhin behaupten wollen, es gäbe auf North Carolinas Tabakfeldern, theoretisch gesehen, keine Sklaverei, dürfte es schwerfallen, das Herren-Sklaven-Verhältnis in den Zuckerrohrplantagen Louisianas zu leugnen. Hier herrschen rein feudale Zustände. Den weißen Besitzern gehören nicht nur die Böden der Zuckerrohrplantagen, sondern auch die Häuser, in denen die schwarzen Arbeiter wohnen; in der Regel sind sie um die großen Plantagenvillen herum gruppiert, genauso wie damals zur Zeit der Sklaverei. Hinzu kommt, daß den Plantagenbesitzern praktisch auch alles andere in den kleinen Dörfern gehört, unter anderem der einzige Laden im Dorf, der deshalb »The Company Store« genannt wird.
In diesem Laden liegen die Preise oft zwanzig Prozent über den Preisen in den größeren Städten, aber da es den armen Zuckerrohrarbeitern an Geld und Gelegenheit mangelt, um in den größeren Städten einzukaufen, sind sie gezwungen, die Preise des Plantagenbesitzers zu zahlen. Der durchschnittliche Lohn dieser Arbeiter beträgt circa achttausend Mark jährlich. Das ist weniger, als eine Familie von sechs bis zehn Personen jährlich allein schon für Nahrungsmittel braucht. Um zu überleben, leihen sich die Arbeiter Geld von den Plantagenbesitzern und werden so bald zu deren Dauerschuldnern. Im Laden bezahlen sie häufig nicht mit Geld, sondern erhalten weiteren Kredit, wodurch sie in wirtschaftlicher Hinsicht nach und nach völlig

vereinnahmt werden. Menschen, die für ihre Arbeit keinen Lohn erhalten, sondern lediglich Essen und Unterkunft, kann man kaum anders als Sklaven bezeichnen, denn sobald sie dieser Kreislauf erst einmal gefangengenommen hat, sind sie praktisch Besitz des Plantagenbesitzers. Sie erhalten keine Erlaubnis, die Plantage zu verlassen, bevor sie ihre Schulden beglichen haben, und das könnte nur durch ein Wunder geschehen.

Viele haben versucht, diese Sklavenarbeiter zu organisieren. Ein weißer katholischer Priester schockierte zum Beispiel die Zeitungen von New Orleans mit Berichten, aus denen hervorging, daß er sich mit den Negern heimlich in Schweineställen zum Gottesdienst treffen mußte, da sie von den Plantagenbesitzern regelmäßig beschossen worden waren. Er berichtete darüber hinaus, wie unmöglich es sei, die Neger zu organisieren, da sie fürchteten, auch noch das letzte, was sie besaßen, zu verlieren; dabei spielten auch Erinnerungen an einen früheren Aufruhr eine Rolle, bei dem dreißig von ihnen getötet worden waren, ohne daß sie irgend etwas erreicht hatten. Diese Artikelfolge in den Zeitungen New Orleans' über den Feudalismus unmittelbar außerhalb der Stadt gab zu sentimentalen Erzählungen Anlaß, daß die Kinder in den Zuckerrohrplantagen z.B. nur einmal jährlich eine Apfelsine zu essen bekämen, nämlich zu Weihnachten. Damit begann eine auf die Tränendrüsen zielende Kampagne, um diesen Kindern Weihnachtsgeschenke zukommen zu lassen. Gleichzeitig organisierten die Studenten der Zahnmedizin an der Universität kostenlose Zahnbehandlungsbusse, da man festgestellt hatte, daß diese Sklavenarbeiter niemals Mittel genug besaßen, um zum Zahnarzt zu gehen. Und gerade sie hatten es besonders nötig, denn ein nicht geringer Anteil der Nahrung dieser Sklavenarbeiter bestand aus Zuckerrohr.

Es war an diesen Orten nicht leicht für mich, bei den Zuckerrohrarbeitern zu wohnen, denn sie befürchteten Maßnahmen der Weißen. Einmal war ich bereits zu Bett gegangen, als plötzlich – das Gerücht über mich mußte sich wie ein Lauffeuer verbreitet haben – die Tür aufgerissen wurde und ein Neger mir eine Gewehrmündung in den Magen preßte und mich hinaus in die kalte Nacht jagte. Spät in der Nacht erbarmte sich eine arme Witwe meiner, Virginia Pate, und ich erhielt die Erlaubnis, in einer Hütte draußen in den Sümpfen ein Bett mit ihren fünf Kindern zu teilen. Es wird immer kalt, wenn der Morgen herannaht und der Kachelofen ausgeht, und da die Kinder die Decke zu sich zogen, mußte ich in der ersten Nacht frieren. Am nächsten Morgen flickte sie deshalb alte Wattedecken für mich. Ich werde sie nie vergessen. Sie war bereit, der von den Weißen drohenden Gefahr zu trotzen, wagte es aber auf der anderen Seite auf keinen Fall, mit mir unter einem Dach zu schlafen. Sie schlief im *shack* ihrer Schwester. Gemeinsam mit ihrem ältesten Sohn ging ich in den Sümpfen auf Jagd nach Gürteltieren und anderem Eßbarem, damit wir nicht mehr hungern mußten, als es unbedingt notwendig war. Das Trinkwasser stammte aus der Dachrinne.

EUREKA
VACUUM

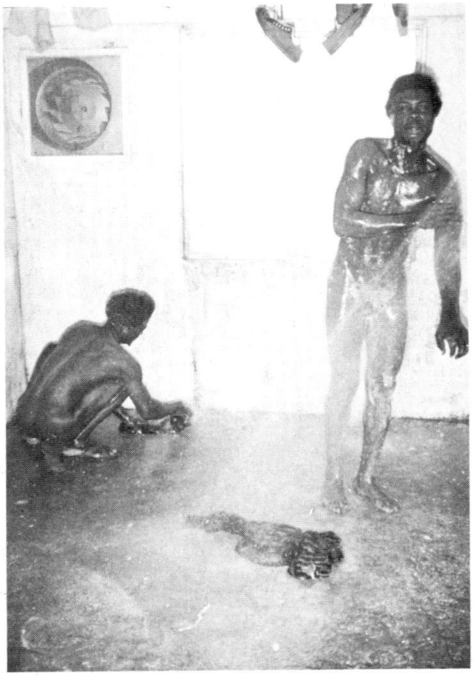

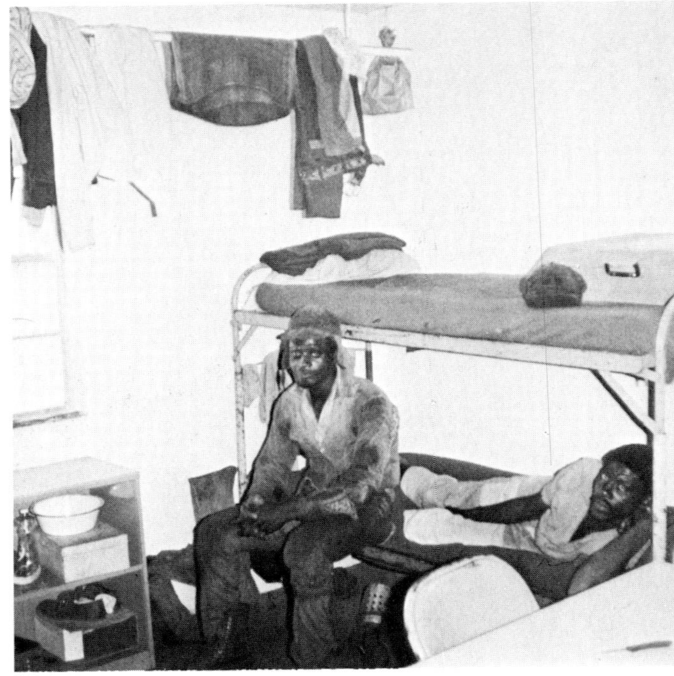

Nun gut, ich will es den juristischen Experten überlassen, darüber zu entscheiden, inwieweit man in den Zuckerplantagen Louisianas von Sklaverei reden kann.
Allerdings besteht kein Zweifel daran, daß so etwas in Florida existiert. In Florida hat sogar der Justizminister die Besitzer der Plantagen beschuldigt, Sklaverei zu betreiben, ohne daß sich jedoch dadurch irgend etwas an den Verhältnissen geändert hat. Der Zucker wird hier noch immer mit der Machete geschlagen, und nach der ermüdenden Arbeit des Tages wird man wie Vieh nicht nach Hause in die eigene Behausung, sondern in ein Sklavenlager gefahren, wo oft mehr als hundert Menschen in ein und demselben Raum zusammengepfercht werden.
Diese Bilder wird man kaum andernorts zu sehen bekommen, da es nicht einmal den größten Fernsehgesellschaften der USA geglückt ist, in diese Lager hineinzukommen.

Historisches Foto

Mit den Lagern ist es gelungen, die schwarzen Familien genauso wie zur Zeit der Sklaverei auseinanderzureißen und sie schließlich zu zerstören, da Frauen nicht in die Lager kommen dürfen.
Es gibt allerdings auch andere Formen von Arbeitslagern, in denen die ganze Familie zusammen wohnen darf. Es muß jedoch bezweifelt werden, ob die Situation dieser Familien wesentlich besser ist, da hier alle derartig aufeinander angewiesen sind, daß sie es sich nicht erlauben können, ihre Kinder zur Schule zu schicken. Um zu überleben, ist es oft notwendig, jedes einzelne Familienmitglied mit hinaus aufs Feld zu nehmen. Das gilt unter anderem für Obst- und Landarbeiter. Während die Kinder in Louisiana kaum eine einzige Apfelsine im Jahr bekommen, ertrinken die Kinder in Florida geradezu in Apfelsinen. Die USA sind das einzige reiche kapitalistische Land, in dem die Kinderarbeit immer noch erlaubt ist, obwohl sie formal schon 1911 abgeschafft wurde – wenigstens die Fabrik- und Grubenarbeit. Nichtsdestoweniger darf man festhalten, daß sich der augenblickliche Wohlstand der USA nicht nur auf Sklaverei, sondern auch auf Kinderarbeit gründet. Denn noch heute wird ein Viertel der gesamten Obsternte in den USA von Kindern unter sechzehn Jahren gepflückt.

Arbeitslager und Apfelsinenplantagen gehören natürlich Weißen – der gesamte Besitz ist nur auf wenige Weiße konzentriert. Obwohl ich es ablehne, für irgend jemanden Reklame zu machen, möchte ich doch gern diejenigen beim Namen nennen, die einen Teil der Sklavenlager besitzen (oder Konzentrationslager, wenn man so will, denn hier werden schließlich Apfelsinensaftkonzentrate hergestellt). Nun, es ist wahrhaftig die Firma Coca-Cola, die Eigentümer einer der größten Konzentrationsfirmen ist, nämlich Minute Maid. Der Apfelsinensaft wird dann in sogenannten Cola-Lastwagen nach Norden zu den Häfen transportiert, von denen aus die Ware nach Europa geschafft wird. Es sieht auch nicht schlimm aus in den Cola-Lagern – selbst wenn die Kinder an den weltüblichen Mangelkrankheiten leiden, unter anderem an Blutarmut, die sie müde und kraftlos macht. Und es besteht kein Zweifel daran, daß die Arbeitslager von Coca-Cola lange nicht die schlimmsten sind.

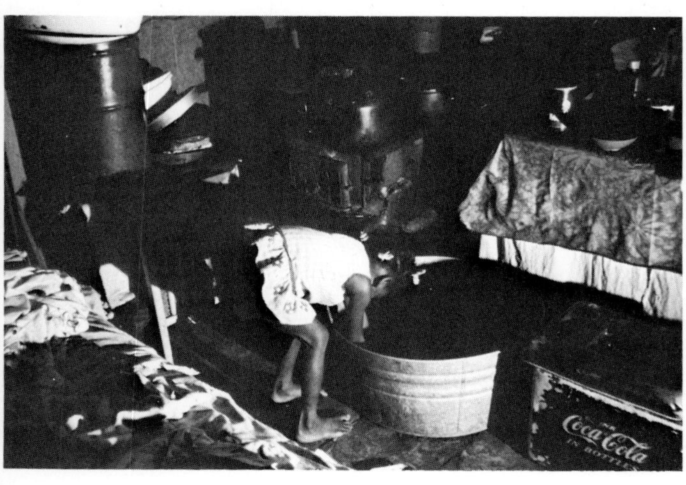

Aus Südflorida gelangt ein großer Teil des Gemüses in die Nordstaaten. Ein weißer Tomatenzüchter berichtete mir, daß er fast eine Million Dollar jährlich verdiene, abgesehen von Mißernten. Es gelang mir, bei ihm zu wohnen. Aber später, als er meine Fotos von den »Niggern« entdeckte, wurde ich rausgeschmissen:

»Was bezweckst du damit, wenn du hier fotografierst? Ich weiß sehr genau, was für einer du bist. Du bist einer von diesen kommunistischen Infiltratoren aus dem Norden, einer von den Bürgerrechtlern.«

»Nein, ich reise nur umher und studiere die Landwirtschaftsverhältnisse für ein Buch, das ich gerade schreibe.«

»Ich will dir eines sagen. Wenn du zu diesen ›Slum‹-Leuten hältst«, (er zeigte auf seine Pflücker), »wird das Buch, das du über sie schreibst, ein ›Slum‹-Buch. Und im übrigen darfst du nicht vergessen, daß wir die Farbigen hier besser als irgendwo sonst im Lande behandeln.«

Später wohnte ich bei einigen seiner Landarbeiter. Ihre Lage ist, milde gesagt, zum Verzweifeln. Neben den Negern gibt es viele landflüchtige Mexikaner. Viele waren vollkommen am Ende und außerstande, über ihre Situation zu berichten, aber diese Frau, eine der wenigen armen Weißen auf den Feldern, erzählte mir in ihrer kleinen Hütte von den Verhältnissen:
»Hast du jemals Sozialhilfe bekommen?«
»Nein, ich kann keine bekommen, aber hätte sie sehr nötig.«
»Wieviel verdient dein Mann in der Woche?«
»Nicht sehr viel. Siebzig Mark vielleicht. Das reicht knapp für Miete und Essen.«
»Und ihr arbeitet sieben Tage in der Woche?«
»Ja, sieben Tage in der Woche für nur etwas mehr als siebzig Mark.«
»Hat es Zeiten gegeben, in denen ihr nichts zu essen hattet?«
»Es gab Zeiten, wo wir nichts hatten. Gar nichts. Nicht einmal eine Zigarette. Ich war so weit runter, daß ich nur Zuckerwasser und Brot besaß. Über drei Wochen lang. Und es wurde schlimmer und schlimmer. Es sind gerade die Armen, die leiden.«
»Wer, meinst du, ist schuld an dem Ganzen?«
»Die Regierung.«
»Du gibst nicht der Bevölkerung hier die Schuld?«
»Nein, den Leuten werfe ich nichts vor. Es ist die Regierung, die versucht, uns auszuhungern.«
»Ich freue mich, daß du die Schuld nicht auf die Neger und die Mexikaner schiebst.«
»Nein, es ist ausschließlich die Regierung. Deshalb haben wir immerzu Aufstände und Morde. Mein Haus ist dreimal angesteckt worden.«

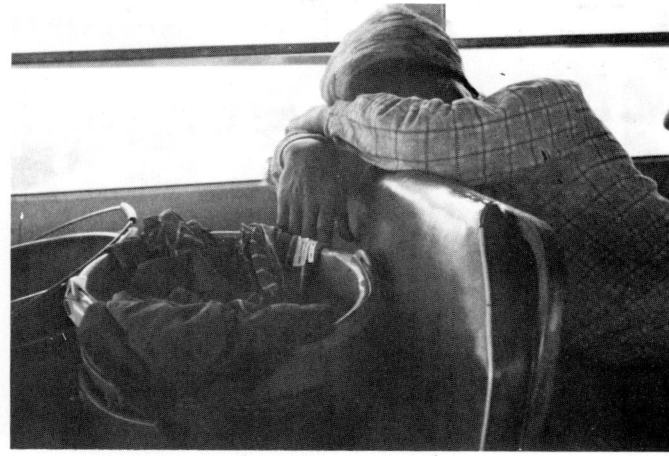

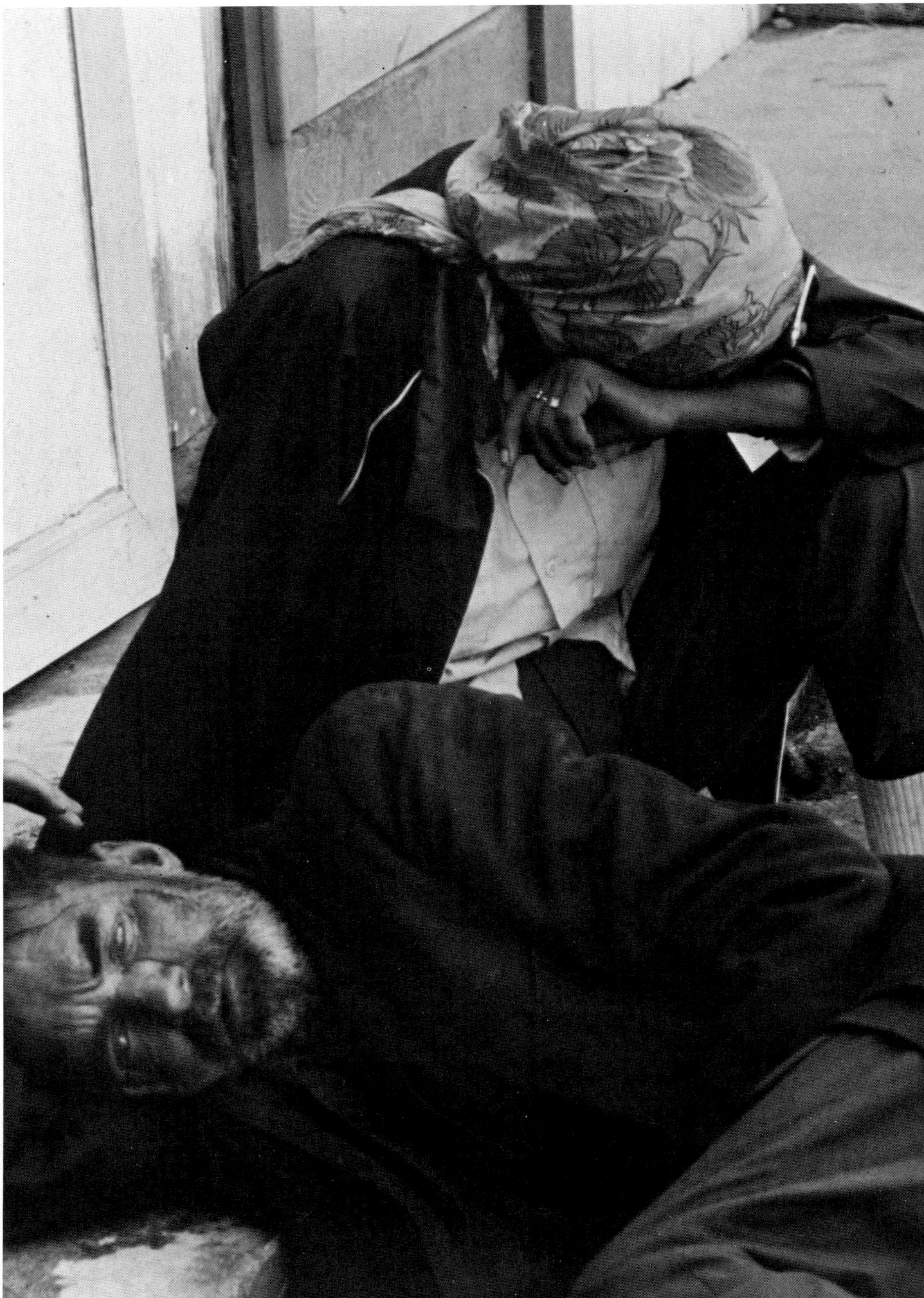

Für mich war es eine freudige Überraschung, einer armen Weißen zu begegnen, die auch nicht indirekt den Negern die Schuld an ihrem eigenen Unglück gab, während es unter den armen Weißen ganz normal ist, die Neger zum Sündenbock zu machen. Ihre Stadt Immokalee besaß mehr Sklavenlager als irgendeine andere Stadt, und gerade hier waren vor kurzem mehrere weiße Besitzer der Sklavenlager ins Gefängnis geworfen worden. Aber die Verhältnisse sind noch immer die gleichen, und die Lager haben jetzt bewaffnete Wachen bekommen, die auf jeden schießen, der versucht hineinzukommen. Als eine der größten Fernsehgesellschaften, die NBC, in die Stadt kam, wurden die Fernsehleute verprügelt und beschossen, und es gelang ihnen nicht, irgend etwas Wesentliches aufzunehmen. Diese Bilder hier sind mit Sicherheit die einzigen, die bis jetzt aus dieser Stadt herausgekommen sind. Selbst weiße »red-necks«* des gewalttätigen Typs, die dafür bekannt sind, daß sie schnell

* *arme weiße Farmer der Südstaaten*

zuschlagen, warnten mich davor, in die Stadt zu gehen, und wollten mich auch nicht bei Tageslicht hinfahren. Nur eine Woche lang wohnte ich dort bei armen Landarbeitern. Auf irgendeine Weise gelang es mir, mit einem der schwarzen bewaffneten Wächter, der mir ständig in einem Abstand auf den Straßen folgte, um mich »zu beschützen«, Freundschaft zu schließen. Sowohl er als auch der Polizeichef berichteten mir, daß im letzten halben Jahr – in einem Ort von dreitausend Einwohnern – auf den Straßen fünfundzwanzig Leichen gefunden worden seien. Jede Nacht konnte ich Schießereien hören. Ich habe dort mehr Blut als irgendwo sonst in Amerika gesehen. Dieser Mexikaner wurde in den Bauch gestochen, während ich neben ihm saß. Jeden Morgen stand dort eine Reihe von Menschen, die in der Nacht zuvor niedergeschlagen und ausgeraubt worden waren und versuchten, aus der Stadt zu gelangen. Aber viele kommen niemals raus aus diesen Sklavenlagern. Diejenigen, für die ich mich sehr schnell am stärksten interessierte, waren nicht die Toten, sondern die lebendigen Leichen: Menschen, in denen alles erloschen war. Die Widerstandskraft der Weißen war wesentlich geringer als die der Schwarzen. Diese ausgemergelten Geschöpfe, die sich früher durch siebentägige harte Arbeit in der Woche ernährt hatten, wie die anderen, waren gebrochene Menschen; sie lagen nur noch auf der Straße und warteten auf den Tod. Einer sitzt eingeklemmt zwischen einem Pepsi- und einem Coca-Cola-Automaten.

Es verging nur wenig Zeit, bis man mich immer stärker bedrohte wegen meines Fotografierens, das ich sonst zu verbergen versucht hatte. Ich beschloß daher, außerhalb der Stadt bei den Indianern meine Zuflucht zu suchen. Ich wohnte dort bei einem jungen Mädchen aus dem Seminole-Stamm. Für mich war es sehr romantisch, in einer Palmenblatthütte zu wohnen, aber die Romantik währte nicht lange. Nach nur wenigen Tagen wußte man in der Stadt, wo ich war, und eines Nachts rief man mich, ich solle aus der Hütte kommen. Ich hatte keine andere Wahl und trat hinaus in das Licht der Scheinwerfer eines Pick-up-trucks, auf dem einige mit Gewehren bewaffnete Männer saßen, die mir zuriefen: »Vor Sonnenaufgang hast du die Stadt verlassen. Wenn nicht, siehst du keinen Sonnenaufgang mehr.«
Da wußte ich, daß es tödlicher Ernst war, und ich verschwand aus der Stadt wie ein Schatten.

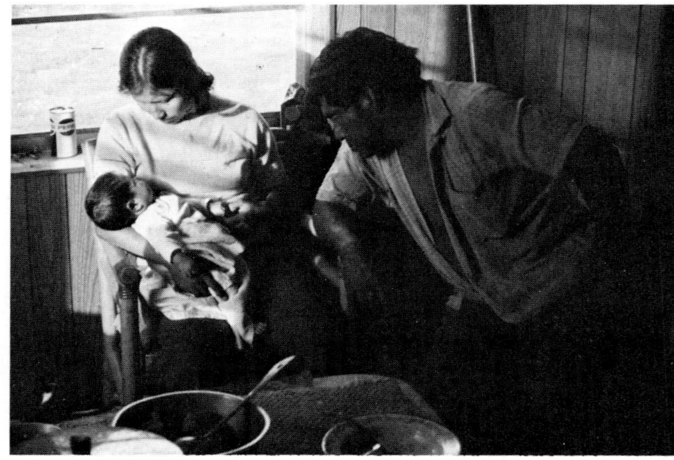

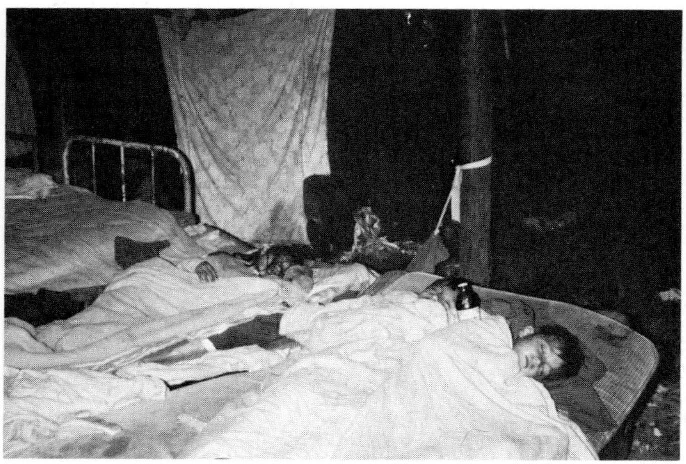

Ich habe bei ähnlichen zufälligen Anlässen noch oft bei Indianern gewohnt, sie aber niemals bewußt aufgesucht, da ich mich immer schuldig fühlte, wenn ich bei ihnen war. Sie werden geradezu überrannt von Anthropologen und Ethnologen. Dies führte dazu – zusammen mit dem schweren Schatten der Tragik, der auf den Indianern lastet –, daß ich mich bei ihnen niemals wirklich lange aufhielt. Es war einfach zu deprimierend – selbst wenn wir gemeinsam tranken. Während es recht einfach zu beobachten ist – zum Beispiel wenn man die Rassenverhältnisse auf Kuba untersucht –, daß der Sozialismus eine Art Rettung für die Neger ist, fällt es mir schwer einzusehen, daß der Sozialismus notwendigerweise auch eine Lösung für die Indianer bedeuten wird, wenn man ihre Probleme vor dem Hintergrund ihres Ursprungs und ihrer sehr starken kulturellen Unabhängigkeit sieht, die sie immer gefordert haben, aber niemals weiterentwickeln konnten.

Trotzdem beschloß ich, mit ihnen gemeinsam zu kämpfen, als sie in Wounded Knee einen bewaffneten Aufstand gegen die Regierung veranstalteten.

Niederlage in Wounded Knee?

Wounded Knee wurde für mich der Wendepunkt.
Die Linke in den USA hatte die ganze Zeit die Waffengewalt romantisiert. Viele von uns waren der Demonstrationen müde, und der Sprung zum bewaffneten Aufruhr war deshalb nicht weit. Aber Wounded Knee war ein deprimierendes Erlebnis.
In unserer romantischen Berauschtheit hatten wir über all die psychischen Probleme nicht nachgedacht, denen man begegnet, wenn man wochenlang in Schnee und Matsch in Schützengräben liegt. Ich habe so viel Zank und Streit zwischen den Indianern gesehen, daß ich darüber nicht reden mag. Sie hielten sogar uns weiße Helfer nahezu wie Sklaven. Ich half ihnen dabei, nachts Waffen und Munition hereinzuschmuggeln – eine Operation, die viele Stunden in Anspruch nahm, da das FBI die ganze Zeit Leuchtkugeln abschoß. Zu der Zeit war ich an Schießereien nicht gewöhnt, und es belastete mich stark, wenn mir die Kugeln über den Kopf flogen. Auf dem Wege nach draußen verlor ich meine Tasche mit Paß und Kamera und bekam später ein Auto zur Verfügung gestellt, um die Sachen wiederzubeschaffen. Da es jetzt heller Tag war, wußte ich, daß ich vom FBI entdeckt werden würde, und auf dem Rückweg wurde ich tatsächlich von FBI-Wagen mit einhundertsechzig Kilometern in der Stunde verfolgt. Es gelang mir, ihnen im Dorf Porquepine zu entkommen, indem ich mich in einem Leichenzug versteckte, mit dem man einen Indianer zu Grabe trug, der während der Kämpfe getötet worden war.
Später wurde ich bei einer anderen Gelegenheit vom FBI festgenommen – wie das Zeitungsbild zeigt, mit einer Kurzhaarperücke –, weil ich am Tage zuvor von ihnen angehalten und aus dem Reservat ausgewiesen worden war. Ich hatte gehofft, daß sie mich nicht wiedererkennen würden. Ich wurde in ein indianisches Gefängnis geführt, aber es gelang mir später, einen indianischen Polizisten zu überreden, mich freizulassen, indem ich ihm ein schlechtes Gewissen machte, weil er für die Regierung arbeitete. Aber diese äußeren Erlebnisse waren kaum der Grund dafür, daß ich aus der Bahn geworfen wurde, glaube ich. Es waren wohl meine intimeren Erlebnisse. Einer der Führer in Wounded Knee, ein Sioux-Indianer, den ich hier X nennen möchte, wurde ein sehr guter Freund von mir. Ich war mit ihm und einem weißen Rechtsanwalt aus Rapid City hergefahren. Als wir zum Reservat kamen, hielt das Auto nicht an und wurde deshalb von der »goonsquad« beschossen. Ich war erschrocken, erfuhr aber später, daß wir im Kofferraum einen Waffentransport mit uns führten. Der Rechtsanwalt stieg beim Lager aus, wo man dabei war, mit Washington zu verhandeln, um die inzwischen bald halb verweste Leiche des ersten Indianers, der in Wounded Knee getötet worden war, ausgeliefert zu bekommen. Wir fuhren dann zum Rosebud-Reservat, und X schlug vor, bei seiner Tante zu übernachten. Wir bekamen die Erlaubnis, in ihrer Küche auf einer Matratze zu schlafen, und ich begann, eine Decke auf dem Boden auszubreiten, um mich darauf zu legen, während X die schmale Matratze bekommen sollte. Aber er sagte, wir sollten uns die Matratze teilen, und erklärte mir lang und breit, daß es nach indianischer Sitte unhöflich sei, eine Einladung auszuschlagen. Als wir auf der Matratze lagen, erzählte er mir flüsternd und geheimnisvoll von den Geistern der Vorväter, während der Präriewind um die Dachtraufe heulte und dem Ganzen eine besondere Stimmung verlieh. Nach und nach kam er in Ekstase und konnte überhaupt nicht begreifen, daß ich die Geister in der Dunkelheit nicht zu sehen vermochte. Er begann am ganzen Körper zu zittern und hielt mich immer fester. Schließlich ließ das Zittern allmählich nach, und er begann mich zu küssen – lange, feuchte Küsse. Erst jetzt begriff ich, daß er homosexuell war, aber es war eine Art von Homosexualität, der ich niemals vorher begegnet war. Trotz seiner Hartnäckigkeit ging es ihm nicht um Sexualität, und er zog sich auch nicht aus. Er wollte nur auf einer »höheren Ebene« lieben und schmückte das Ganze mit Geistern und Dämonen aus – auf eine Art und Weise, daß ich mich heute noch frage, ob er es in der Nacht wirklich ehrlich mir gegenüber meinte.
Am nächsten Tag nahm er mich mit in das Versorgungslager, wo wir die ganze folgende Woche verbrachten. Hier entdeckte ich bei ihm eine ganz andere Seite: den Leiter des Lagers. Er zeigte mir niemals, daß er mich gerne mochte, so daß ich daraus schloß, daß die indianische Kultur Homosexualität sehr stark unterdrückt. Aber er behandelte mich besser als die anderen Weißen, und als sein Freund bekam ich bald besondere Aufgaben zugeteilt. Schließlich waren er und ich es, die das Auto mit dem Sarg von Clearwater und mit Morningstar, der hochschwangeren Witwe von Clearwater, fahren sollten. Zuvor hatten wir die ganze Nacht lang im Haus des Medizinmannes Crow Dog an der Seite der Leiche Wache gehalten. Sowohl er als auch X hatten lange indianische Gebete am Sarg gesprochen. X rannen dabei unaufhörlich die Tränen herunter, und das, was ich in jener Nacht als Heuchelei empfunden hatte, machte jetzt auf mich einen ganz anderen Eindruck. Wir bekamen eine grüne Medizin, die ziemlich stark wirkte, und ich ließ mich dazu hinreißen, so wie viele andere aufzustehen und an Clearwaters Sarg eine Rede zu halten. Ich verglich Nixons Abschlachten der Indianer in Guatemala während der Eisenhower-Zeit mit seinem jetzigen Volksmord hier in Wounded Knee. Ich war der erste, der versuchte, den Tod von Clearwater in einen internationalen Zusammenhang zu bringen, und das machte, wie ich später erfuhr, auch einen gewissen Eindruck.
Aufgrund der vielen Telegramme, die aus der ganzen Welt zusammenströmten, hatten wir die ganze Zeit über das Gefühl, inmitten wichtiger historischer Vorgänge zu stehen. Aber als wir dann am nächsten Tag draußen auf den öden Hügeln mit ihren wenigen Tannen standen und den Sarg in die Grube senkten, fühlten wir uns trotzdem merkwürdig verlassen. Ich verspürte eine große Leere, und der ganze historische Zusammenhang verschwand einen Augenblick.
Meine Augen fielen auf ein Mädchen der Tipoix-Indianer, das von Minnesota aus in roten Holzschuhen per Anhalter nach

Wounded Knee gekommen war, um hier zu kämpfen. Sie war sehr schön, und wir verliebten uns heftig ineinander, während sich unsere Augen über den Sarg hinweg trafen. Kaum hatten wir alle die Friedenspfeife miteinander geraucht und die Reste über dem Sarg ausgeklopft, wie es der Brauch ist, als Bobby und ich schon begannen, unsere gesamte Zeit gemeinsam zu verbringen. Wir versuchten unsere Beziehung geheimzuhalten, da es nicht besonders populär war, ein rotes Mädchen zusammen mit einem weißen Mann zu sehen. Trotzdem bekam X es bald heraus und wurde rasend vor Wut; aber er konnte mir nicht in die Augen sehen und gab mir deshalb indirekt eins über. Er rief das ganze Lager zusammen und hielt eine lange Rede über die Promiskuität, die im Lager um sich gegriffen habe, und darüber, daß man indianische Traditionen respektieren und nach Clearwaters Tod die Trauer würdig begehen müsse usw. usw. Anschließend diskutierte er mit den Indianern, ob man nicht alle Weißen wegschicken solle.
Später bekam ich heraus, daß die Mehrzahl dafür war, aber X schließlich einlenkte und forderte, daß wir blieben. Um es kurz zu sagen, X war sehr verliebt in mich, und ich bin vollkommen sicher, daß dies der einzige Grund dafür war, daß wir Erlaubnis erhielten, im Lager zu bleiben. Ich begriff immer mehr, in welch hohem Grade X in mich verliebt war. Da er unheimlich eifersüchtig auf Bobby war, bekam ich die Order, in Zukunft zusammen mit ihm selbst und Morningstar, die in Trauer ging, im Ehrenzelt zu schlafen. Ich war tief beeindruckt, daß ich das Zelt mit der Witwe des ersten Indianers teilen sollte, der während des ersten Indianeraufruhrs in neuerer Zeit getötet worden war. In meinem revolutionären Rausch hatte ich das Gefühl, mitten in einem historischen Brennpunkt gelandet zu sein. Mit Morningstar hatte ich bereits richtig Freundschaft geschlossen, wohl aufgrund der Rede, die ich am Grabe ihres Mannes gehalten hatte, und ich fühlte mich stark zu ihr hingezogen – hochschwanger, wie sie war, im achten Monat. Aber mit ihr und dem Häuptling im Ehrenzelt zu schlafen, war dann doch für mich ein großer Sprung. Gegenüber den anderen Weißen empfand ich natürlich einen gewissen Stolz, weil ich in Morningstars Zelt »befördert« worden war.
Mit diesem historischen Bewußtsein angesichts meiner eigenen neuen Situation war ich allerdings überhaupt nicht auf das vorbereitet, was dann in diesem Zelt geschah. Morningstar lag in dem einzigen Bett des Zeltes und schwatzte mit mir im Schein der Lampe, während ich auf dem Boden lag. Sie wirkte immer lebhafter und redete immer stärker auf mich ein. Plötzlich fragte sie mich, ob sie sich zu mir legen dürfe. Ich war vollkommen überrascht, und bevor ich antworten konnte, war sie zu mir heruntergekrabbelt und dicht zu mir in den Schlafsack geschlüpft. Ich wußte weder aus noch ein und lag vollständig steif da. Ähnlichen Situationen war ich oft ausgeliefert gewesen, aber dies hier war etwas ganz anderes, und für mich war es vollkommen ausgeschlossen, an Sex zu denken. Immerhin waren nur zwei Tage seit dem Begräbnis

ihres Mannes vergangen – des Mannes, mit dessen Kind sie dort gegen meinen Bauch gedrückt lag. Ich war erschüttert, schockiert. Alle meine romantischen und revolutionären Ideale brachen zusammen. Kaum hatte man das erste Opfer in diesem zweiten indianischen Krieg in Wounded Knee zu Grabe getragen, war man schon im Begriff, diese welthistorische Begebenheit wegzuficken! Ich dachte an die Kondolenztelegramme, die aus der ganzen Welt eingetroffen waren, aber weiß nicht, wie ich zurechtgekommen wäre, wenn nicht X in diesem Augenblick von einem Treffen ins Zelt zurückgekommen wäre. X wurde mein Retter. Als wir ihn kommen hörten, legte sich Morningstar wieder hinauf in ihr Bett. X blies die Lampe aus und legte sich neben mich, genau wie in der ersten Nacht im Hause der Tante. Seitdem hatte er es nicht mehr gewagt, mir auch nur das geringste Zeichen von Liebe zu erweisen. Obwohl ich nicht homosexuell bin, muß ich doch zugeben, daß ich, als er mich in dieser Nacht zu küssen begann, den Eindruck hatte, er habe mich aus einer sehr, sehr peinlichen Situation gerettet. (Später habe ich mir berichten lassen, daß dieses Verhalten für eine Frau, die gerade ihren Mann verloren hat, nicht unnormal ist.)
Wenige Tage später schlichen sich die Krieger aus Wounded Knee davon, und der Aufruhr war beendet – aber nicht für mich. Viele Waffen wurden auf den Hügeln um das Lager herum vergraben, und anschließend flüchteten die Indianer und verstreuten sich über die ganze USA und über Kanada. Zwei von ihnen stahlen das ganze Geld im Lager von Crow Dog und machten sich damit nach Oklahoma davon. Bobby mußte Abschied nehmen, ohne daß wir eine Möglichkeit erhielten, einander auf Wiedersehen zu sagen. X wachte Tag und Nacht über mich, und plötzlich befand ich mich wieder in einer wahnsinnigen Situation. Er war so verliebt in mich, daß er mich nicht reisen lassen wollte; aber er wagte das nicht zu zeigen und gab deshalb den Wachen um das Lager herum den Befehl, ich dürfe es aus »Sicherheitsgründen« nicht verlassen. Zu mir sagte er, ich hätte Bilder aufgenommen, die in die Hände des FBI fallen könnten, aber zu den Wachen sprach er nur ganz unbestimmt von »Sicherheitsgründen«, und plötzlich spürte ich überall feindliche und mißtrauische Blicke auf mich gerichtet, und jedesmal, wenn ich in die Nähe der Außengrenze des Lagers kam, richteten sich sofort einige Gewehrmündungen auf mich. Für mich wurde die Situation immer verzweifelter, da ich niemandem im Lager die eigentliche Ursache erklären konnte. X wollte ich nicht kompromittieren, aber selbst wenn ich den Leuten gesagt hätte, daß ihr großer Häuptling mich nicht reisen lassen wolle, weil er verliebt in mich sei, hätten sie mir nicht geglaubt. Ich war der Gefangene der Indianer, ohne daß irgend jemand wußte, warum. Ich hielt es nicht länger aus, und einige Tage später gelang es mir, aus dem Reservat zu fliehen und die zweihundert Meilen zurück nach Rapid City per Anhalter zu fahren.
In Rapid City wohnte ich wieder bei dem Indianermädchen, das mich in Kontakt mit der AIM (American Indian Movement) gebracht hatte, bevor ich nach Wounded Knee gefahren war. Für die Aufrührer hatte sie nur Verachtung übrig. Am Abend nahm sie mich mit in ein großes angenehmes Steakhaus, wo ich das beste und zivilisierteste Steak aß, das ich seit langer Zeit bekommen hatte. Oh, wie war ich zufrieden, mich wieder frei bewegen zu können! Aber die Gewalt begleitete mich, und eines Abends wurde unser Nachbar in der Wohnung unter uns ermordet – ein Racheakt nach dem Aufruhr. Mehrere Tage lang saßen wir mit seiner Mutter zusammen, ließen uns vollaufen und starrten auf den Blutfleck auf dem Fußboden, den sie nicht wegwischen wollte, weil er das einzige war, was von ihrem Sohn zurückgeblieben war.
Die innere Gewalt, die in steigendem Maße alle Menschen der Dritten Welt als Folge ihrer langen Unterdrückung prägt, richtet sich bei den Indianern normalerweise nicht nach außen wie bei den Negern, sondern nach innen in Form von Selbstmord. Vielleicht betrachteten unsere Feinde alles in allem auch den Aufruhr in Wounded Knee als einen Selbstmordversuch? Und vielleicht waren auch wir so sehr von der Sichtweise unseres Feindes geprägt, daß wir den harten menschlichen Forderungen, die der Aufruhr an uns stellte, nicht entsprechen konnten. Was mich selbst betraf – ich hatte genug von bewaffnetem Aufruhr und »armed love« und schlüpfte anschließend vollkommen in die Rolle des Landstreichers, um den »Feind« kennenzulernen. Landstreicher zu sein ist nur ein Versuch, sich dem einzelnen Menschen vollkommen hinzugeben. Aber Revolutionär zu sein ist ein Versuch, sich der ganzen Menschheit vollkommen hinzugeben. Kein Mensch ist imstande, diese beiden Haltungen miteinander zu kombinieren; was mich anging, so erlitt ich eine Niederlage in Wounded Knee – so wie viele Indianer dort. Der Mensch ist so unendlich schwach und klein und ist gezwungen, die beiden Bestrebungen miteinander zu verbinden, will er jemals vollkommen menschlich werden. Obwohl wir fast alle eine Niederlage in Wounded Knee erlitten, wurde Wounded Knee trotzdem ein Sieg, denn es war ein solcher Versuch.

Auszüge aus Briefen

Wounded Knee Seed

P. 3

--SPECIAL SUPPLIMENT TO THE SHANNON COUNTY NEWS--
May 4, 1973

Pictured above is Jacob Holdt of Denmark (with camera) as he is about to be released by Pine Ridge Police at the reservation border line (SHANNON COUNTY NEWS PHOTO by David Bunnell)

Clearwater's Body Taken To CROW DOG CAMP

CROW DOG'S CAMP--The body of Frank Clearwater, who was the first victim of the Wounded Knee takeover, was transported here Tuesday from Fools Crow Camp near Kyle on the Pine Ridge Reservation. The funeral procession left Fools Crow's about 11 a.m. and was stopped twice by police before reaching its destination. Pine Ridge Police and FBI agents who "escorted" the procession stopped it about five miles east of Martin where they checked the identification of all participants and arrested two people for allegedly violating a tribal court order banning them from the reservation as "undesirable persons."

Author Arrested

One of those arrested was Danish author Jacob Holdt who is in the United States preparing a Documentary for Danish Television and writing for the Denmark Christian Science Monitor.

In an interview with the Shannon County News, Holdt reported that he had been cleared by the Secret Service at the Republican Convention in Miami this past summer and that he stayed with Republican delegates in the Fountain Bleu Hotel where he interviewed such notables as Julie Eisenhower, John Wayne, Ronald Reagon and others. Holdt, who was handcuffed and whose souvenir Republican Convention Press Pass was ripped off his jacket and not returned found things not so easy on the Pine Ridge Reservation. He was released at the reservation border line.

The procession was again stopped outside Crow Dog's while the Rosebud Tribal Council decided whether to allow Clearwater's body to be buried on the Rosebud. Finally, it was decided to allow burial on private but not on tribal land.

FUNeraL

The Funeral and burial were to be held Wednesday at Crow Dog's camp.

HARD TO BELIEVE This picture was taken in South Dakota

Coca-Cola
PEPSI
Coke
PEPSI
PEPSI

Ich habe nicht die Absicht, mich viel mit den anderen Minoritätsgruppen der USA zu beschäftigen, möchte aber doch die Chicanos nennen. Ihr Durchschnittseinkommen ist noch niedriger als das der Neger, und die Diskriminierung und Unterdrückung, der sie im Laufe der Zeit ausgesetzt gewesen sind, gleicht der, unter der die Indianer und Neger gelitten haben. Für mich ist es keine Entschuldigung, daß sie aus einer Gesellschaft kommen, die noch primitiver und sozial rückständiger ist als die amerikanische. Sie sind vor dem Hunger, dem Elend und dem Faschismus in Mexiko über die Grenze in die USA geflüchtet, scharenweise. Trotzdem werden sie nicht als politische Flüchtlinge anerkannt, weil sie arm sind und aus einem Land kommen, das mit den USA alliiert ist. Deswegen ist es ihnen so schwergefallen, Gewerkschaften zu gründen; viele Versuche wurden mit harter Hand zerschlagen. Nach jahrelanger unermüdlicher Arbeit ist es Cesar Chavez mit Hilfe linksgerichteter Studenten in den ganzen USA schließlich aber doch gelungen, eine Gewerkschaft zu gründen: United Farmworkers. Niemals – glaube ich – bin ich einem Menschen begegnet, der einen so starken Eindruck auf mich gemacht hat wie Chavez – diese revolutionäre Persönlichkeit, von der gleichen tiefen Bescheidenheit und der gleichen persönlichen Mäßigung geprägt wie Ho Chi Minh, ein Mann, der nur circa zwölf Mark in der Woche verdient. Kein Wunder, daß er sowohl von den linksgerichteten als auch aus liberalen Kreisen Unterstützung erhielt. Es ist bezeichnend, daß ein Großteil der Jugendlichen in den USA die Verfolgung, der die Chicanos ausgesetzt sind, in einem engen Zusammenhang nicht nur mit den anderen inländischen Minoritäten sieht, sondern auch mit den anderen farbigen Bevölkerungen rund um die Erde, die unter der amerikanischen Unterdrückung leiden, wie zum Beispiel in Vietnam.

Warum nennen wir ihn den Feind,
ihn in der kämpfenden Nation,
die wir auf der anderen Seite des Meeres bombardieren?
Warum wollen wir, daß diese Menschen sterben?
Und warum unterteilen wir sie in Süden und Norden?
Warum!

Es ist nur eine Lüge, eine von vielen,
und wir haben viele Lügen!
Keine weiteren Lügen…
Nicht länger Völkermord in meinem Namen!

Warum sind unsere Geschichtsbücher so voller Lügen?
Warum ist kein Wort darüber geschrieben,
warum die Indianer starben?
Oder daß die Chicanos wirklich Kalifornien lieben
wie ihr Land?
Warum behaupten alle Geschichtsbücher,
daß Kalifornien vom weißen Mann entdeckt wurde?
Warum!

Das ist nur eine Lüge, eine von vielen,
und wir haben viele Lügen!
Keine weiteren Lügen…
Nicht länger Völkermord in meinem Namen!

VETS SAY VOTE NO TO NIXON
VVAW DEMANDS JOBS, BETTER BENEFITS

NIXON
OUR GROSS NATIONAL PRODUCT

U.S. ANDS OFF CHILE
WATERGATE AND CHILE NIXON'S THE ONE!

REMEMBER KENT STATE

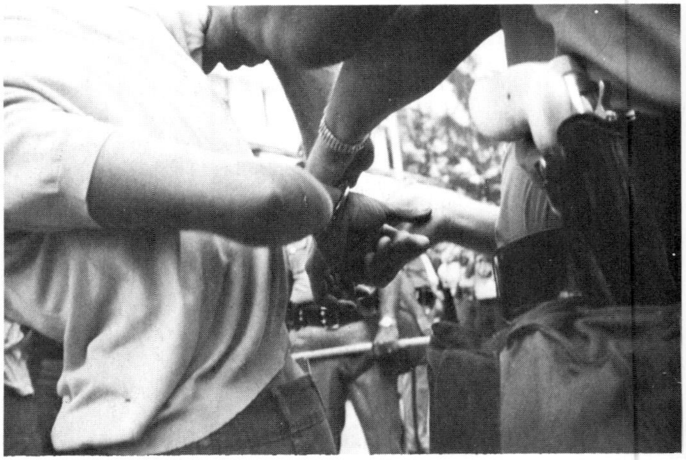

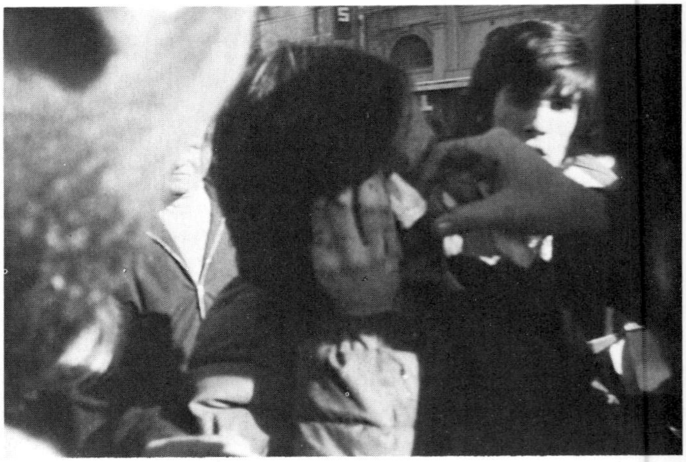

Warum sind die Waffen des Krieges so jung,
und warum haben hier nur alte Männer zu entscheiden?
Warum sind so viele Soldaten schwarz und braun?
Deshalb, weil sie besser geeignet sind,
die gelbe Bevölkerung abzuschlachten, fragen wir…
Warum!

Das ist nur eine der Lügen, eine von vielen,
und wir haben viele Lügen!
Keine weiteren Lügen…
Kein weiterer Völkermord in meinem Namen!

Aus dem engen Zusammenhang zwischen weltweiten und internen Problemen mit der Dritten Welt können wir, glaube ich, in Dänemark viel lernen (nicht zuletzt in unserem eigenen Verhältnis zu Grönland). Will man die tieferen psychologischen Wirkungen einer solchen Kolonisierung begreifen, ist es vielleicht am besten, die Verhältnisse der Afro-Amerikaner zu untersuchen, denn keine Kolonisierung ist so intensiv und destruktiv gewesen wie diejenige, der sie ausgesetzt waren. Dabei ist es entscheidend, zu begreifen, daß Wesen und Tendenz der Kolonisierung die Seele und das ganze Bewußtsein des Schwarzen während der Sklaverei geprägt haben und daß das System seitdem in vielfältiger Weise diese Formen nicht nur aufrechterhalten, sondern sogar noch intensiviert hat.
Dies gilt sicher auch für unser eigenes Verhältnis zu den von uns kolonisierten Ländern. Sind sie freier geworden, weil wir ihnen die Ketten vom Körper genommen haben?

Armer Sklave, wirf die Ketten von deinem Körper.
Armer Sklave, lege sie auf dein Gemüt.
Höre mir aufmerksam zu,
und wenn ich unrecht habe, berichtige mich,
aber wenn ich recht habe, wird mein Lied von Nutzen sein.
Laß uns sehen, ob wir einig sind:
Die Definition eines Sklaven lautet:
Jemand, der nicht in einem und allem frei ist!
Dann ist derjenige weiterhin Sklave,
der nicht frei denken kann…

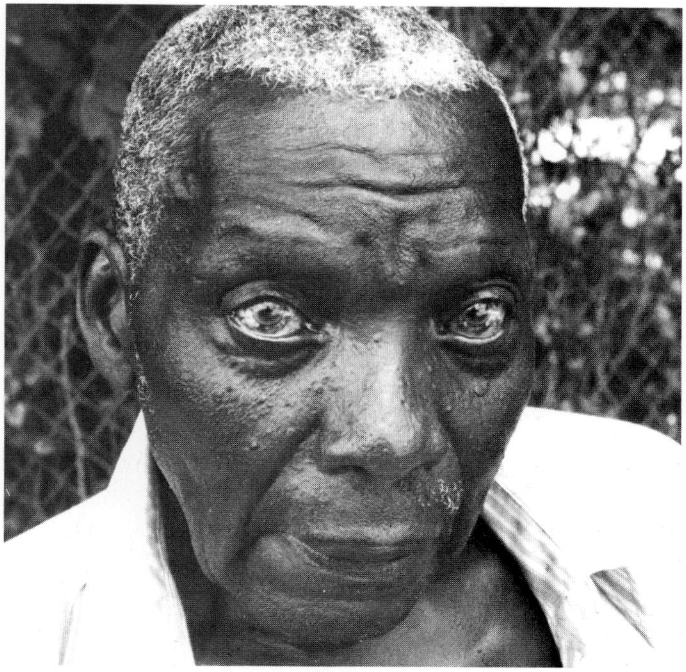

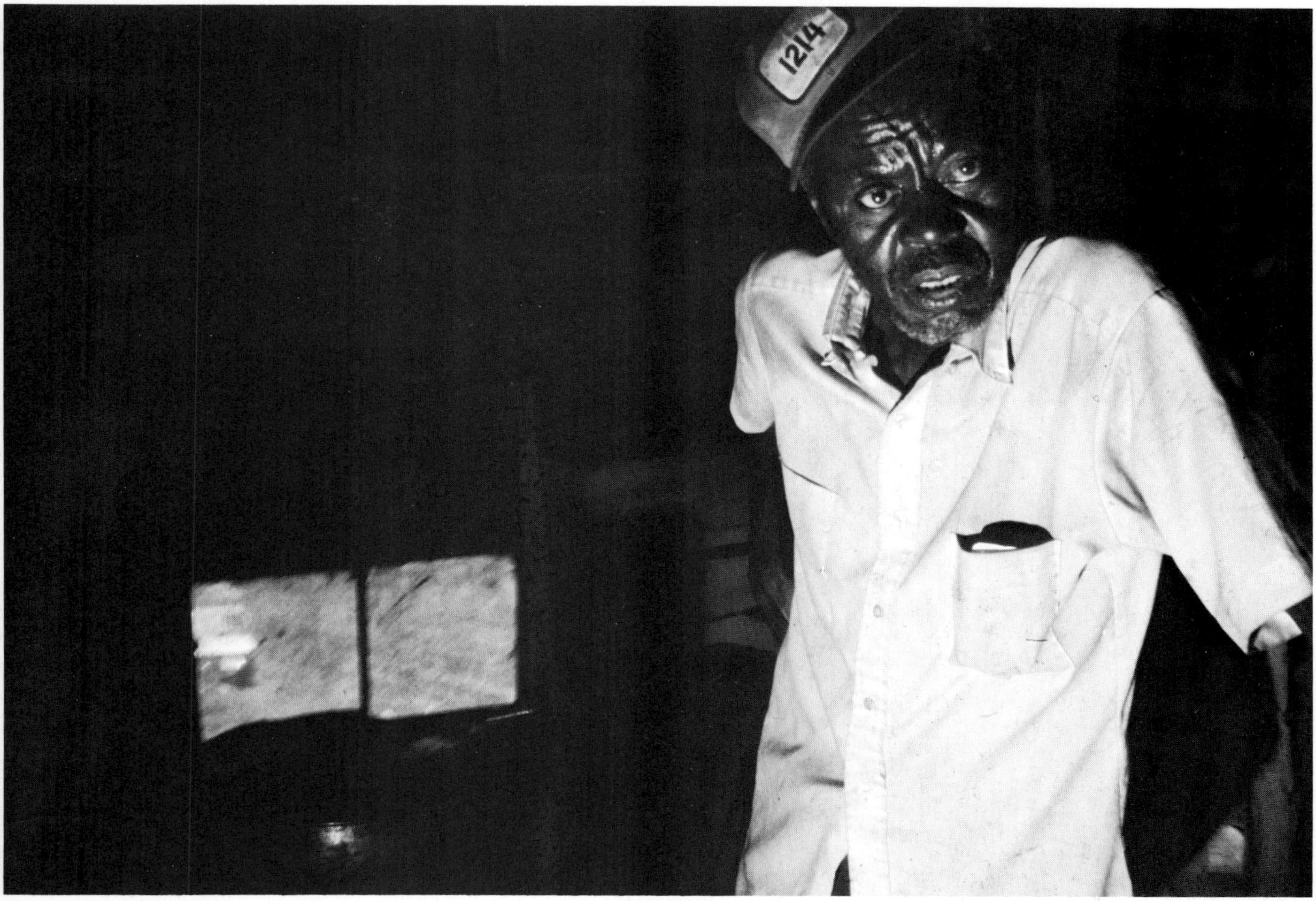

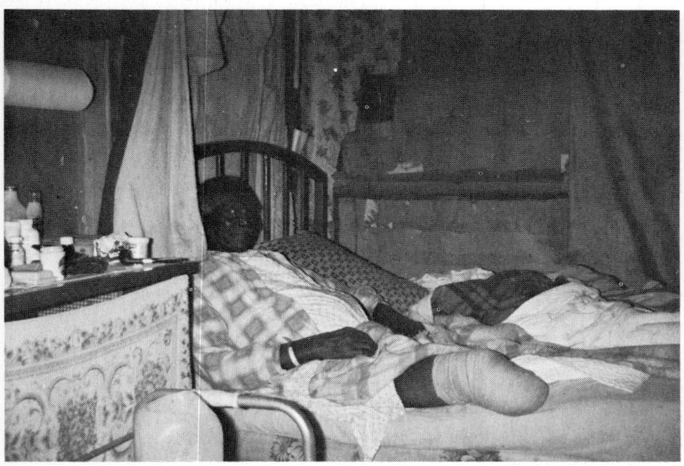

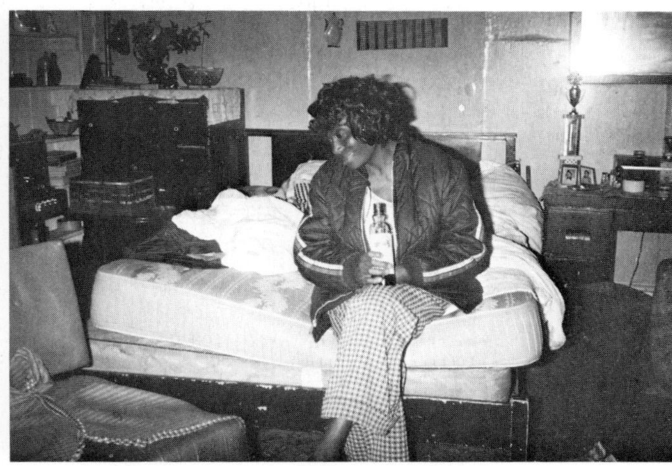

Armer Sklave!
Ein Baum bleibt immer ein Baum,
selbst wenn er seine Blätter verliert, wenn es Winter wird,
denn im Frühjahr treiben sie wieder aus,
und er verliert seine Wurzeln nicht!
Aber ein Sklave bleibt ein Sklave
ohne Verbindung mit seinen Wurzeln,
wenn er nicht seine Vergangenheit kennt –
nicht nur einzelne Abschnitte –
sondern ihre ganze Wahrheit.

Armer Sklave!
einer von uns erzählte mir vor kurzem,
er sei high.
O.k., seufzte ich traurig,
denn Rauschgifte und Sprit sind Scheiße,
und wenn ich wirklich high *werden könnte,*
würde ich die Wahrheit sagen und keine Lügen,
die höchsten Höhen erreicht der Mensch
nur durch Wissen, Kenntnis und Verstehen!
Armer Sklave!
Lindere den Druck auf deinem Körper
und stähle deinen Geist!

Sklaverei ist genauso wie ein Getto etwas physisch nicht konkret Faßbares. Trotzdem erhält man einen Eindruck ihres besonderen psychologischen Charakters, wenn man ihre physische Ausdrucksform betrachtet. Wenn man die Wohnverhältnisse der Neger untersucht, erkennt man leicht, wie die Kette um ihren Körper zur Kette um ihr Gemüt geworden ist. Ich weiß aus eigener Erfahrung, daß diese *shacks*, in denen sie seit der Sklaverei wohnen, vollkommen unmenschlich sind und daß man hier in keiner Weise das Gefühl der Freiheit hat – die Möglichkeit, sich intellektuell oder kreativ zu entfalten. Für einige ist es seit der Sklaverei sogar noch schlimmer gekommen. Sie wohnen in elenden Behausungen, die noch schlimmer sind als die ursprünglichen Sklavenhütten auf den Plantagen in South Carolina. Ich möchte hinzufügen, daß die *shacks* in Wirklichkeit noch viel furchtbarer sind, als sie auf den Fotografien aussehen. Auf diesen

Bildern kann man die vielen Risse nicht sehen, durch die der Wind pfeift und die dazu führen, daß es unmöglich ist, sich im Winter warm zu halten. Auch die schwankenden verrotteten Fußböden mit ihren riesigen Rissen sind nicht zu erkennen, durch die Schlangen und alles mögliche Ungeziefer hereinkriechen können. Man kann auch nicht sehen, daß es kein fließendes Wasser gibt, ganz zu schweigen von Toiletten oder Duschen. Viele von ihnen haben auch keinen elektrischen Strom. Tausende und Abertausende von Amerikanern leben im Schein von Petroleumlampen – falls das Geld für Petroleum reicht. Und mir erscheint es äußerst schwierig, fotografisch diesen seltsamen psychischen Eindruck darzustellen, den man gewinnt, wenn man plötzlich in eine Zeit zurückversetzt wird, die in Dänemark seit den letzten hundert Jahren unbekannt ist, und den Schock, den man bekommt, wenn man die Stille ohne Radio oder Fernsehen erlebt – nicht zu reden von der Enge, in

der die Menschen zusammengedrängt sind, eine Enge, wie man sie in Dänemark wahrscheinlich schon seit dem Mittelalter nicht mehr kennt. Solchen Eindrücken gegenüber fühlte ich mich als Fotograf machtlos. Nicht nur, weil es mir an Geld für ein Weitwinkelobjektiv fehlte, mit dem ich die Enge hätte festhalten können, sondern auch, weil sich derartige psychische Erlebnisse einfach nicht fotografieren lassen, auch nicht von den besten Fotografen.

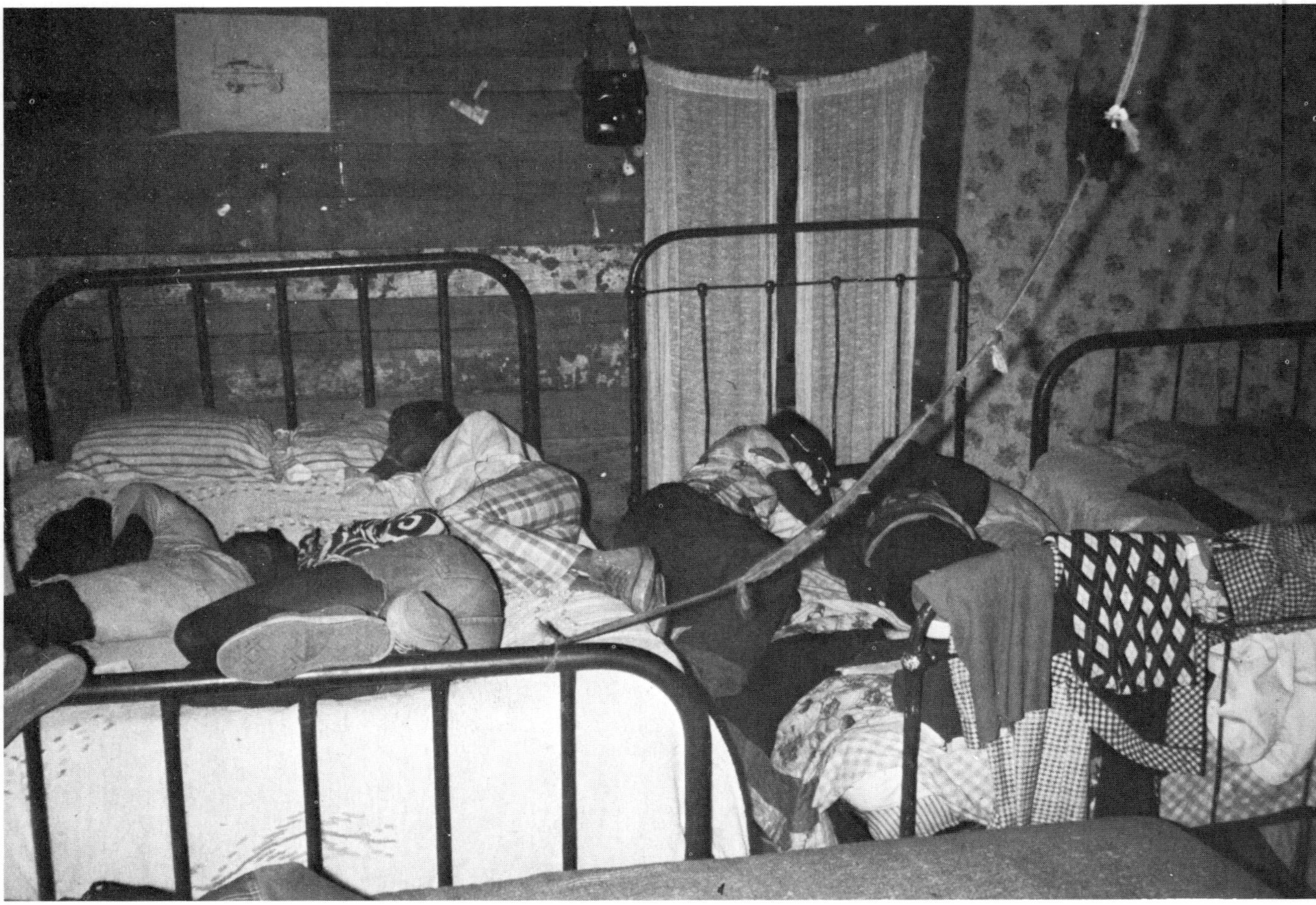

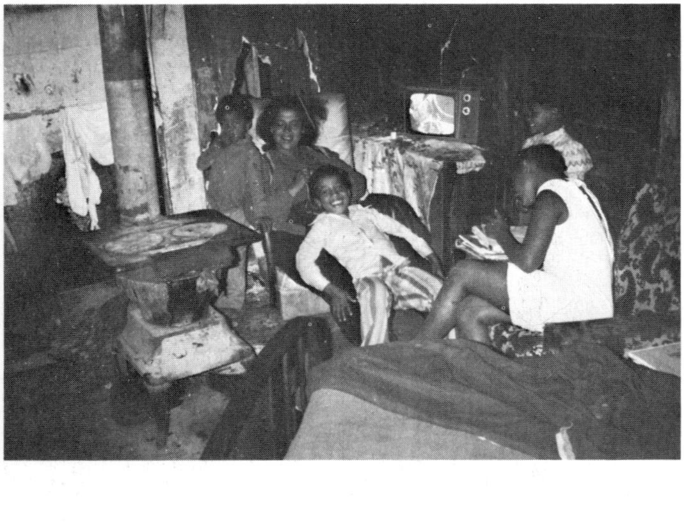

Ähnliche Schwierigkeiten hatte ich beim Fotografieren der reichen Oberschicht in den USA. Auf einem Bild kann man nur einen Raum darstellen, wobei alle übrigen Räume nicht sichtbar werden, die sich hinter diesem verbergen – ganz abgesehen davon, daß sich die Gewohnheiten der Oberschicht geändert haben und sie sich nicht länger mit der überwältigenden Pracht der neunziger Jahre umgeben. Es ist schwerer, diesen Überfluß zu fotografieren, der teure Reisen in ferne Länder zuläßt und mit Hilfe dessen kleinere Häuser überall im Lande gekauft werden können. Obwohl der Unterschied zwischen Reichen und Armen auf den Fotografien nicht so unbedingt deutlich wird, war für mich der psychische Sprung immer wieder überwältigend, wenn ich aus einem *shack* in eine Plantagenvilla kam oder aus einem Großstadtgetto in eine Millionärsvilla. Jedes Mal war es wieder so, als landete ich auf einem anderen Planeten.

Coke

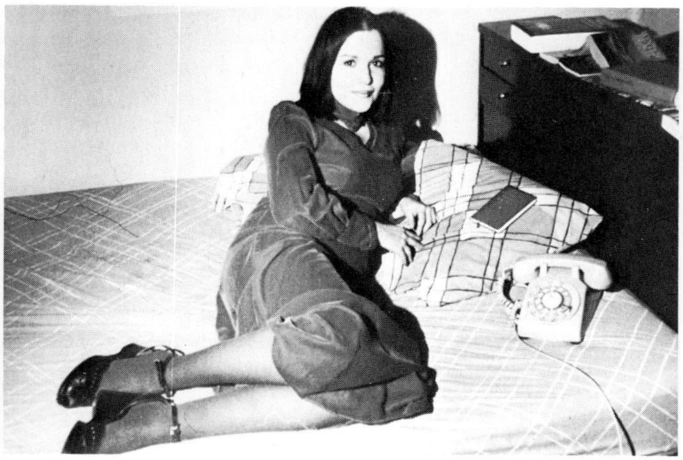
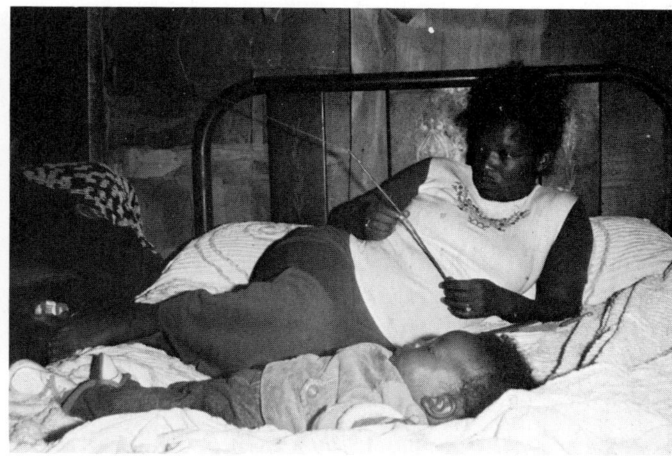

Ich will kurz von den vielen psychischen Wechselduschen berichten, die ich in Amerika mitmachte.
Eines Morgens hackte ich Holz für diese einhundertvier Jahre alte Frau in South Carolina. Sie und ihre siebenundsiebzig Jahre alte Tochter mußten ihr Brennholz selbst hacken. Sie lebten unter Verhältnissen, von denen man glauben konnte, sie seien im Freiluftmuseum in Kopenhagen fotografiert worden, obwohl sie sogar einen Brunnen besaßen, was viele andere nicht hatten. Der Mann ihrer Tochter war siebenundneunzig Jahre alt, und alle drei schliefen im selben Bett, wie es die Neger aus Tradition immer getan haben – nicht nur aufgrund der räumlichen Enge, sondern auch, um sich warm zu halten, wenn die Feuerstelle am Morgen kalt geworden war. Ihr Haus gehörte einem weißen Gutsbesitzer, der unmittelbar neben ihnen wohnte und dem sie monatlich circa fünfundsechzig Mark Miete bezahlten. Am selben Tag wurde ich mit der anderen Seite der Wirklichkeit in den USA konfrontiert, als es mir in Charleston gelang, an einer Pressekonferenz mit Julie Nixon teilzunehmen, obwohl meine Hosen einen großen Riß aufwiesen, den ich mir beim Brennholzhacken geholt hatte, und ich nicht – wie sonst bei solchen Gelegenheiten – meine Kurzhaarperücke trug. Nixons Tochter besuchte ein Heim für behinderte Kinder, ging herum und gab den kleinen verkrüppelten Kindern die Hand. Anschließend stellten ihr

verschiedene Presseleute freundliche Fragen, aber am Schluß gelang es mir, die ganze Pressekonferenz auffliegen zu lassen, indem ich fragte, ob sie es nicht auch für Heuchelei halte, wenn sie diese behinderten Kinder besuche, nachdem Nixon gerade das Gesetz zur Hilfe Behinderter durch sein Veto gestoppt habe? Julie Nixon war so verlegen, daß sie nicht antworten konnte, weshalb die ganze Pressekonferenz abgebrochen wurde. Aber als sie abends im Fernsehen gezeigt wurde, hatte man meine Frage wegzensiert. Die Amerikaner konnten also weiterhin in ihrer seltsamen Vorstellung leben, in ihrer Gesellschaft sei alles in Ordnung.

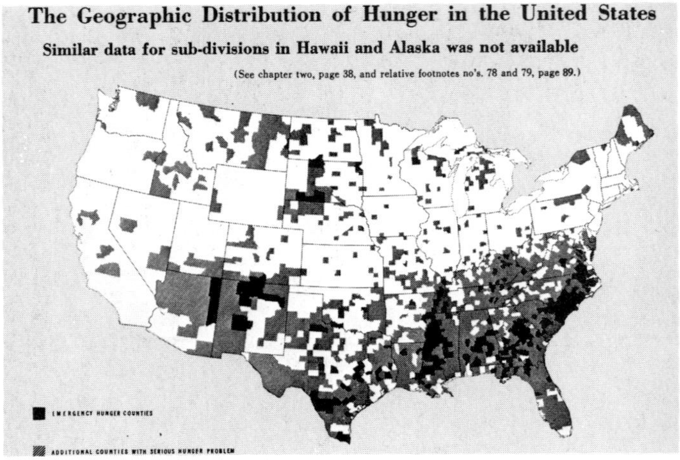

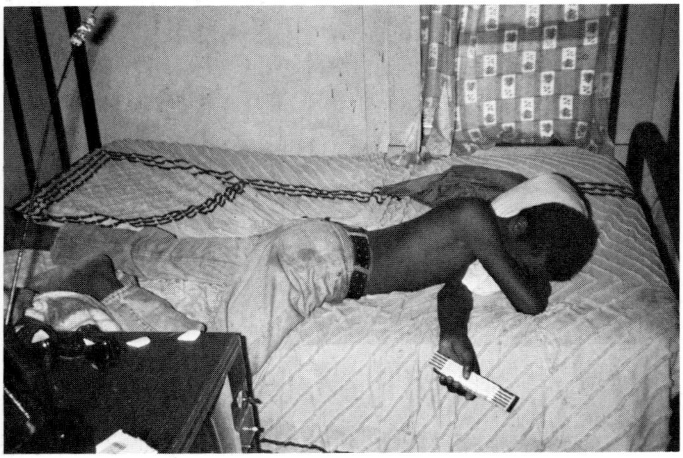

Physisch behinderte Kinder gibt es zu einem gewissen Prozentsatz in jeder Gesellschaft. Aber die seelische Verkrüppelung und Zerstörung der Intelligenz, denen Millionen schwarzer Kinder in den USA aufgrund schlechter Ernährung oder Hungers während der Schwangerschaft oder in der Kindheit ausgesetzt sind, könnte vermieden werden. Die Karte oben zeigt diejenigen Distrikte, die eine Kommission des Senats zu Katastrophengebieten des Hungers erklärt hat. In vielen Distrikten ist die Kindersterblichkeit der Schwarzen achtmal so groß wie die der Weißen. Schlägt man die offiziellen Statistiken nach, um zu überprüfen, wie viele von ihnen Hungers sterben, sind es jedoch nicht sehr viele. Die Unterernährung führt nämlich zu einer verminderten Widerstandskraft des Körpers gegenüber Krankheiten, so daß auf dem Totenattest als Ursache beispielsweise Lungenentzündung genannt wird.

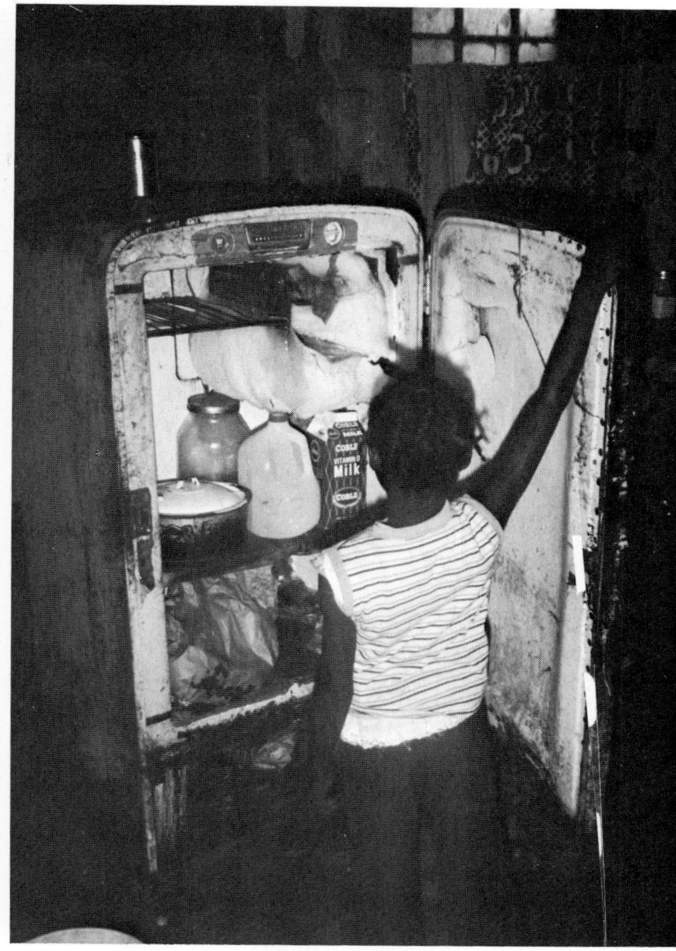

Überall im Süden gibt es diese kleinen Grabinschriften, die von der hohen Kindersterblichkeit zeugen und sich oft versteckt auf dem Boden unmittelbar neben den *shacks* befinden, aus denen die Kinder stammen. In der Regel ist es schwer, dicht an diese hungernden Kinder heranzukommen, da sie sich unglaublich vor Fremden fürchten. Es ist überhaupt schwer, Hunger zu fotografieren, denn nur die wenigsten sind deutlich abgemagert. Bei den meisten ist es genau umgekehrt:
Sie bekommen Übergewicht, da sie einen Haufen Kohlehydrate essen müssen, statt ausreichend Proteine zu erhalten. Das, was ich immer und immer wieder in solchen *shacks* zu essen bekam, waren Maisbrot, gebackene Bohnen und Fettklumpen darin. Die Kinder verbrennen die Stärke sehr rasch und haben deshalb oft Untergewicht, während die Erwachsenen fett und schlapp werden.

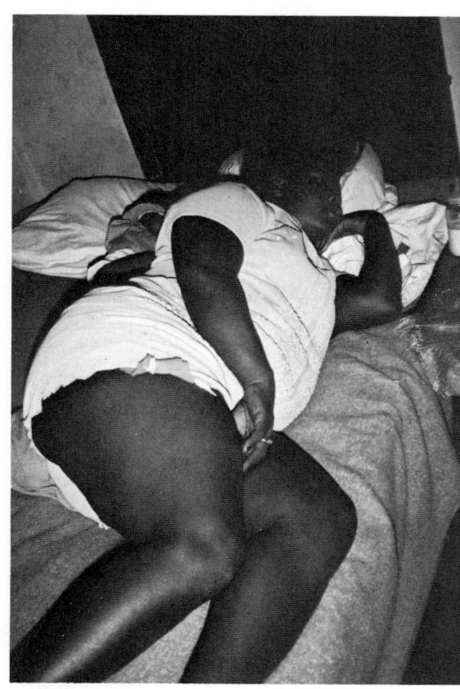

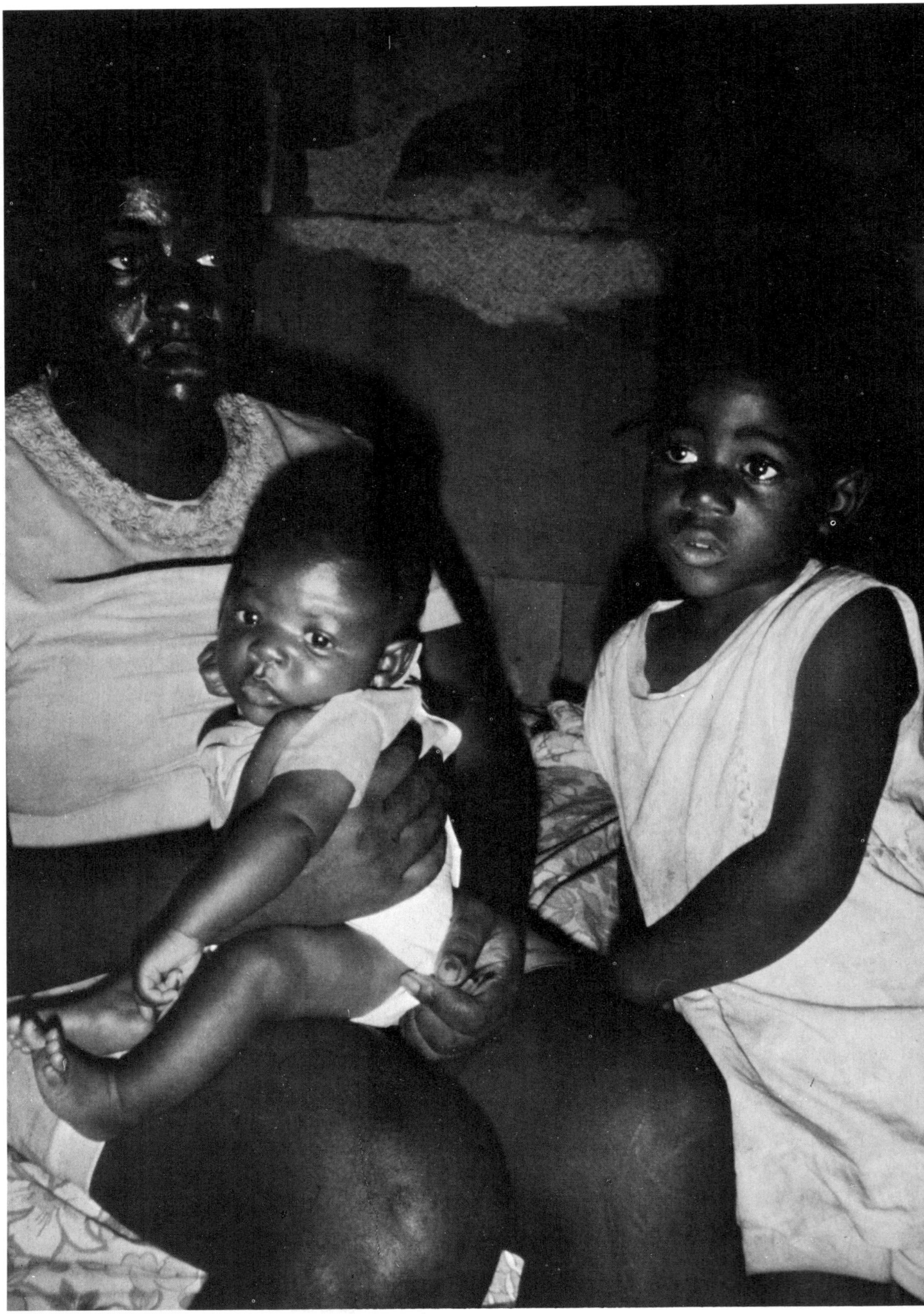

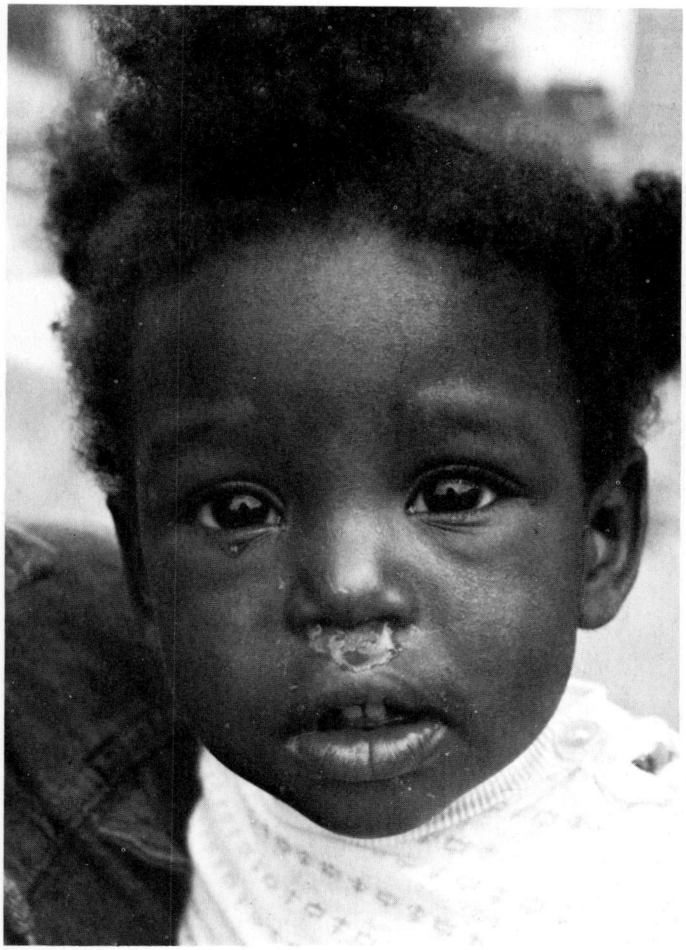

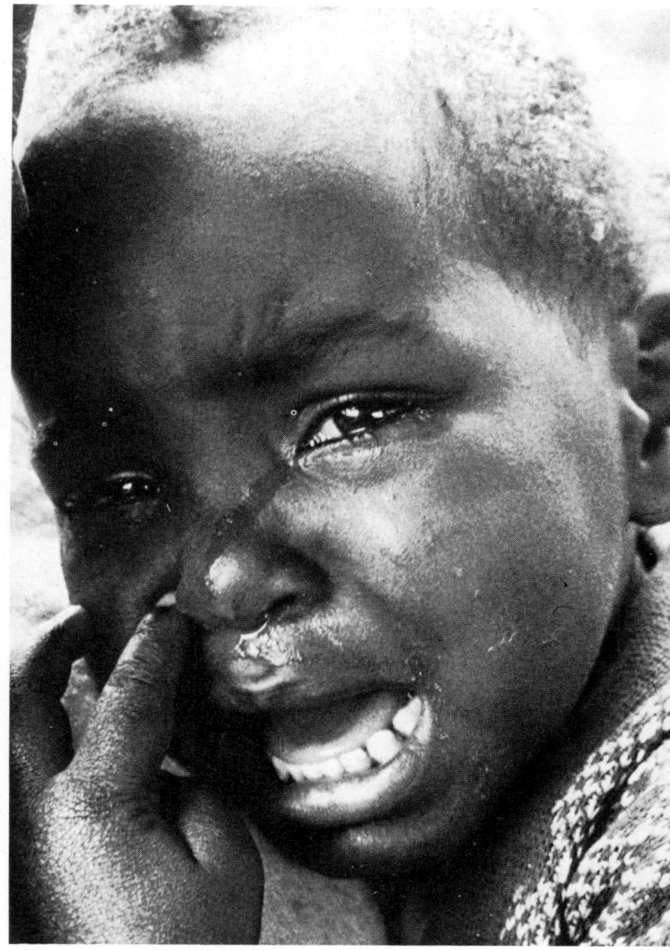

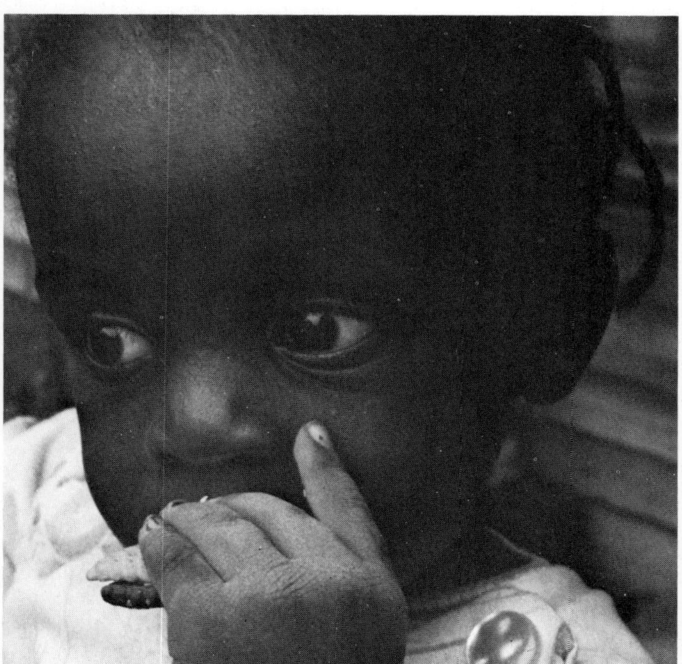

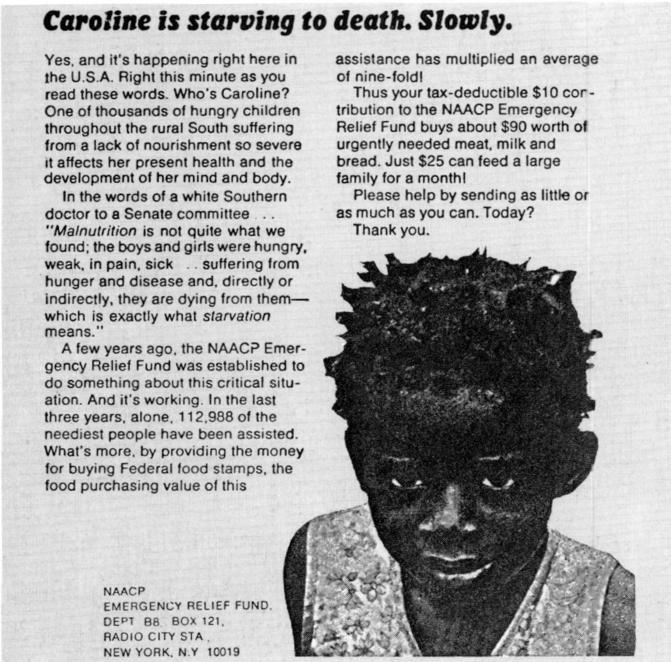

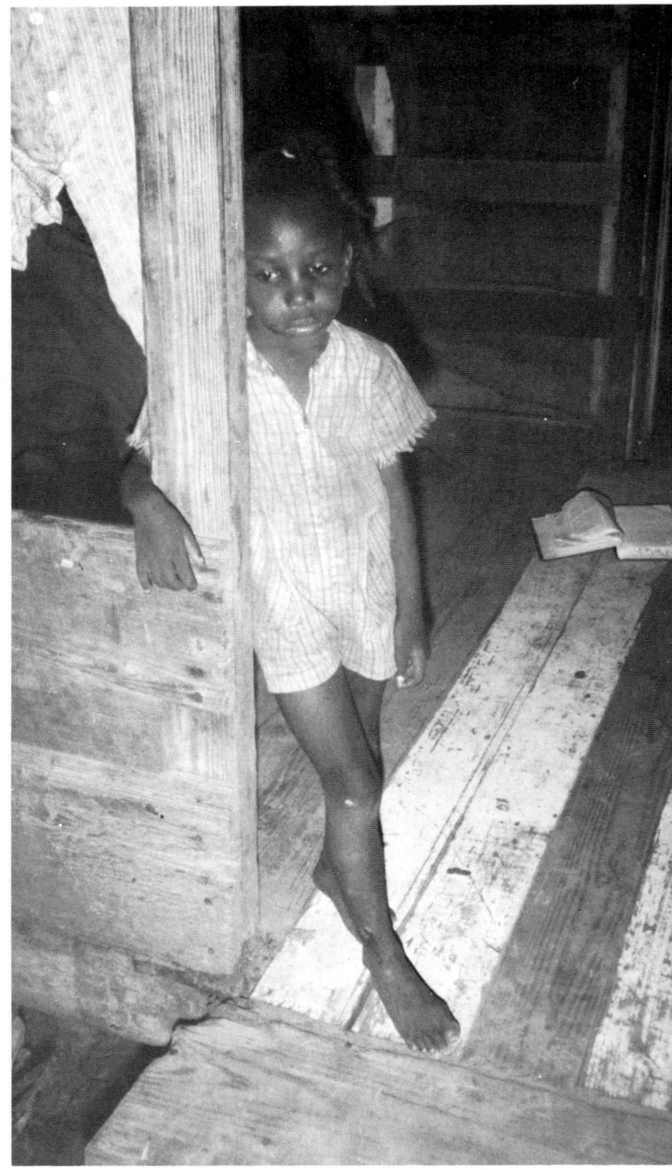

Gleichzeitig leiden sie unter allen möglichen Krankheiten, was dazu führt, daß ihre Lebenszeit um mehr als zehn Jahre geringer ist als die der weißen Amerikaner. Insgesamt hungern zehn Millionen Amerikaner – doppelt so viel wie die Bevölkerung Dänemarks. Die meisten bemerken allerdings den Hunger überhaupt nicht; er versteckt sich in der Regel auf den entferntesten Nebenstraßen und in den Appalachen. Am leichtesten erkennt man den Hunger, sagen Ärzte, wenn man einen verhungernden Hund sieht. Man kann dann ziemlich sicher sein, daß es hungernde Menschen in der Nähe gibt. Im Winter, wenn der Hunger am größten ist, kann man im Süden Neger auf den Feldern der Weißen sehen, wo sie Graswurzeln zum Kochen ausgraben.
Im übrigen sind Rübenblätter einer der wichtigsten Bestandteile des Essens; vielerorts bekam ich kaum anderes als Rübenblätter und Maisbrot. Nicht selten habe ich beobachtet, wie man die Kuh eines Weißen stahl und sie mitten auf dem Feld nachts schlachtete.

Der Hunger bringt auch viele dazu, Erde zu essen. In dem Bericht der Senatskommission wird eine Untersuchung genannt, aus der hervorgeht, daß fast fünfzig Prozent aller schwarzen Frauen in Mississippi und Alabama Erde essen. Dieses Mädchen, das wegen Eisenmangels schlapp und müde wirkte, nahm mich mit zu einer Lehmgrube, wo sie sich gewöhnlich Nahrung ausgrub, die sie mit ihrem Sohn teilte.

»Ißt du immer Erde?«
»Hin und wieder.«
»Schmeckt sie gut?«
»Ausgezeichnet. – (Verwundert:) Hast du sie nie gegessen?«
»Nein, aber ich habe Lust, sie zu probieren. Wie nennt ihr sie?«
»Süße Erde.«
»An vielen Plätzen oben im Norden habe ich die Leute sie auch Mississippischlamm nennen hören. Ißt du niemals Wäschestärke?«
»Nein.«
»Wer von euch hier in der Gegend ißt noch Erde?«
»Meine Mutter und meine Tante da oben in dem weißen Haus und noch viele andere.«

Ich weiß nicht, ob man sich vorstellen kann, wie dieser Hunger in der ganzen Geschichte des schwarzen Amerikas die Sinne geprägt hat – auf jeden Fall die Sinne, die der Hunger nicht unmittelbar zerstört hat. Welche Wirkung hat es auf die Seele eines Volkes, das immer wieder sieht, wie die Mütter ihre Kinder zu Grabe tragen? Und was ist das für eine Gesellschaft, die Milliarden Dollar für rollende Stahlbehälter ausgibt, aber keine Mittel zur Verfügung stellt, um ihre Kinder zu ernähren? Sind es nicht sogar diese Stahlbehälter, die in Wirklichkeit diese Kinder verzehrt haben? Der Autofriedhof im Hintergrund ist eingezäunt, während der Menschenfriedhof im Vordergrund ohne Zaun auskommt: Sagt das nicht alles über die Prioritäten, die in dieser Gesellschaft gesetzt werden? Die Reklame, die offensichtlich diese künstlichen Bedürfnisse nach Autos geschaffen hat, folgt den Amerikanern sogar bis in den Tod, da die verschiedenen miteinander konkurrierenden Begräbnisinstitute ihre Stempel auf die Grabsteine setzen. Die Macht der Reklame ist groß, aber warum ist sie nicht imstande, die Leute dazu zu bringen, Geldspenden an die Hungeropfer im Süden zu schicken – ganz zu schweigen von der Dritten Welt? Vielleicht deshalb, weil wir meistens mit einer Reklame bombardiert werden, die an unser Selbstbewußtsein appelliert und uns erzählt, welche Möglichkeiten wir haben, persönlichen Erfolg im Leben zu kaufen. Der Kapitalismus, dessen Gesetze für die meisten Menschen undurchschaubar sind, manipuliert andauernd das Individuum, ohne daß dieses selbst sich darüber im klaren ist.

Aus der andauernden Propaganda über die Geschichte von Rockefeller erhält man eine Lektion über die Möglichkeit des Erfolges. Die riesige Armut und das Leiden, die notwendig sind, um einen Rockefeller zu schaffen, werden dabei außer acht gelassen, und es ist nicht immer möglich, dies dem einfachen Mann begreiflich zu machen. Auf jeden Fall wird der Weg zum Erfolg als besonders risikoreich dargestellt; ihn beschreiten nur zielbewußte Männer mit den notwendigen Eigenschaften. Am Ende wartet die Belohnung, aber der Weg ist einsam, und um ihn zurückzulegen, braucht man Eigenschaften eines Wolfes: Man kommt nur zurecht auf Kosten des Unglücks anderer.

Wie diese Wolfsphilosophie in der Praxis funktioniert, habe ich in Alabama erfahren, wo ich bei einem reichen Inhaber verschiedener Banken wohnte, der sie selbst gebaut oder gekauft hatte. Gleichzeitig erhielt ich einen Eindruck, warum Menschen im Süden hungern müssen. Dieser Bankmensch gehörte zu den Liberaleren in Alabama und beschäftigte in seinen Banken Farbige, die er selbst nicht Nigger, sondern Neger nannte, wenn er sich gemeinsam mit ihnen beliebt machen wollte. Auf meiner Reise bekam ich – armer Landstreicher, der ich war – zeitweise starke Lust, eine Ausbildung zu beginnen, Karriere zu machen und an die Spitze der Gesellschaft zu gelangen. Aber jedesmal, wenn ich, wie hier, kurze Zeit dieses sogenannte gute Leben an der Spitze lebte, drohte ich daran zu ersticken und flüchtete so schnell wie möglich wieder hinaus auf die Landstraße. Woher stammte all dies Gold, das er für seine Luxusvilla draußen vor der Stadt brauchte? Er erzählte mir, daß er sein Vermögen unter anderem damit geschaffen hatte, daß er Darlehen an arme schwarze Pachtbauern vergab, die sich damit ein Maultier kaufen konnten oder aus ihren wasserdurchlässigen *shacks* in einen flotten Wohnwagen des Typs umziehen konnten, in dem nun dreißig Millionen arme Amerikaner wohnen – das sogenannte Plastikproletariat. Aber viele Pachtbauern im Süden haben nicht einmal Mittel genug für diese billige Lösung, sondern zahlen statt dessen ihr Maultier ab und haben tatsächlich dauernd Schulden. Diese Pachtbauern müssen beinahe ihren gesamten Ernteertrag an die weißen Gutsbesitzer abgeben, denen der Grund und Boden gehört, genauso wie die Bauern in den Frondienstzeiten in Dänemark ihren Herren und der Kirche Ernteabgaben entrichten mußten. Hinzu kommt, daß er in der Schuld der Bank steht, die sein Maultier besitzt. Dieser Bankmensch in Alabama hatte so viel gescheffelt, daß er

seine eigenen Flugzeuge besaß und mich mit auf einen Flug nahm, um die Nigger ein wenig von oben anzusehen.
Die herrschende Philosophie des Systems sagt, wenn Menschen hungern, so sei es ihre eigene Schuld, weil sie nicht arbeiten wollten. Aber wie ist es möglich, daß viele der hungernden Arbeiter härter und länger als diejenigen arbeiten, deren Schuld es ist, daß sie hungern?

Dies ist einer der Pachtbauern, die in der Nähe des Bankiers wohnten. Er und seine Frau waren beide achtundsiebzig Jahre alt. In Dänemark hätten sie bereits vor dreizehn Jahren aufhören können zu arbeiten und Volkspension erhalten. »Ich bin gezwungen, so lange zu arbeiten, bis ich umfalle«, sagte er mir. »Letztes Jahr bekam meine Frau eine Herzkrankheit, und nun muß ich allein arbeiten.« Zweimal im Jahr ging er zu dem kleinen Laden am Ort, um Zucker und ein bißchen Mehl zu kaufen. Das war alles, was er überhaupt kaufte. Ich fragte ihn, was er morgens esse. Er antwortete: »Ein Glas Tee und ein paar Rübenblätter.« Und was zu Mittag, fragte ich ihn.
»Nur Rübenblätter«, antwortete er. Und was zum Abendbrot?
»Meistens Rübenblätter«, lautete die Antwort. Vor vier Monaten waren ihm die letzten Kartoffeln ausgegangen, und jetzt hatte er nur noch Rübenblätter.
Ein anderer Pachtbauer erzählte mir folgendes über seine Kindheit:
»Seid ihr oft hungrig zu Bett gegangen?«
»Ja, das war nicht die Ausnahme, sondern die Regel. Aber manchmal kamen Leute und gaben uns Brot, yes, Sir, sowohl Weiße als auch Schwarze. Aber oft hatten wir nichts und mußten hungrig zu Bett. Manchmal versuchten wir auf die Jagd zu gehen, aber wir fingen nichts. Wir waren durch den Hunger zu sehr geschwächt. Yes, Sir. Wir sind Tausende von Malen hungrig zu Bett gegangen. Manchmal hatten sogar unsere Maultiere nichts...«

An manchen Orten in der westlichen Welt ist das Wirtschaftssystem so kompliziert, daß es den meisten schwerfällt, die innere Mechanik des Systems zu begreifen, die es ermöglicht, das tägliche Brot des gewöhnlichen Menschen in Nerzpelze zu verwandeln. Der Ruf »des einen Tod ist des anderen Brot« wirkt auf die meisten unmittelbar wie eine grobe Vereinfachung des Kapitalismus. In den reichen Ländern gelingt es nur selten, diesen Ruf konkret sichtbar zu machen, so daß man die Nerzpelze einiger weniger Menschen in Verbindung mit dem Tod anderer sieht. Aber an einigen wenigen Stellen des Systems ist der Ausbeutungsprozeß derart vereinfacht, daß man leicht feststellen kann, woher beispielsweise die Nerzpelze dieses Bankiers kommen. Das einzige, was der Bankier offenbar für seine Frau nicht kaufen konnte, ist wirkliches Glück, und deshalb sah ich immer wieder in der Oberschicht der USA, daß man sich statt dessen damit begnügen mußte, Pelze und Nervenpillen, Schmuck, Whisky und Flugzeuge usw. zu kaufen.

Aber nicht nur im Süden gelingt es den Banken, große Reichtümer anzuhäufen und damit diese einschneidenden Kontraste zu schaffen. Überall sieht man derartige Paläste. Am stärksten wirken sie in den Großstädten, wo sie mitten in den Slumvierteln errichtet worden sind. In den Vierteln der Ratten, des Schmutzes und der Gewalt braucht man nur wenige Schritte zu gehen und stößt auf Banken, die wie Schlösser aus Marmor mit goldbelegten Riesensicherheitstüren gebaut sind. Ja, Geld gibt es genug in den Banken, den Versicherungsgesellschaften und unter den Leuten, die sie besitzen. Riesige Tresortüren, wie diese hier in der Fifth Avenue in New York, sollen die Banken absichern. Aber warum – warum, frage ich! – gibt es kein Geld für meinen verkrüppelten Freund Lee, der jeden Tag draußen auf der Straße sitzt und um kleine Münzen betteln muß. Lee, der mir erzählte, wie er in seinen jungen Tagen zur Universität gegangen war und Jura studiert hatte, bis er plötzlich von Kinderlähmung befallen wurde. Lee las ständig, und ich gab ihm mehrere juristische Bücher, die er auf der Straße las. Am stärksten war er an Wirtschaftsgesetzen interessiert, aber das half ihm dort im Rinnstein sehr wenig. Aber warum verkrüppeln in einer Gesellschaft mit einem solchen Geldreichtum wie der amerikanischen Millionen von Menschen an Körper und Seele? Wer entscheidet darüber, daß Ärzte so viel verdienen, daß arme Menschen keine Möglichkeit haben, zum Arzt zu gehen? Und warum verdienen sie so viel, daß Ärzte aus den Entwicklungsländern und Westeuropa in die USA kommen, aus dem häßlichen und unmenschlichen Grund, weil sie dort mehr an den Leiden anderer verdienen? Wir wissen, daß viele Ärzte nicht da sind, um den Menschen zu helfen, sondern ausschließlich, um sich selbst zu helfen. McGovern schockierte die Amerikaner, als er beim letzten Wahlkampf enthüllte, daß es in den schwarzen Gettos der USA weniger Ärzte pro Einwohner gebe als in Zentralafrika. Es spricht für sich, daß Krankenbesuche in den schwarzen Gettos fast niemals stattfinden; die Ärzte entschuldigen sich unter anderem damit, daß sie immer ausgeplündert würden, wenn sie sich in diese Viertel wagten. Aber wenn sie ausgeplündert werden, kann man ihnen kaum mehr Geld abnehmen, als sie den Armen abgenommen haben!

Miller High Life

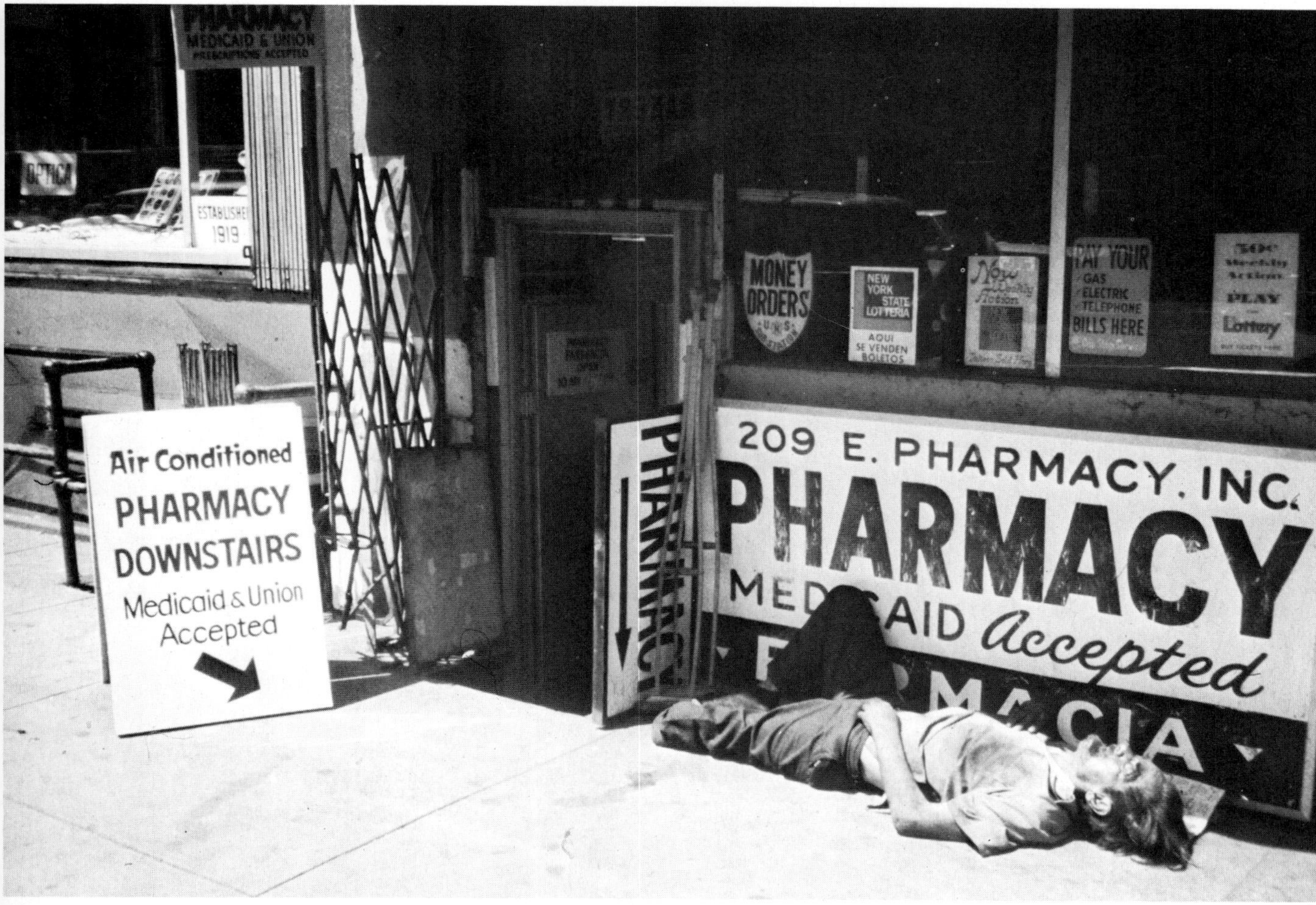
PHARMACY
MEDICAID & UNION
PRESCRIPTIONS ACCEPTED
OPTICA
1919
Air Conditioned
PHARMACY
DOWNSTAIRS
Medicaid & Union
Accepted
MONEY
ORDERS
NEW YORK STATE LOTTERIA
AQUI SE VENDEN BOLETOS
PAY YOUR
GAS
ELECTRIC
TELEPHONE
BILLS HERE
PLAY
Lottery
209 E. PHARMACY, INC.
PHARMACY
Accepted

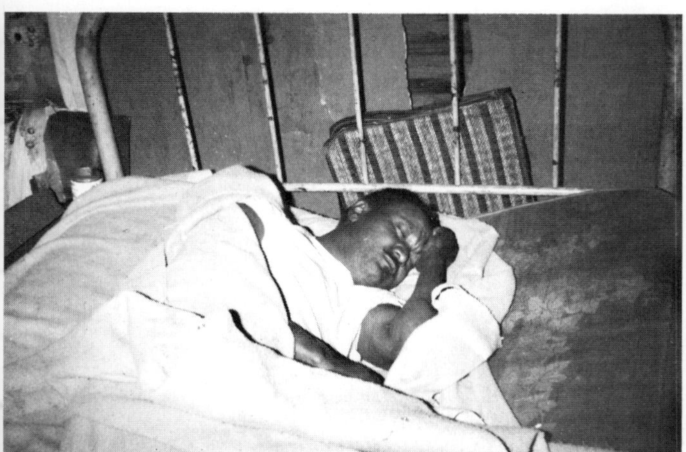

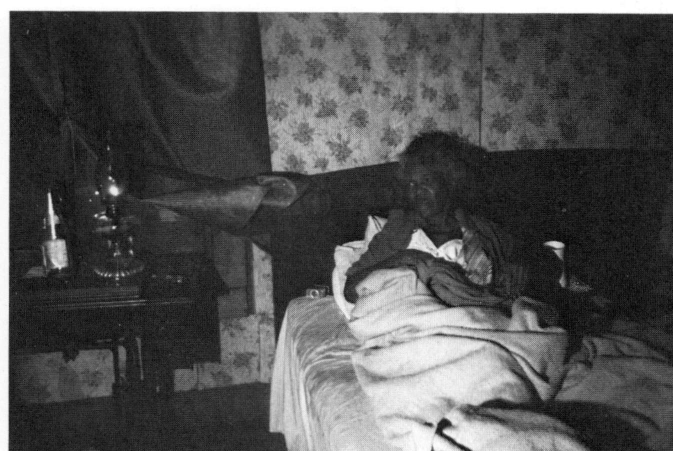

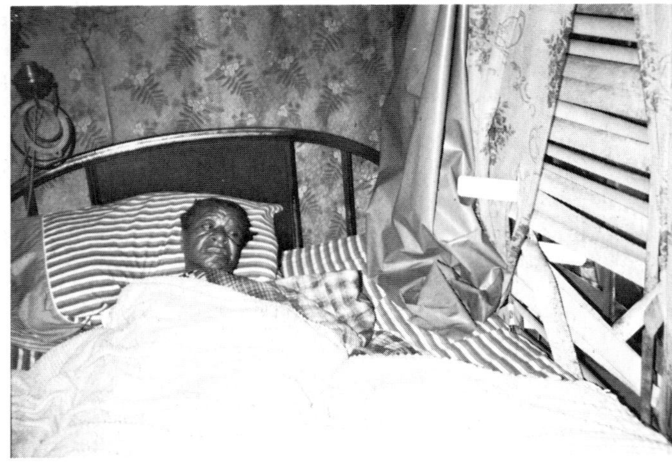

Am schlimmsten ist es im Süden. Die Leiden, die sich hier in jedem einzelnen *shack* anhäufen, sind schwer mit Worten wiederzugeben. Dieser Mann sitzt den ganzen Tag zusammengesunken in seinem Stuhl und starrt auf Fotos der beiden Männer, auf die er einmal Hoffnungen gesetzt hatte: Martin Luther King und Robert Kennedy. Seine Frau liegt im Bett, krank und geschwächt vor Hunger. Sie haben keine Möglichkeiten, Diabetikernahrung zu kaufen, da sie nur circa einhundertneunzig Mark monatlich bekommen. Sie sind einsam und verlassen, sowohl von der weißen als auch der schwarzen Gesellschaft, vergessen in einer Welt der Leere und Stille, die nur unterbrochen wird durch das leise Klatschen der Regentropfen von der Decke.

Die schwerste aller Krankheiten der Armut ist ohne Zweifel die Apathie: Menschen, die angesichts ihres Daseins den Widerstand aufgegeben haben. Einen derartigen Gemütszustand wird man immer dort bemerken, wo eine gewaltsame Ausbeutung stattfindet. Aber man bemerkt das sicher stärker in den USA als in den armen Entwicklungsländern, denn die Armen in den USA sind in der Minderheit und sehen den Überfluß überall um sich herum. Deshalb fehlen hier das Zusammenhalten und der Stolz, von dem oft Dorfgemeinschaften in der Dritten Welt geprägt sind. In den USA ist die Armut grausamer und psychologisch wesentlich zerstörender als irgendwo sonst auf der Erde. Dauernd bekommt man zu wissen, daß man an seiner Armut selbst schuld sei, und gerät automatisch in einen Zustand gewaltsamen Selbsthasses, wie man ihn seinesgleichen nirgendwo auf der Welt findet. Dieser Zustand zerstört nicht nur die Gemeinschaft, sondern, wie wir später sehen, auch die Liebe.

SUN

Wenn wir ein paar typische Durchschnittsstädte im Süden untersuchen, entdecken wir bald den enormen Klassenunterschied, der mit zu diesem Gemütszustand führt. Wir können zum Beispiel zwei Orte herausgreifen, die nach Amerikas revolutionärem Freiheitsheld benannt worden sind, und uns ansehen, inwieweit die Revolution den Einwohnern dieser beiden Städte von Nutzen gewesen ist. Die eine ist Washington in Georgia, die andere Washington in North Carolina.

Washington, Ga, wird vollständig von einer weißen Oberschicht beherrscht, die direkt von den früheren Sklavenbesitzern abstammt. Ich wohnte bei den Barnetts, die mir von den vielen hundert Sklaven berichteten, die sie einmal besaßen.
Frau Barnett: »Dieses Papier ist der Kaufvertrag meines Ururgroßvaters für eine Negerin mit Namen Lucinda sowie ihre Kinder und Nachkommen auf ewige Zeiten. Das war 1838, der Preis betrug eintausendvierhundert Dollar.«
Frau Hills (Freundin von Frau Barnett): »Aber du mußt verstehen, als sie herkamen, waren es Wilde, und man sollte das lobend anerkennen, daß wir bereit waren, sie hier aufzunehmen. Aber heute kritisiert man uns und behauptet, wir hätten sie mißhandelt; dabei fehlte es ihnen an allem – und wir taten alles für sie, gaben ihnen Essen, Kleidung und Unterkunft. Und man darf nicht vergessen, daß wir zu dem Zeitpunkt die höchste Kultur auf der ganzen Welt besaßen. Und es kamen ja immer mehr von Afrika, wir konnten sie nicht aufhalten.«
Frau Barnett: »Ja, wie die Nigger so nett sagen: Die Weißen tun alles mögliche für die Schwarzen, außer von deren Schultern abzusteigen, ha, ha... Aber eines ist sicher, wir vermissen die Sklaven, wir vermissen sie wirklich.«

Heute hat Frau Barnett nur noch eine Schwarze, die sie bedient, sowie acht weitere auf dem Feld und im Garten als Teilzeitarbeiter. Daß sie heute ein wenig Lohn erhalten, ist für Frau Barnett nicht besonders wichtig, denn es handelt sich um so wenig, daß sie sich damit kaum am Leben erhalten können. Und schließlich hat man es mit Lohnempfängern wesentlich leichter, da sie sich nicht darum zu kümmern braucht, wenn einer von ihnen krank wird – während ihre Vorväter plötzlich einen Sklaven im Werte von eintausendvierhundert Dollar zu verlieren drohten. Abends gehen diese modernen Sklaven nach Hause in ihre *shacks,* genauso wie Onkel Tom es tat. Sie wohnen auf der anderen Seite der Eisenbahnlinie, wie es sich in den Städten des Südens gehört. Welche Form von Freiheit besitzen sie?

Washington, N.C., ist nicht viel besser dran, obwohl es hier die alten Plantagenvillen nicht mehr gibt. Zuerst wohnte ich in vier schwarzen Wohnungen mitten in der Stadt; drei von ihnen waren ohne Elektrizität und hatten auch kein fließend Wasser. Als ich bei zwei Mädchen in Cayas' *shack* wohnte, mußte ich in einem Lehnstuhl übernachten, da sie selbst auf dem Sofa mit einem Kind schliefen; mehr Platz gab es nicht. Aus einem anderen *shack* wurde ich von einem unangenehmen Nachbarn rausgeschmissen, der Weiße haßte. Die Verhältnisse in den Wohnungen waren so schlimm, daß ich zuletzt ständig Kopfweh vor Hunger und Mangel an Schlaf hatte. Schließlich beschloß ich, mich in die weißen Viertel außerhalb der Stadt zu begeben, und es gelang mir dort, mit Hilfe der Tochter in eines der reichsten Häuser zu kommen, in denen ich jemals gewesen bin. Sie hatten private Tennis- und Golfplätze, die so groß waren wie das halbe Getto. Es gab private Schwimmbäder, und das Haus erstreckte sich zu beiden Seiten der Hauptstraße. Flugzeuge und Segelboote waren ebenfalls vorhanden. Während ich in den Gettowohnungen durch die papierdünnen Wände alles hatte hören können, gab es hier eine interne Rufanlage zwischen den verschiedenen Abteilungen des Hauses. Innerhalb des Hauses gab es sogar ein Fischbassin, das größer war als alle die Pfützen, die der Regen auf dem Boden in den undichten *shacks* gebildet hatte. Woher stammte bloß all dieser Reichtum? Die Antwort war nicht leicht, aber die Leute erzählten mir, er sei Rechtsanwalt und besäße einen großen Teil des Gettos – die elenden *shacks,* in denen ich kurz vorher gewohnt hatte. Es war schon traurig, daß er bereits ein Jahr, nachdem er diesen Palast gebaut hatte, verstarb und so keine Gelegenheit erhielt, seine Raubbeute zu genießen.

Dies dürfte die Summe meiner Erlebnisse in Washington, N.C., sein, wo mehr als sechzig Prozent der Bewohner unter der Armutsgrenze lebten. Aber hier lernte ich auch eine Familie kennen, deren Tochter eineinhalb Jahre später weltberühmt wurde, als sie in das Gefängnis der Stadt kam und dort von einem weißen Gefangenenwärter vergewaltigt wurde. Das, was ihr geschehen war, geschieht die ganze Zeit über im Süden; aber es war ungewöhnlich, daß sie den Mut hatte, den weißen Gewaltverbrecher zu töten. Es war Joan Little, die bekannt wurde, als die Frauenbewegung der USA ihre Geschichte aufspürte und ihr einen Verteidiger besorgte. Sie wäre sonst sicher zum Tode verurteilt worden – in diesem Staat, wo sogar auf Einbruch die Todesstrafe steht. Ihre Freisprechung war ein gewaltiger Sieg für die Linke in den USA, die jetzt wußte, daß man die traditionellen Rechtsverhältnisse in einem südlichen Bundesstaat vollkommen ändern konnte – in einem Staat, der Joan Little zuerst für vogelfrei erklärt hatte, das heißt, daß jeder Bürger des Staates das Recht hatte, sie zu erschießen.

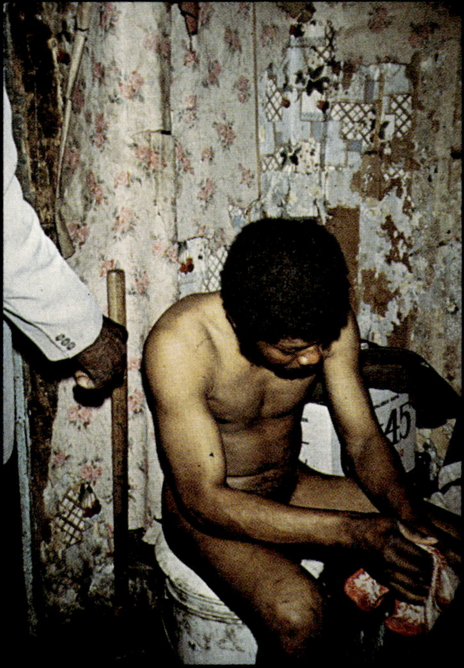

Credo

Liebe Edwina,
endlich bin ich bei einer Familie gelandet, wo es eine Schreibmaschine gibt, was mich veranlaßt, Dir ein bißchen von dem zu erzählen, was geschehen ist, seitdem wir uns zuletzt gesehen haben. Ich wohne jetzt bei zwei weißen Mädchen hier in Greensboro. Sie behandeln mich, als ob ich ins Himmelreich gekommen sei, was mich nach den Holterdiepolterunterkünften der letzten Wochen geradezu überwältigt. Die eine von ihnen, Diane, ist Fotomodell und Kriminologin und linksorientiert. Sie hält so viel von meinen Bildern, daß sie alles mögliche anstellen will, um mir Geld für Filme zu verschaffen. Sie hat sehr gute Verbindungen, und mit ihrem Charme und ihrem Aussehen hat sie es leicht, Geld für verschiedene gute Ziele aus dem Boden zu stampfen. Sie hat zum Beispiel über dreitausend Dollar für einen Rechtsanwalt gesammelt, der einen Vietnamdeserteur verteidigen soll, der im Gefängnis sitzt. Ich bekomme sicher Gelegenheit, hier zu warten, denn sie kann nicht wieder und wieder bei denselben wohlhabenden Familien herumgehen, nachdem sie sie einmal geschröpft hat. Es dauert sicher ein halbes Jahr, aber sie hat versprochen, bis dahin einiges Geld für mich zu sammeln, indem sie den Leuten berichtet, sie brauche es für ein Haus für behinderte Kinder oder ähnliches. Mir klingt das Ganze ein bißchen unangenehm, aber sie sagt, daß die Leute vielleicht eines Tages begreifen werden, daß es die Aufgabe des Staates sei, diese Form der Menschenrechte durchzusetzen, und man es nicht privater Spenderlaune überlassen dürfe. Nun, ich zweifle daran, daß sie irgend etwas für mich sammeln wird. Immer wenn ich diese Hoffnung gehabt habe, bin ich enttäuscht worden. Ich muß mich noch immer damit durchschlagen, daß ich Blutplasma verkaufe und kleine Geldgeschenke erhalte, wenn ich auf den Straßen Leute mit meinen Bildern und Reiseerlebnissen unterhalte. Letzte Woche hatte ich nicht einen einzigen Cent für Filme übrig, aber diese Woche habe ich ein Einkommen von neun Dollar gehabt, das höchste seit langem: fünf Dollar von einem interessierten Vertreter, der mich aufgelesen hatte, zwei Dollar von einem schwarzen Mädchen in Tonys Grill und zwei Dollar von einem Mann in West-Virginia, der mein Bild mit den Süchtigen und dem Kongreß im Hintergrund interessant fand und es kaufte. Zu dem Handel gehörte auch seine Frühstückstüte, die drei Hühnerbeine enthielt. Nachdem ich diese Abzüge habe machen können, bin ich jedesmal wieder sehr glücklich, wenn ich solche Formen positiver Reaktion erlebe. Aber ab und zu macht es mich auch ein bißchen ängstlich. Einmal begann ein Mädchen zu weinen, als es meine Bilder sah, und ich wußte ihm nicht zu helfen. Es ist merkwürdig mit diesen Leuten. Ihr ganzes Leben lang haben sie mit diesen Leiden gelebt, ohne einen Gedanken an sie zu verschwenden, aber wenn sie sie plötzlich auf einer Fotografie festgehalten sehen, beginnen sie zu weinen. Einige werfen mir vor, daß ich die Neger verschöne, aber die meisten hier im Süden bewundern meine Bilder wohl aus diesem Grunde. Ich verstehe das alles nicht, denn ich fotografiere sie so, wie ich sie sehe, und eine Fotografie lügt doch nicht. Aber je mehr ich darüber nachdenke, desto mehr begreife ich, daß diese Parallaxenverschiebung in unserer Art, Neger zu sehen, möglicherweise darauf zurückzuführen ist, daß wir so lange in diesem Herren-Sklaven-Verhältnis gelebt haben, daß manche einfach außerstande sind, Neger als Menschen zu sehen. Sie sehen an ihnen nur die Seiten, die deren »Sklavennatur« unterstreichen. Da die Weißen des Südens allerdings trotzdem positiv auf meine Bilder reagieren, glaube ich, daß sie in Wirklichkeit unglücklich darüber sind, alles mit diesen »Herren«-Augen zu betrachten. Sie sehnen sich danach, menschlich zu werden, und in dem Augenblick, in dem ich ihnen »beweisen« kann, daß Neger Menschen sind und keine Sklaven, Kinder oder Untermenschen, macht es sie selbst zu Menschen und nicht länger zu Herren oder Übermenschen oder was weiß ich. Wenn ich es nicht auf diese Weise deute, wie soll ich dann erklären, daß selbst die schlimmsten Rassisten hier unten mir ab und zu Geld geben, dabei das eine oder andere vor sich hin murmelnd wie, es sei toll, daß ich herumliefe und Nigger fotografierte. Ich muß zugeben, daß es oft bedrückend ist, wenn ich versuche, das Verhältnis Herr–Sklave als Institution darzustellen und nicht, als ob der Mensch in diesem System wirklich diese »Natur« hat. Oft verspüre ich, wie meine Betrachtungsweise von diesem schleichenden Gift im Süden beeinflußt wird, obwohl ich großen Wert darauf lege, die Würde dieser Menschen zu respektieren, was auf jeden Fall für die älteren gilt. Sie haben ihr ganzes Leben lang in dieser Herren-Sklaven-Tradition gelebt, und ich habe den Eindruck, ich täte sowohl den Negern als auch den Weißen Gewalt an, wenn ich versuchen würde, sie aus dieser Tradition zu reißen (obwohl es für die kommenden Generationen notwendig ist, dieser Verkrüppelung des Geistes zu entgehen). Ich versuche deshalb nie, ihnen meine Gesichtspunkte aufzuzwingen, sondern sie zu verstehen und von ihnen zu lernen. Gerade weil ich von Anfang an ihre Würde respektiere, entwickeln sich schnell tiefe Freundschaften zwischen ihnen und mir, und durch diese Freundschaften bringe ich sie dazu, von mir zu lernen und meine Gesichtspunkte zu respektieren. Für einen Landstreicher im Süden ist es geradezu lebensnotwendig, über Freundschaften miteinander zu kommunizieren, statt Feindschaft zu schüren und Konfrontation zu suchen. Diese Kluft zwischen meiner utopischen Wirklichkeit und meiner aktuellen Wirklichkeit (über die wir vorher gesprochen haben) ist genauso schwer zu überbrücken, wie wenn man versucht, eine Brücke über einen Fluß zu bauen, der ständig breiter und breiter wird, so daß man langsam das andere Ufer aus den Augen verliert, während man im Schlamm des eigenen Ufers zu versinken droht. Allerdings scheint es so zu sein, wenn man den »Schlamm« auf dieser Seite des Flusses nur richtig beschreibt (das heißt, wenn man die tiefsten Sehnsüchte des Volkes trifft, ohne daß es deshalb gleich den Zusammenhang des Ganzen erkennt), so werden die Leute den

Bau eines Elfenbeinturmes erlauben, hoch und schön, auf dem man sitzen und den Leuten unten am Ufer erzählen kann, wie schön sich das andere Ufer drüben ausbreitet. Aber da man selbst keinerlei persönliche Berührung mit diesem anderen Ufer hat – eine Berührung, die den eigenen Charakter und die Seele hätte ändern können –, ist man außerstande, seine Vision den Leuten zu vermitteln, denn sie sehen keinerlei Beweis dafür, daß man selbst davon »berührt« oder verändert ist. Im übrigen haben sie genug damit zu tun, nicht im Schlamm zu versinken. Deshalb vergessen sie schnell die Botschaft in der Geschichte, finden sie aber an sich so interessant, daß sie einem erlauben, den Elfenbeinturm immer höher zu bauen, ihn zu verstärken und zu verschönern. Frustration und Depression darüber, ihnen die eigene Botschaft nicht vermitteln zu können, führen zu immer größerer Unsicherheit und verstärken das Bedürfnis nach Anerkennung und Bewunderung des Elfenbeinturmes, den man gebaut hat – größer als ihre Anerkennung, weshalb man ihn ursprünglich hat bauen wollen. Zuletzt wird man so verwirrt und unsicher, daß nur ihre Anerkennung des Turmes an sich, seine Schönheit und seine Form zu zählen beginnen, und man baut ihn höher und höher, bis man schließlich diese zynischen Höhen erreicht hat, von denen aus man weder das eigene noch das gegenüberliegende Ufer mehr zu erkennen vermag und sie deshalb anfangen, einander ähnlich zu sehen. Außerdem hat man jetzt solche Höhen erreicht, daß man die Berührung sogar mit den Leuten auf dem eigenen Ufer verliert und sich entschließt, seinen Elfenbeinturm in Buchform herauszugeben, damit sich die Leute im Schlamm ein bißchen mit ihm »unterhalten« können. Während man ursprünglich begonnen hatte, eine Brücke hinüber zum anderen Ufer zu bauen, endet man statt dessen damit, einen Turm auf seinem eigenen Ufer zu errichten. Statt den Menschen aus dem Schlamm zu helfen, verschlimmert man in Wirklichkeit ihre Situation, denn man hat ihnen nur etwas gegeben, worüber sie sich weder freuen noch weinen können. Und damit hat man nur geholfen, den schlammigen Fluß weiter zu verbreitern. Außerdem ist der eigene Elfenbeinturm geradezu moralisch verwerflich, denn er wurde auf einem Schlammboden errichtet: das eigene Kunstwerk ist ein unmittelbares Produkt der Ausbeutung dieser Leute, denen man ursprünglich helfen wollte und von deren Leiden man sich immer weiter entfernte, je höher der Turm wurde. Gedanken wie diese haben mich in steigendem Maße in den letzten Monaten deprimiert. Unaufhörlich sagen mir Leute, »Wie ich Dich beneide, daß Du so unter Negern reisen kannst«, und ähnliches, und ich begreife, daß ich mich schon ein gutes Stück von diesem Schlammpfuhl distanziert habe. Und wenn ich trotz dieser Sehnsucht die Unmöglichkeit begreife, eine Brücke zu schlagen, werde ich so verzweifelt, daß ich am liebsten die Kamera mit einer richtigen Waffe, einem Gewehr zum Beispiel, vertauschen würde. Aber sofort erhebt sich die Frage, in welche Richtung ich schießen würde, denn ich habe den Eindruck, alle auf dieser Seite des Flußufers stecken gleichermaßen im Schlamm. Wo steckt der Regenmacher, der diesen Schlammpfuhl geschaffen hat? – Und so wate ich immer weiter in diesem Schlammloch und versuche nur noch, meine Kamera so sauber zu halten, daß sie die Opfer registrieren kann, ohne daß ich daran glaube, daß das Ganze überhaupt jemandem nützt.

Aber eigentlich wollte ich Dir ein wenig darüber berichten, was geschehen ist, seitdem wir uns getrennt haben. Einer der ersten, die mich aufnahmen, war ein wohlhabender jüdischer Geschäftsmann (immer wieder sammeln mich Juden auf, um mir dafür zu danken, daß Dänemark während des Krieges eine Anzahl Juden rettete, obwohl ich zu der Zeit noch nicht einmal geboren war und obwohl ich mich langsam gleichermaßen als Amerikaner wie als Däne fühle). Eigentlich hatte er keine Lust, mich mit nach Hause zu nehmen, da er vollständig erledigt war, zum einen, weil die Geschäfte schlecht gingen, und zum anderen, weil sein Bruder lebensgefährlich an Krebs erkrankt war. Er war stark beeinflußt von Nerventabletten, hatte aber das Verlangen, mit jemandem zu reden, und nahm mich deshalb mit zu sich nach Hause zu seiner Frau. Für mich wurde es zu einem ganz starken Erlebnis. Völlig verstört warteten sie jeden Augenblick darauf, einen Anruf aus dem Krankenhaus zu erhalten, daß der Bruder tot sei, und vor diesem düsteren Hintergrund wirkten meine Bilder sehr intensiv auf sie. Als ich mich am nächsten Morgen verabschiedete, dankten sie mir sehr, und er versuchte, seinem Erleben Ausdruck zu geben, indem er, während ihm die Tränen die Wangen herabliefen, die Worte zitierte »I used to cry because I had no shoes until I saw a man with no legs«. (Ich habe immer geweint, weil ich keine Schuhe hatte, bis ich einem Mann begegnete, der keine Beine hatte.) Bevor ich ging, übergab er mir eine Tüte mit fünfzehn Filmen. Von Philadelphia aus begab ich mich nach Norfolk, um dort auf dem Wege nach Süden zu übernachten. Ich ging durch das Getto auf der Suche nach einer Bleibe und redete mit einigen der alten Frauen, die ihre Wagen hinter sich herzogen, um in den Ruinen des Gettos Brennholz zu suchen. Eine unter ihnen berichtete mir, daß sie sich aufgrund der Inflation jetzt täglich nur noch vier Schweineschwänze statt fünf leisten könne. Hier im größten Flottenstützpunkt der Welt war dies eine seltsame Betrachtungsweise. Ich wohnte bei einer zweiunddreißigjährigen ledigen schwarzen Mutter. Sie war nicht die Frau, die mich normalerweise eingeladen hätte, aber ihr Onkel hatte mich mitgenommen zu ihrer Wohnung, um mir zu zeigen, wie undicht das Dach war, in der Hoffnung, ich sei ein Journalist, der die Gemeinde dazu bringen könne, die Sache zu reparieren. Nachdem er gegangen war, kam ich mit der Frau so gut zurecht, daß sie mich bleiben ließ. Sie hatte gerade ihr erstes Kind bekommen, und für mich war es ein wunderbares Erlebnis zu sehen, wie sie fast jede Minute damit verbrachte, sich mit dem Kind zu beschäftigen. Stundenlang sah ich ihr dabei zu. Sie war überdies tief religiös, und wenn das Kind schlief, saßen wir zusammen und beteten, oder sie las mir aus der Bibel vor und

hielt mich dabei an der Hand. Sie konnte sehr lange dasitzen und ein Jesusbild unter dem regendurchlässigen Dach anschauen, mit Blicken, so intensiv und liebevoll, daß es mich tief bewegte.
Nach ein paar Tagen in der Stadt begab ich mich nach Washington, N.C., und kam unmittelbar nach Eintritt der Dunkelheit dort an. Den ganzen Abend suchte ich nach einer Nachtunterkunft, aber alle ängstigten sich vor mir, weil sie glaubten, ich sei ein »bustman« (Geheimpolizist). Zuerst sagte mir ein Mann, ich könne im Hause seines Onkels auf einem Sofa schlafen. Er nahm mich mit zu einem alten rotbemalten *shack,* das sehr beschissen aussah und kein Licht hatte. Sein Onkel kam mit einer Öllampe in der Hand heraus, war fürchterlich böse und fuchtelte mit einem Stock herum, um das zu demonstrieren. Aber es gelang uns hineinzukommen, und ich erhielt einige alte Hühnerbeinchen auf einem schmutzigen Teller in der Ecke des Schuppens serviert, die als Küche benutzt wurde, obwohl es dort kein Wasser gab. Aber der alte Mann blieb weiterhin böse, und es wurde schlimmer und schlimmer, bis er mich schließlich mit dem Stock bedrohte und hinauswarf. In seinem Hause könne er keine Weißen dulden, donnerte er. Er nahm große Bretter und Latten und nagelte sie aus Angst, ich könnte einbrechen, vor die Fenster und die Tür und ging anschließend ständig schreiend und rufend hinaus ins Dunkel. Zu Weißen hatte er kein Zutrauen.
Als ich weiter durch die Straßen ging, um eine Bleibe für die Nacht zu finden, traf ich gegen zehn Uhr ein schwarzes Mädchen, das ein bißchen betrunken sein mochte, denn sie fragte mich sofort, ob wir nicht Freunde sein wollten (ungewöhnlich für schwarze Mädchen im Süden). Sie sagte, falls ich einen Platz zum Wohnen für den Abend finden würde, käme sie zu mir und würde bei mir wohnen. Ich zweifelte daran, daß das gelingen würde. Wir betraten dann aber einen heimlichen Ausschank und redeten mit ihrem Vetter über solche Möglichkeiten. Plötzlich begann sie, mich wild mit Küssen zu bedecken, und fragte ganz süß: »Bist Du ein Hippie?« Ich sagte nein, aber das verstand sie nicht. Dies hier war nicht gerade der sicherste Aufenthaltsort, ein heimlicher Ausschank, wo wir rundum im Dunkeln ungefähr fünfzehn bis zwanzig »superflies« (richtige Modekriminelle) entdecken konnten. Einer von ihnen kam auf mich zu und warnte mich in freundlichem Tone, daß dies ein gefährlicher Platz sei, aber ich antwortete ihm ganz überzeugend: »I ain't scared of nothing«, was ihnen im allgemeinen imponiert, da sie sich in diesen »joints« sogar vor ihren eigenen Schatten fürchten. Aber plötzlich brach die Hölle los. Der eine oder andere mußte dem Freund, mit dem das Mädchen zusammen »shackte« (in einem *shack* wohnen, das heißt, eine Ehe führen ohne Papiere), erzählt haben, was wir vorhatten, denn plötzlich kam er mit einem großen Messer hereingestürzt und ging erst auf sein Mädchen los. Glücklicherweise benutzte er nicht das Messer, sondern drosch auf das Mädchen ein, schlug ihm ins Gesicht

und verabreichte ihm eine Tracht Prügel, schlimmer als ich es seit Monaten gesehen hatte. Wenn ich jetzt darüber nachdenke, muß ich an dem Abend ziemlich kaltblütig gewesen sein, denn ich hob sofort meine Kamera und versuchte ein Blitzlicht darauf zu befestigen, als zwei Kerle auf mich zuliefen, mich anfaßten und sagten: »You better get the hell out of here. (Du machst besser, daß Du hier rauskommst.) Wenn er mit ihr fertig ist, legt er sich mit Dir an.« Und sie beförderten mich geradewegs vor die Tür. Ich habe das Mädchen nie wiedergesehen. Obwohl ich derartiges bereits oft gesehen hatte, war ich ein wenig schockiert, denn ich war in gewisser Weise selbst schuld daran. Fast scheint es, als ob man tiefe menschliche Kontakte nicht erreichen kann, ohne die ganze Zeit über entweder Opfer oder Henker zu werden. Meistens bin ich natürlich das Opfer, aber da ich die ganze Zeit über versuche, mich voll auf der Linie der Leute zu bewegen, geschieht es doch ab und zu, daß ich diese unsichtbare Grenze überschreite, die das Opfer vom Henker unterscheidet. Ich hasse das, denn ich bin dann gezwungen, das Schicksal in meine Hände zu nehmen, statt andere Menschen darüber bestimmen zu lassen. An dem Abend kam es jedoch nicht so weit, und ich fürchte langsam, daß ich nach und nach so abgehärtet worden bin, daß ich meine eigene Willensstärke verloren habe. Vielleicht bedrückte mich dieser Gedanke und ließ mich spät am Abend anders reagieren als sonst. Nachdem ich nämlich noch einige Stunden herumgelaufen war, gelang es mir endlich gegen vier Uhr, bei zwei alten Typen ein Dach über dem Kopf zu bekommen. Sie waren beide stockbetrunken, und es herrschte ein heilloses Durcheinander. Es fehlte ihnen an Geld, um Petroleum zu kaufen, so daß es kein Licht gab. Alle drei sollten wir in einem Bett zusammen schlafen. Der Dreck darunter lag zehn Zentimeter hoch, und alle fünfundzwanzig Minuten mußte einer von uns aufstehen, um Brennholz im Ofen nachzulegen, denn es war sehr kalt. Am Anfang schlief ich zwischen den beiden, aber dann begriff ich, daß beide homosexuell waren. Ich kroch daraufhin hinüber an die Wand, so daß ich nur mit einem zu kämpfen brauchte, aber er erwies sich als der brunftigere von beiden. In solchen Situationen finde ich mich gewöhnlich mit dem, was geschieht, ab, aber in dieser Nacht war ich nicht in der Stimmung, vielleicht aufgrund meines früheren Erlebnisses in dem Ausschank. Er war so etwas von einem »dirty old man« mit Bartstoppeln und schmutzig, aber das war nicht der Grund. Ich habe Schlimmeres als dies erlebt. Ich war lediglich an einem Punkt angelangt, an dem ich der Ausnutzung durch Homosexuelle müde war. Ich hasse es, Leute zu verletzen, aber in dieser Nacht versuchte ich, wenigstens mir selbst gegenüber zu demonstrieren, daß mir noch etwas Willensstärke erhalten geblieben war. Deshalb legte ich mich auf die Seite, mit dem Gesicht zur Wand. Aber er riß und zerrte so kräftig an meinen Hosen, daß ich fürchtete, sie

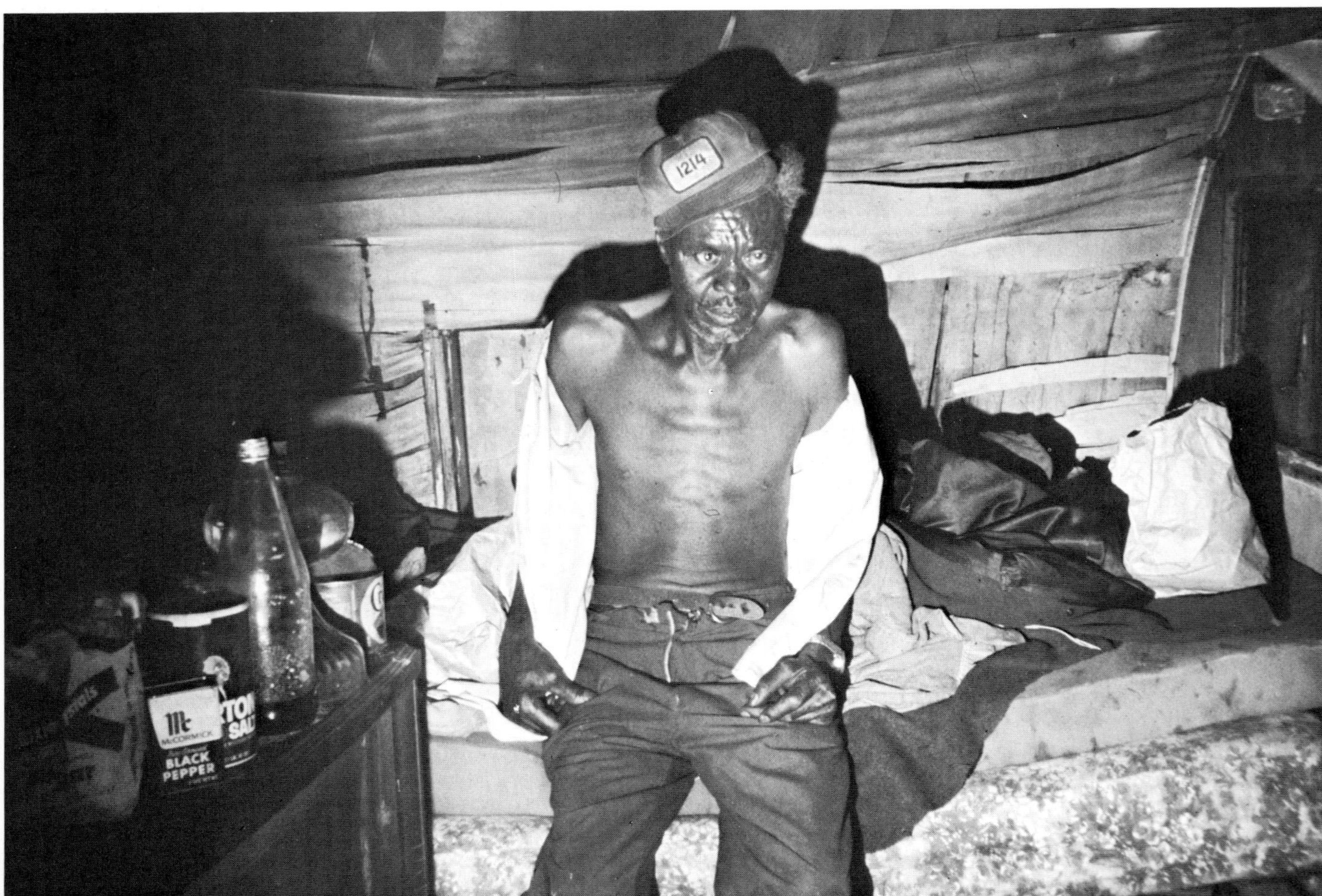

würden zerreißen, und da es das einzige Paar war, das ich besaß, wollte ich es nicht opfern. Deshalb drehte ich mich mit meinem Gesicht zu ihm hin, aber er blieb dabei, preßte seinen großen Hammer gegen meine Rippen und begann mich überall abzuküssen – Küsse, die nach Boones Apfelwein stanken. Das Schlimmste war, daß er mir die ganze Zeit über Dinge ins Ohr flüsterte: »Ich liebe Dich. Ich liebe Dich, oh, ich liebe Dich.« Nun, das mochte in dem Augenblick sogar zutreffen, aber ich wurde beim Zuhören beinahe verrückt. Wie Du weißt, glaube ich, daß diese Worte gerade bei schwarzen Männern inflationär gebraucht werden. Ich glaube nicht, daß man so etwas schon in der ersten Nacht sagen kann, in der man mit jemandem zu Bett geht. Das einzige, was noch fehlte, war, daß er gesagt hätte: »Aha, Du kannst mich nicht leiden, nur weil ich schwarz bin.« Aber dies blieb mir glücklicherweise erspart. Ich ließ ihn mich abküssen, aber das befriedigte ihn nicht, denn er war einer von den Homosexuellen, die auf das Heck ausgerichtet sind. Er erregte sich immer stärker und war schließlich so brunftig, daß ich mich richtig schuldig fühlte, aber ich gab ihm trotzdem nicht den kleinsten Finger. Er arbeitete und arbeitete. Schließlich zerstörte er den schönen Ledergürtel, den ich von Dir habe, so daß die Hosen zu rutschen begannen. Das machte mich so rasend, daß ich seine große Kanone mit beiden Händen ergriff und sie hinüber auf den anderen Freund richtete, der dalag und schnarchte und schnaufte. »Warum treibt Ihr es nicht miteinander und laßt mich in Frieden. Ich will schlafen.« Aber das half nichts, der Kampf setzte sich die ganze Nacht fort. Alle fünf Minuten mußte ich die Kanone in die andere Richtung drehen (circa viermal zwischen jedem Brennholznachlegen). Gegen acht Uhr morgens verschwand der Knabe endlich, und ich konnte ein paar Stunden schlafen. Spät am Vormittag begegnete ich ihm in einer der örtlichen Kaffeebars. Er trat auf mich zu und fragte mich, ob ich böse auf ihn sei. Ich sagte: »Selbstverständlich nicht, wir sind immer noch gute Freunde. Ich war nur in der letzten Nacht so verdammt müde.« Er war so froh darüber, daß er zur Freude aller durch das ganze Lokal zu tanzen begann. Er gehörte zu denjenigen, die sowohl von den Weißen als auch von den Schwarzen ausgeschlossen waren. Ich war sehr betroffen darüber, denn ich fühlte, daß ich in mir etwas zerstört hatte. Ich verspürte eine tiefe Verstimmung, weil ich nicht in der Lage gewesen war, ihm Liebe zu schenken. In seinen Augen war ich eine Art Held, und es hätte ihn glücklich gemacht, hätte ich mich ihm voll zugewendet. Aber irgend etwas in mir hatte in dieser Nacht Klick gesagt, und den ganzen nächsten Tag fühlte ich einen tiefen Ekel vor mir selbst. Ich finde immer viele Fehler in meinem Verhalten gegenüber anderen Menschen, aber das Schlimmste ist, wenn meine Fehler denjenigen Menschen schaden, die von der Gesellschaft, die sie umgibt, bereits auf jede mögliche Weise verletzt und zerstört worden sind. Wenn ich nicht immer imstande gewesen wäre, diesen Verlierern etwas Liebe zu schenken, hätte ich es einfach nicht ausgehalten, eine so weite Reise wie bisher zurückzulegen. Das einzige, was mir auf meinen Reisen etwas bedeutet, ist das Zusammensein mit diesen einsamen und verlorenen Geschöpfen. Mein fotografisches Hobby ist alles in allem nichts anderes als eine Ausbeutung der Leiden und wird wohl niemals dazu führen, sie zu lindern. Aber trotzdem kann ich das Registrieren nicht unterlassen, denn auf die eine oder andere Art muß die Mitwelt es erfahren. Die Stärke, die ich aus dem Zusammensein mit diesen extremen Verlierern ziehe, und die Liebe, die ich oft von ihnen erhalte, geben mir einen Funken Hoffnung, daß meine Bilder selbst die Gewinner in dieser Gesellschaft ansprechen werden. Vielleicht habe ich in jener Nacht auch deswegen so negativ reagiert, weil ich kurz vorher ein entsprechendes Erlebnis hatte, das mich tief verletzte. Es war an dem Tag, an dem ich Dich in Rahway verlassen hatte. Einer der ersten, der mich auf dem Weg nach New Jersey in sein Auto nahm, war ein Weißer, um die fünfzig herum. Er erzählte mir sofort, wie er immer in der Familie das schwarze Schaf gewesen war, und benutzte den Ausdruck »dirty old man« für sich selbst. Einem derartigen Selbsthaß begegne ich oft bei älteren Homosexuellen. Er bat mich, ihn nach Hause zu begleiten und mit ihm zu reden, und ich ging darauf ein, obwohl ich eigentlich die Absicht hatte, am selben Tag bis North Carolina zu kommen. Nachdem wir den ganzen Tag miteinander geredet hatten, nahm er mich am Abend mit in das Kino, wo er Vorführer war. Er zeigte einen John-Wayne-Film von der bekannten Sorte. Mitten im Film begann er mir an die Oberschenkel zu fassen. Das verwunderte mich eigentlich nicht, aber ich fand es so komisch, wie er die ganze Zeit dastand und den Film kommentierte. Besonders bei Schlägereien rief er John Wayne lauthals zu: »Hau ihm auf den Kasten, mach ihn fertig!« usw. Wie konnte er sich nur so stark mit der widerlichen Welt des Männerchauvinismus von John Wayne und ihren Unterdrückungsmechanismen identifizieren, die schließlich ihn selbst mehr als alles andere sein ganzes Leben lang unterdrückt und zu diesem gewalttätigen Selbsthaß geführt hatten. In der Pause ging ich durch das riesige Shopping-Center, in dem das Kino lag. Überall, wo ich ging, verfolgte mich käuferfreundliche Plastikmusik aus den Lautsprechern, und ich ekelte mich plötzlich fürchterlich vor diesem Amerika, das ich fälschlicherweise meinem John-Wayne-Erlebnis zur Seite stellte. Inmitten des Ekels spürte ich, daß es möglich sein müsse, in diese Menschen, obwohl sie ihre eigene Unterdrückung betrieben, einzudringen und sie aus ihrem sadomasochistischen Muster herauszureißen. Als ich abends wieder zu ihm nach Hause kam, versuchte ich, all das Schöne in ihm zu sehen. Das war nicht leicht, denn er gehörte offensichtlich zu den Typen, die von der Gesellschaft als unappetitlich und widerlich abgestempelt worden waren, aber mit der ganzen Energie, die ich bei meinem Aufenthalt bei Dir gespeichert hatte, war ich in dieser Nacht so voller Kraft, daß ich glaubte, ihn sogar eine Spur zu lieben. Aber dann geschah das, was mich fast erledigte. Mitten in der Hitze der Nacht glitt im Bett meine Perücke ab und mein

langes Haar kam zum Vorschein. Deutlich bemerkte ich seine Verblüffung und sein Unbehagen, aber er versuchte beides zurückzuhalten und murmelte etwas in der Richtung von: »Ha, auf jeden Fall bist Du nicht einer dieser dreckigen Hippies.« Aber von diesem Augenblick an war unser Verhältnis zerbrochen, und es gelang mir nicht, ihn dazu zu bringen, sich wieder zu öffnen. Am liebsten hätte er mich sicher rausgeschmissen, und zwar sofort, aber ich durfte bleiben, da es draußen in der Nacht in Strömen regnete. Obwohl er klein war und ganz kurze Beine hatte, war er so dick, daß ich ganz auf der Kante des Bettes schlafen und mich die ganze Nacht mit einer Hand auf dem Boden abstützen mußte.
Ich konnte deshalb nicht schlafen, lag bloß da und dachte über die merkwürdig starken Vorurteile der Leute nach, die sie sogar mit ins Bett nehmen. Da es am nächsten Morgen immer noch in Strömen regnete, hoffte ich darauf, einen weiteren Tag bleiben zu können, um das Eis zu durchbrechen, aber das deckte sich offenbar nicht mit seinen Vorstellungen. Ohne auch nur ein weiteres Wort zu verlieren, fuhr er mich hinaus auf die Hauptstraße nach Milltown, wo ich sieben Stunden lang in strömendem Regen stand, da die Leute einen ja immer dann nicht mitnehmen, wenn man sie am stärksten braucht. Sie denken, man müsse verrückt sein, daß man draußen im Regen steht. Endlich fischte mich der jüdische Geschäftsmann auf. Du wirst begreifen, daß ich mich etwa so niedergeschlagen fühlte wie er, aber ich verschwieg ihm trotzdem mein deprimierendes Erlebnis.
Von Washington werde ich Dir in einem späteren Brief berichten und Dir jetzt nur noch erzählen, daß ich dabei bin, aus meiner Depression wieder aufzutauchen, in die Du mich versetzt hattest; die Erinnerung an Dich lastet fortwährend wie eine dunkle schwere Wolke über meiner Reise. Für mich ist es immer noch ein Wunder, warum mich unser Verhältnis so verletzen konnte und warum es gerade diese Richtung einschlug. Obwohl Du jünger bist als ich, entwickelte es sich trotzdem zu einer Art Mutter-Sohn-Verhältnis, was ich mir in meiner ersten Verliebtheit überhaupt nicht hätte vorstellen können. Deine Stärke und Deine Weisheit hielten Dich davor zurück, Dich von einem so unrealistischen Verhältnis verführen zu lassen, wie es das unsere geworden wäre. Du gehörst zur schwarzen Bourgeoisie, und obwohl ich mich mit Vorliebe in Deine luxuriösen gepolsterten Möbel warf, hätte ich doch von vornherein einsehen müssen, daß dies nicht meine Welt war. Mein Landstreicherleben faszinierte Dich, und Du unterstütztest mein Projekt aus dem Gefühl eines schwarzen Stolzes, aber Dein Stolz wurde auch von der Welt, die ich repräsentierte, bedroht. Genau wie Deine Vorväter, die von den Sklavenherren ihre Ausbildung erhielten, hat Dein Geschlecht diesen Klassenunterschied am Leben erhalten, und ich vermute, daß diese meilenweite psychologische Kluft zwischen Dir und dem Getto, in dem ich mich normalerweise bewege, in Wirklichkeit unser Verhältnis zerstört hat. Aber gleichgültig, wie auch immer ich es analysiere und zu begreifen versuche, es fällt mir schwer zu akzeptieren, daß es so zwischen uns zu Ende gegangen ist. Die Leiden, die ich in Deinem Hause durchlebt habe, möchte ich niemals wieder erleben, aber ich bin als Landstreicher trotzdem so sehr Fatalist geworden, daß ich glaube, sie haben ihr Gutes gehabt und werden es mir leichter machen, mich mit den Leiden anderer Menschen zu identifizieren, wenngleich das Leiden, das ich normalerweise in der Gesellschaft um mich herum beobachte, natürlich wesentlich stärker ist. Trotz dieser Abweichung will ich versuchen, den Prozeß zu beschreiben, den ich bei Dir durchlaufen habe. Ohne dieses Leiden hättest Du mich nicht so sehr aus meiner Bahn werfen können. Von dem Augenblick an, als Dir durch Intuition oder Intellekt klar wurde, daß wir nicht zusammenpaßten, und Deine Liebe abkühlte bis hin zu einem Abstandnehmen von mir, erlebte ich eine ständig zunehmende Verzweiflung. Ich bin von Natur aus, wie Du weißt, nur wenig aggressiv – und sogar nicht defensiv, aber als Du mich mit Deiner beginnenden Abwehr konfrontiertest, erlebte ich eine steigende Aggression, die für mich immer weniger auszuhalten war. Aufgrund Deiner ganzen psychologischen Einsicht hast Du das sicher geahnt, aber auf jeden Fall entbrannte sie in jener Nacht lichterloh, als ich zu Dir ins Bett schlüpfte, ohne eingeladen worden zu sein, und damit ein unumstößliches Prinzip meiner Reise durchbrach: Niemals die Gastfreundschaft der Leute zu verletzen. Wollte ich wirklich die psychologische Verzweiflung illustrieren, die ich Dir gegenüber in meiner Liebe verspürte, eine Verzweiflung stärker als jede andere, die ich jemals zuvor einer anderen Frau gegenüber verspürt hatte, könnte ich es nicht besser tun, als meine Stimmung mit dem wohlbekannten Zitat von W. E. B. Dubois zu beschreiben:
»Es ist schwer, die volle psychologische Bedeutung der Kastensegregation anderen zu illustrieren. Es ist, als ob man aus einem dunklen Loch in einer steilen Bergwand heraussieht auf die Leute, die vorbeigehen, und sie anspricht; liebenswert und eindringlich mit ihnen redet und ihnen berichtet, auf welche Weise diese begrabene Seele daran gehindert wird, sich frei zu bewegen, sich auszudrücken und frei zu entfalten; und daß ihre Entlassung aus dem Gefängnis nicht nur eine Frage des Wohlwollens, des Mitgefühls oder der Hilfe für sie darstellt, sondern daß es eine Hilfe für die ganze Welt sein wird. Man redet immer weiter, ruhig und vernünftig, aber sieht, daß die Vorbeigehenden nicht einmal den Kopf wenden – und wenn sie es tun, nur einen neugierigen Blick herüberwerfen und weitergehen. Nach und nach beginnen die Gefangenen zu begreifen, daß die Menschen, die vorbeigehen, sie nicht hören; es gibt eine Art dicker, unsichtbarer, aber in stärkstem Maße handgreiflicher Glasbarriere zwischen ihnen und der Umwelt. Sie erregen sich, reden lauter, gestikulieren. Einige der Vorbeigehenden bleiben neugierig stehen; dieses Gestikulieren scheint so sinnlos; sie lächeln und gehen weiter. Entweder hören sie immer noch nichts, oder nur ganz wenig, und

wenn sie etwas hören, begreifen sie es nicht. Menschen, die eingesperrt sind, werden hysterisch. Sie schreien und werfen sich gegen die Glasbarriere, und in ihrer Verzweiflung begreifen sie kaum, daß ihre Schreie in einer Leere ertrinken und daß ihre Gesten vielleicht nur komisch auf diejenigen wirken, die sie von außen betrachten. – Vielleicht gibt es hier und da jemanden, der hindurchbricht, blutend und entstellt, und sie entdecken, daß sie im Angesicht einer erschrockenen, unnahbaren Menschenmenge stehen, die um ihre eigene Existenz bangt.«
Ich glaube nicht, daß dieses Bild meines Gemütszustandes in jenen Tagen sehr übertrieben ist, so wahnsinnig war meine Verliebtheit. Aber es wundert mich, daß Du schon zu einem so frühen Zeitpunkt einzusehen vermochtest, wie schief unser Verhältnis war. In einer Ehe würde letztlich zwischen uns diese Glasbarriere stehen, wobei ich in dem Loch säße, dem ich einen Großteil meines Lebens geweiht habe, und Du wärest draußen davor. Mit Deiner Oberklassennatur würdest Du niemals ein Leben in dem Loch führen können, das ich der Umwelt durch meine Bilder zu zeigen versuche. Ich weiß, daß ich, geistig gesehen, auf die eine oder andere Art immer in diesem Loch zu finden sein werde, während Du genausogut weißt, daß Du Dich immer draußen aufhalten wirst, trotz Deiner Einsichten im Hinblick auf das Loch. Jedesmal, wenn ich mich zu tief in dieser Höhle vergraben hatte und mich verloren fühlte, kamst Du mit Deiner Weisheit und Deiner tiefen menschlichen Einsicht, erklärtest es mir und hast alles wieder an seinen Platz gerückt. So war es nicht verwunderlich, daß Du mehr und mehr zu einer Art Mutter für mich wurdest, trotz all meines Widerstandes. Ich fürchte nur, daß Du trotz Deines Verständnisses für dieses Loch so sehr von Deiner Klasse geprägt bist, daß Du, wenn der kritische Punkt kommt, an dem die Glasbarriere zerbrochen wird, letzten Endes doch unter der erschrockenen und feindlichen Menschenmasse zu finden sein wirst. Wollen wir das vermeiden, müssen wir dauernd zusammenarbeiten. Auch wenn eine Ehe zwischen uns unrealistisch war, denn sie hätte auf mich in dem Loch unumgänglich destruktiv gewirkt, so ist eine tiefe Freundschaft zwischen uns auf jeden Fall nicht unrealistisch. Wenn Du mich weiterhin unterstützt und mir hilfst, können wir in einer solchen Freundschaft nach und nach diese Glasbarriere zerbrechen und ein Verhältnis von gleichem Wert und gleicher Stärke aufbauen, ähnlich dem Verhältnis, das unsere beiden Rassen in dem postrassistischen Amerika haben werden, wenn unser gemeinsamer Kampf überstanden ist. Durch unsere andauernde Freundschaft kann ich dann die Brücke über den Fluß bauen, so daß mein Werk nicht nur der Elfenbeinturm eines einzelnen weißen Mannes bleibt. Meine Gefühle Dir gegenüber haben immer noch stärker den Charakter der Verliebtheit als der Freundschaft. Deine Schönheit und Deine weichen, hohen Afrohaare, Deine milde, tiefe (und mütterliche) Stimme und Deine süßen Lippen, die mich morgens wachküßten, quälen mich andauernd in meinen Gedanken. Aber sobald ich aus dem Höhlenzustand meines Gemüts heraus bin, vielleicht schon in ein paar Monaten, werde ich in Rahway zurück sein, und wir können anfangen, unsere Freundschaft aufzubauen – eine Freundschaft, ohne die es uns niemals gelingen wird, die Glasbarrieren zu zerbrechen und Brücken zu einem neuen und schöneren Amerika zu bauen. Bis dahin bleibst Du meine geliebte, meine ferne und unerreichbare Edwina.

With love, Jacob

Sich zu erheben und sich der weißen Oberherrschaft zu widersetzen, ist im Süden nicht alltäglich, und viele Neger sind immer noch ängstlich gegenüber den Weißen. Eine Frau in Alabama antwortete mir folgendermaßen:
»Habt ihr Angst vor den Weißen hier?«
»Mensch, natürlich, wir haben von den Weißen nichts zu erwarten.«
»Was ist mit den Weißen?«
»Die Weißen nehmen uns das Leben, brennen unsere Häuser ab, nehmen uns unsere Männer, zerstören unsere Männer und tun alles mögliche, was falsch ist… Ich spreche von den Weißen in dieser Gegend.«
»Ja, das ist richtig; ich halte auch nichts von den Weißen – auf jeden Fall nichts von denen hier.«
Im allgemeinen glaubte ich immer, daß die Neger übertrieben, wenn sie mir solche Dinge berichteten. Ich habe immer einen etwas naiven Glauben an das Gute im Menschen gehabt und kam im allgemeinen gut mit den Weißen des Südens zurecht, die ich in vielerlei Hinsicht lieber mochte als die liberaleren, aber menschlich kühleren Weißen des Nordens.

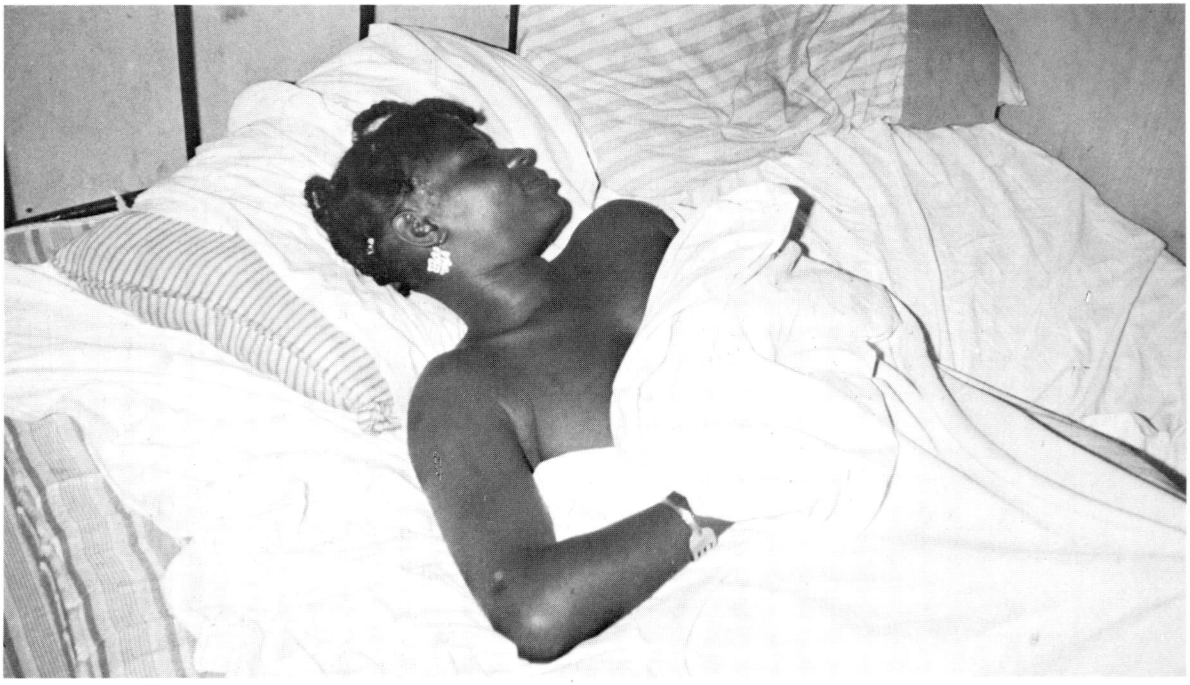

Die bittere Wahrheit erfuhr ich allerdings bei einer bestimmten Gelegenheit. Ich wohnte bei einer alleinstehenden Mutter, Mary, weit draußen an einer einsamen Straße in Alabama in einem *shack* ohne Wasser und Toilette, aber wenigstens mit Elektrizität, einem Fernseher, der oft in Betrieb war, und einem alten Kühlschrank, der sich an der Pappkartonwand der Hütte gut ausnahm. Sowohl Mary als auch ich romantisierten unser Verhältnis mitten im südlichen Rassismus Alabamas. Sie hatte drei Pistolen und ein Gewehr, um sich damit zu verteidigen, falls etwas passieren sollte. Es waren glückliche und erholsame Tage, die ich dort mit ihr und ihrem Sohn John verlebte. Mir schien es verwunderlich, daß Mary genauso wie viele andere Neger in Alabama für den Rassisten George Wallace gestimmt hatten; aber die massive bürgerliche Propaganda ist offenbar so stark, daß sie die Leute oft dazu bringt, gegen ihre eigenen tieferen Interessen zu stimmen.
Als ich eine Zeitlang verreisen mußte, um an einem Ku-Klux-Klan-Treffen oben in Kentucky teilzunehmen, gab mir Mary ein Silberkreuz mit, das mich auf der Reise beschützen sollte. Später zeigte es sich, daß Mary dieses Kreuz dringender gebraucht hätte als ich. Offenbar ohne einen anderen Grund als den, daß sie einen weißen Mann bei sich im Hause hatte wohnen lassen, warfen drei Weiße eines Nachts eine Brandbombe in ihre Küche, und im Verlauf von Sekunden stand das ganze Haus in Flammen. Ihr selbst und John gelang es, aus dem Haus zu eilen, aber ihr Bruder, der drinnen schlief, verbrannte; alles, was man später von ihm fand, waren seine Zähne. Später berichtete Mary mir von dem Unglück:
Mary: »Mein Hund ist auch gestorben.«
»Du sagtest, das Feuer sei in der Küche ausgebrochen und daß jemand eine Benzinbombe hineingeworfen habe?«
»Ja, das ist doch egal... Ja, das haben sie getan.«
»Was geschah, als du draußen auf der Straße standest?«
»Ich versuchte dreimal hineinzugelangen, um meinen Bruder zu retten – es ging nicht, alles brannte.«
»Wer fand die Reste deines Bruders?«
»Leute, die später herüberkamen...«
»Was fanden sie?«
»Ich weiß nicht, was sie fanden. Ich stand immer noch unter Schock.«

Für Mary war es ein hartes Jahr. Ihre Mutter starb an einer Krankheit; ihr Vater war ein Jahr zuvor an einer Krankheit gestorben. Und unmittelbar bevor ihr Bruder verbrannte, wurde ihre Schwester in Atlanta ermordet. Das Fernsehen beschließt jeden Abend sein Programm mit einem Bild von Lincoln, der die Sklaven befreit hat. Aber es ist die Frage, ob Mary wirklich in ihrem traurigen Dasein frei ist.

Du, weißer Mann im Süden,
du tust gut daran, einen kühlen Kopf zu bewahren,
vergiß nicht, was die Bibel sagt:
Endlich wird im Süden
eine Veränderung erfolgen!
Nun verbrennst du deine Kreuze
so schnell, wie du kannst.
Du, weißer Mann im Süden!

Inmitten der Baumwollfelder sehe ich einen Mann,
ein weißes Plantagenschloß und eine elende Scheune.
Weißer Mann im Süden,
wann zahlst du ihnen zurück?
Ich höre ihre Schmerzensschreie…
Den trockenen Knall des Ochsenziemers…
Wie lange, wie lange, wie lange
wird das noch weitergehen –
du, weißer Mann!

Interview mit einem Weißen, der mich in Alabama in seinem Wagen mitnahm:
»Was halten Sie von der Integration?«
»Davon halte ich nichts. Die sollen für sich bleiben. Ich will mit denen nicht vermischt werden. Ich habe nichts gegen Nigger. Sie können nichts dafür, daß sie Nigger sind, genausowenig wie ich etwas dafür kann, daß ich Weißer bin. Sie sind nur anders und mögen so bleiben.«
»Sie haben immer für Wallace gestimmt?«
»Ja, und ich glaube, er wird ein guter Präsident… Aber Wallace hat nichts gegen Nigger. Haufenweise haben Nigger für ihn gestimmt; er hat haufenweise Niggerstimmen bekommen.«
»Was halten Sie von Martin Luther King?«
»Er war nichts weiter als ein Krachmacher. Er war ein dreckiger kommunistischer Agitator, der versuchte, die Schwarzen gegen die Weißen aufzuhetzen.«

Obwohl solche Weißen das Bild im Süden beherrschen – der Prototyp mit dem Gewehr im kleinen Lastwagen, vor dem man zittert, wenn man auf kleinen Nebenstraßen per Anhalter fährt –, so gibt es doch noch einen anderen Typ, der auch zur Unterdrückung der Schwarzen beiträgt, nämlich den armen Weißen, den die Neger armen, weißen Abfall nennen. Sie bieten oft, sehr oft ein trauriges Bild. Auch sie hungern, sind oft hoffnungslos kaputt und fast noch ängstlicher als die Neger. Wenn ich auf ihre *shacks* zuging, liefen sie häufig hinein und verschlossen die Tür. Genau wie die Neger leiden sie oft an Selbsthaß und reagieren deshalb gewalttätig gegenüber ihrer Umgebung, indem sie beispielsweise überall Abfall hinwerfen. Bedrückend, wie man sie durch eine Gehirnwäsche glauben macht, daß die Weißen den Negern überlegen seien, und wie sie sich dann vor den Kopf gestoßen fühlen, wenn sie sehen, daß viele Neger heute besser als sie wohnen und bessere Arbeit haben. Sie haben den Eindruck, die Neger hätten zu viele Rechte erhalten. Sie können die innere Dynamik des Systems nicht begreifen, die sie oft arbeitslos macht, und schieben deshalb die Schuld auf jemanden, der etwas anders ist als sie selbst – genau wie die entsprechende Bevölkerungsgruppe in Dänemark es mit den Gastarbeitern macht. Wenn man sie genauer studiert, beginnt man die tieferen Ursachen zu begreifen, mit denen unser Wirtschaftssystem den Rassismus schafft und am Leben hält; und man begreift ebenfalls, warum der Rassismus in einem sozialistischen Land wie Kuba so schnell verschwunden war – nicht nur aufgrund der wirtschaftlichen Angleichung, sondern vielmehr durch eine andauernde Vollbeschäftigung und soziale Absicherung, die den Menschen die notwendige Sicherheit bietet, damit sie nicht länger die Schuld für ihr Unglück auf anders aussehende Menschen schieben. Nicht ohne Grund verbieten die USA den Negern, nach Kuba zu reisen, obwohl Fidel Castro sie oft eingeladen hat.

Budweiser
STATES

Das Unglück der armen Weißen ist nicht nur ihr Rassismus. Sie sind außerdem so unzureichend aufgeklärt, daß sie sich noch weiter rechts orientieren als die meisten Amerikaner und deshalb in einem faschistischen Graben landen. Diese Verbitterung hat zu fast zehntausend Lynchmorden an Negern geführt, und die Neger befürchten, daß die Verbitterung die Weißen dazu bringen wird, sie irgendwann in Konzentrationslager zu stecken. In einer seiner letzten Reden warnte Martin Luther King genau davor und forderte, die vorhandenen Konzentrationslager, die unter dem McCarran-Gesetz in den fünfziger Jahren erbaut worden waren, abzureißen.
Eine Woche später wurde er ermordet. Präsident Nixon erwähnte später in einer Rede, daß sie abgerissen werden sollten, aber viele meinen, daß er mit dieser Rede nur die Aufmerksamkeit auf ihre Existenz richten wollte.

Historisches Foto

Historisches Foto

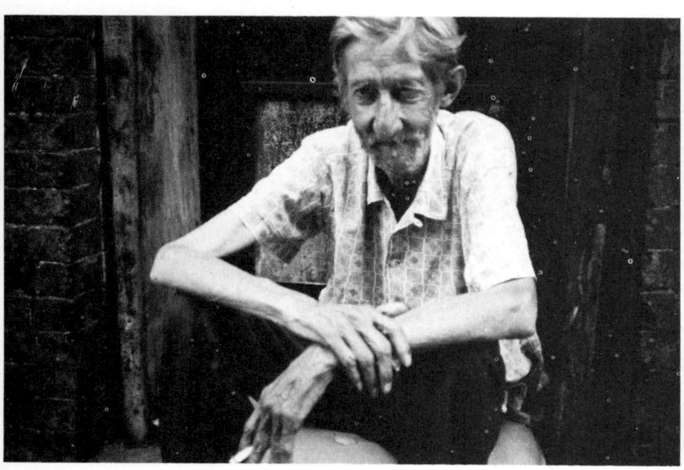

Teenagers Kill Black, 15

Continued From Page 2

Two other residents confirmed this part of her statement.

"They were encouraging the kids to attack them," said woman. "They were shouting 'get the nigger' and 'kill the bastard.'"

Several members of the social club, which is just north of the park where Johnson was found and across the street from where Sanders was beaten have denied seeing the attack or taking any part in it.

Police have canvassed buildings in the predominately Italian neighborhood searching for witnesses with no success.

A Post reporter also interviewed dozens of people in the area without finding any witnesses to the attack other than the woman mentioned. She asked to remain anonymous because she feared possible reprisals against her family. But he indicated she would talk to police.

Many members of the community said they'd heard about the incident but none admitted to actually seeing the attack or knowing anyan officer close to the investigation, "because no one is talking to us. But since no white kids were hurt and around it isn't likely that we didn't find any weapons the black kids were doing the attacking."

Several incidents with racial ovestones have erupted in recent months between local whites and black teenagers attending nearby Chelsea HS and Food and Maritime Trade HS. Community and religious leaders have insisted that those incidents were not racially motivated but were caused by a natural conflict of interests over the use of a local gymnasium.

Die Lynchmorde gehen weiter. Derrick Johnson, dessen Eltern ich sehr gut kennenlernte, war knapp fünfzehn Jahre alt, als er durch ein armes weißes Viertel in New York ging, der Stadt, die den Ruf hat, so liberal zu sein. Weiße Eltern standen in den Türen und riefen ihren Kindern zu »Tötet den Nigger«, »Tötet den Bastard«. Und die Kinder gingen am hellichten Tag mit Baseballschlägern auf ihn los. Als die Polizei die Bewohner befragte, wollte niemand Auskunft geben.
Das geschah in den Armenvierteln.

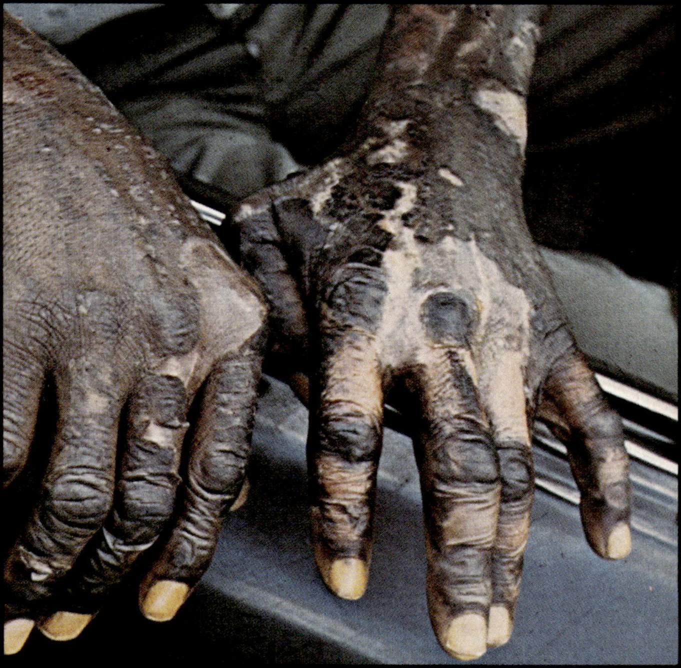

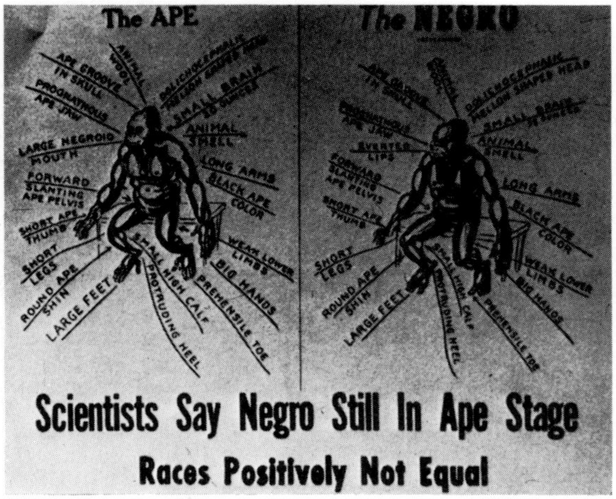

Wie wir wissen, gehen diese armen, verbitterten Weißen entweder in eine sozialistische oder faschistische Richtung; oft führt ihre schiefe Sicht und Kleinbürgerlichkeit sie unglücklicherweise in die faschistische Richtung. Dieser junge Mann berichtete mir, daß er früher der kommunistischen Partei angehört habe, aber als er bemerkte, daß die Kommunisten gleiches Recht für die Neger forderten, war er in den anderen Graben zur Nazipartei übergewechselt, die sagte, der weiße Mann sei dem Neger überlegen, und die »alle Nigger zurück nach Afrika« schicken will. Die Partei behauptet, sie habe stark steigende Mitgliedszahlen, und falls das richtig ist, dürfte es ohne Zweifel darauf zurückzuführen sein, daß sie mehr als alle anderen gegen die Schulintegration ist. Die meisten ihrer Mitglieder sind arme Weiße aus den Großstädten des Nordens. Die meisten Anhänger des Ku-Klux-Klan, der wesentlich weiter verbreitet ist, stammen hingegen aus dem ländlichen Süden. Ob die Welt wohl den Terror und die Morde vergißt, die in den sechziger Jahren den Bundesstaat Mississippi überschwemmten? Aber nach der Umstrukturierung und »Demokratisierung« (auch Frauen können jetzt Mitglieder werden) des Klans beginnt er sich sowohl im Norden als auch im Süden wieder zu entfalten.

Als ich einen langhaarigen Hippie, der mich in Mississippi mit in sein von Rockmusik dröhnendes Auto nahm, fragte, ob sich die Verhältnisse im Staate gebessert hätten, antwortete er allen Ernstes: »Ganz ausgezeichnet. Jetzt können wir mit langen Haaren zu den Klantreffen gehen. Einige von uns rauchen sogar Marihuana auf den Treffen.«

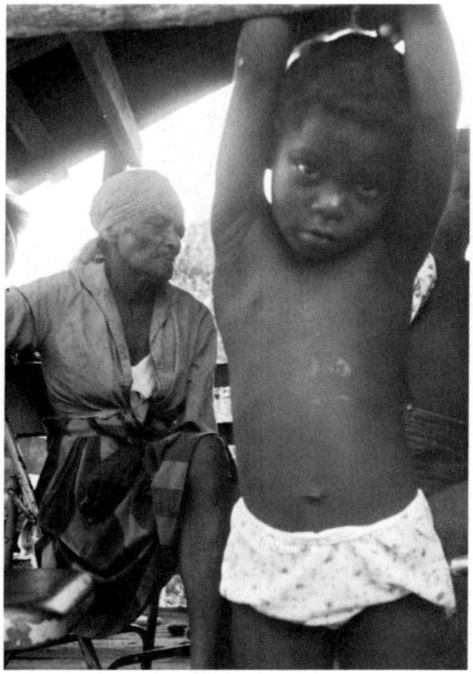

Aber Mississippi hat auch eine andere Seite, die von der vom Ku-Klux-Klan geprägten Gewaltmentalität der armen Weißen genauso weit entfernt ist wie von der Welt der Neger.
Es ist die weiße Oberschicht, die von der altaristokratischen Plantagenmentalität geprägt ist und ihre Traditionen weiterführt.
Im Gegensatz zu den armen Weißen hassen sie die Neger nicht, sondern haben ein geradezu väterliches Liebesverhältnis zu ihnen – auf jeden Fall so lange, wie sich die Neger nach den alten Regeln der Sklavenzeit verhalten. Auf seltsamen Umwegen gelang es mir – unter anderem durch anfängliche Benutzung einer Perücke –, bis in den Kern dieser Oberschicht vorzustoßen. Mir wurde von schwarzen Dienstmädchen das Frühstück im Himmelbett serviert. Man trug immer noch die großen Röcke der Sklavenzeit und veranstaltete die großen Bälle der Konföderation (der Rebellenstaaten) unter der Flagge des Bürgerkrieges. Wie viele Weiße überall im Süden hoffte man tatsächlich, daß der Bürgerkrieg eines Tages wieder ausbrechen werde und man dann an den Nordstaaten Rache nehmen könne.

Gewidmet dem Staate Mississippi,
denn innerhalb seiner Grenzen
hat der Teufel freies Spiel.
Untersucht man seine schlammigen Flüsse,
findet man viele Leichen ohne Namen.
Die großen Bäume der Wälder
halten Tausende von Verbrechen verborgen.
Man könnte glauben, der Kalender lügt,
zählt er dies zur Gegenwart.

Gewidmet den Bewohnern von Mississippi,
die sagen, die Leute oben im Norden
begriffen nur nichts und es grause sie in der Dunkelheit
beim Donner des Ku-Klux-Klan.
Ihrer Seele Halt
genügt nicht, ihre Hände rein von Blut zu waschen,
denn sie lächeln und zucken mit den Schultern
beim Mord eines Mannes.

Gewidmet den Schulen in Mississippi,
wo man die Kinder lehrt,
keine Rücksicht zu nehmen,
denn der Schmutz des Hasses
ist allerorten allgegenwärtig,
und jeder Klassenraum
ist eine Fabrik der Verzweiflung,
und keiner lernt
ein Fremdwort wie »Gerechtigkeit«.

Gewidmet dem Lande,
dem ihr das Herz herausgerissen habt.
Mississippi,
suche dir selbst
ein anderes Land, dem du angehörst.

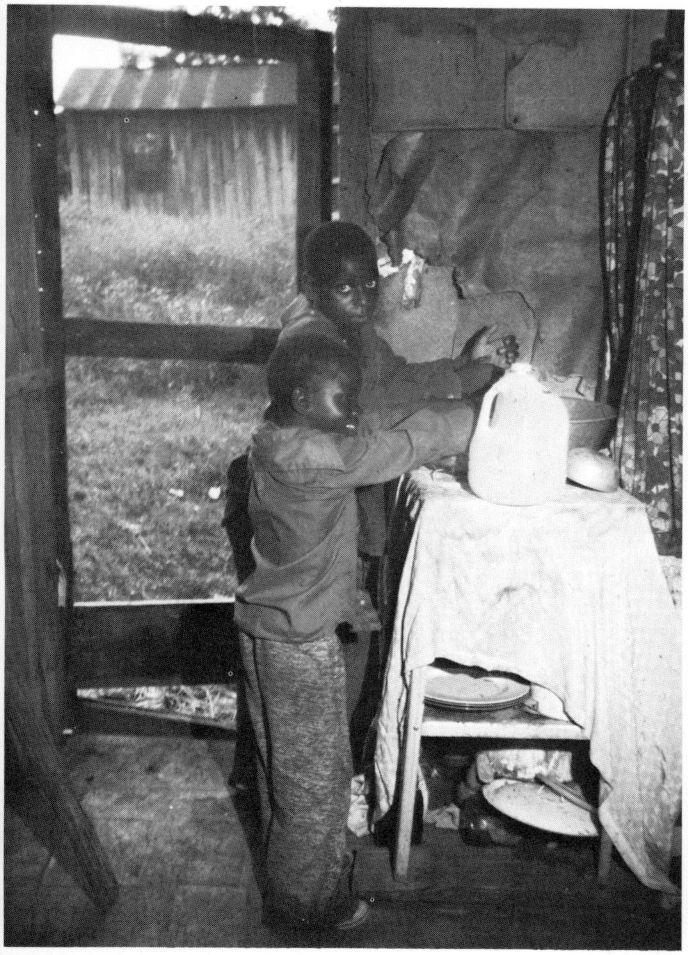

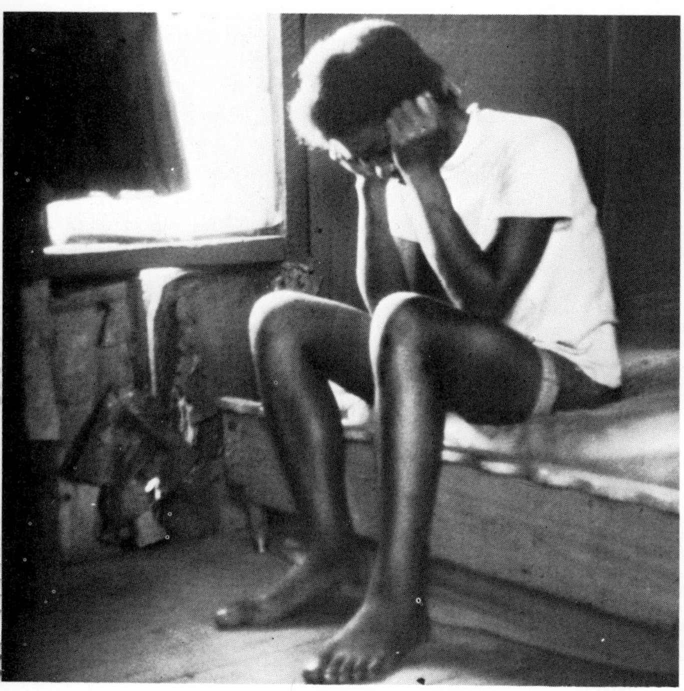

Vom Ja-Sagen

Die größte Freiheit, die ich kenne, heißt ja sagen können, die Freiheit, sich in die Arme eines jeden Menschen werfen zu können, dem man begegnet. Gerade als Landstreicher hat man die Freiheit, die Energie und die Zeit, jedem Individuum gegenüber, dem man begegnet, Mensch zu sein. Die phantastischste Lotterie, die ich kenne, ist Reisen per Anhalter. Es ist jedesmal ein Gewinn. Von jedem Menschen kann man etwas lernen. Ich habe niemals nein zu einem Lift gesagt – auch wenn Pistolen auf dem Vordersitz lagen oder vier Männer mit Sonnenbrillen im Auto saßen. Jeder Mensch vermittelt einen Einblick in die Gesellschaft. Ein Mann in New York bat mich, einen Uhaul-Trailer runter nach Florida zu fahren. Er wollte mir nicht sagen, was er geladen hatte. Wir verabredeten, ich solle sechzig Dollar dafür kriegen, aber ich bekam nichts. Aus anderen Quellen erfuhr ich, daß ich für die Mafia gearbeitet hatte, die es vorzog, glaubwürdige Ausländer für solche illegalen Transporte von Narkotika und ähnlichem zu verwenden. Vielleicht waren es auch Waffen für Exilkubaner in Miami? Ein anderes Mal bat mich eine siebenundachtzigjährige arme Frau in Alabama, sie nach Phoenix in Arizona zu fahren. Sie wollte dorthin, um zu sterben. Ich half ihr, Bretter vor die Fenster ihres verfallenen *shacks* außerhalb von Tuskegee zu nageln, obwohl sie sehr genau wußte, daß sie es nie wieder zu sehen bekäme. Aber sie wollte nicht, daß die in der Nachbarschaft wohnenden Neger bei ihr einzögen. Den ganzen Weg über saß sie mit einer Pistole in der Hand da. Aufgrund meiner langen Haare und meines Bartes hatte sie eine hündische Angst vor mir, aber es gab keinen anderen Ausweg für sie, um dorthin zu gelangen. Sie war so schwach, daß ich sie jedesmal, wenn sie unterwegs irgendwohin wollte, tragen mußte, aber trotzdem hielt sie die ganze Zeit über ihre Pistole fest umklammert. Das Auto war so alt, daß wir nur fünfzig Kilometer in der Stunde fahren konnten und die Reise deshalb vier Tage in Anspruch nahm. Sie hatte jahrelang für das Benzin gespart, hatte aber kein Geld für Essen, so daß ich mehrmals unterwegs Möhren und anderes Eßbares stehlen mußte. Nahezu die ganze Reise redete sie von Wallace und wie sie darauf hoffe, daß er Präsident werde, bevor sie sterbe. Ich habe auf dieser Reise mehr über Alabama gelernt, als ich durch lebenslanges Lesen erfahren hätte.

In Florida nahmen mich zwei Mädchen mit, die mir einen »Brownie« anboten. Da ich sehr hungrig war und auf dem Rücksitz saß, benutzte ich die Gelegenheit, vier von diesen Kuchen zu essen. Ich esse immer das, was Leute mir geben, seien es nun Tabletten, Erde oder noch Schlimmeres. Und jedesmal vermittelt es mir einen bestimmten Einblick in die Gesellschaft. So auch an diesem Tage. Es zeigte sich, daß es Haschkuchen waren und ich zu viele gegessen hatte. Ich war richtig angeturnt und konnte an dem Tage nicht länger trampen, da ich außerstande war, mit den Fahrern zu kommunizieren. Ich ging hinein nach Jacksonville und setzte mich in einen Park, um so lange zu warten, bis der Rausch vorüber war. Zwei ganz friedliche Kerle kamen heran und setzten sich neben mich, aber mich ergriff plötzlich eine große Angst vor ihnen und ich stürzte in eine Busstation. Selbst am hellichten Tage traute ich mich nicht auf die Straße. Das Hasch hatte mich sehr paranoid gemacht, und sobald man seine Angstgefühle andere Menschen spüren läßt, kann es geschehen, daß man niedergeschlagen wird. An dem Tage begriff ich die zitternde Angst, mit der viele Amerikaner herumlaufen und gegen die man nichts machen kann. Seitdem habe ich mehr Verständnis für die Reaktionen der Leute in Amerika. Es geschieht auch, daß ich Angst gegenüber anderen Menschen verspüre. Eines Nachts hörte ich in New York eine Stimme, die mich aus einem dunklen Eingang in dem ungemütlichen Bereich um die Neunte Avenue herum anrief. Ich war vollkommen überzeugt, falls ich der Stimme nachginge, würde ich niedergeschlagen werden; aber gleichzeitig befürchtete ich, falls ich es nicht tun würde, wäre es ein Präzedenzfall und ich würde künftig genauso gelähmt sein vor Angst wie viele andere in Amerika. Deshalb zwang ich mich und ging in den Eingang hinein.

Natürlich handelte es sich nur um ein heruntergekommenes Fünf-Dollar-Straßenmädchen. Dies bewies mir erneut, daß man niemals Schaden erleidet, wenn man ja sagt. In der Regel wird man dafür unmittelbar belohnt.

In Detroit bat mich ein fünfjähriger Junge inständig, ich möge doch mit zu ihm nach Hause kommen und einige Bilder von seiner Mutter machen. Ich hatte an dem Tage nur wenig Zeit, aber entschloß mich trotzdem, ihn zu begleiten. Als wir zu ihm nach Hause kamen, lag die Mutter krank im Bett, und vier seiner sieben Geschwister hatten große Rattenbisse.

Am Anfang empfand ich dieses Den-Leuten-gegenüber-nicht-nein-sagen-Können als eine Schwäche, denn ich bin immer sehr weich gewesen. Doch jetzt bin ich zu der Überzeugung gelangt, daß es eine Stärke ist, und es ist deshalb für mich zur Gewohnheit geworden, wo immer ich auch hinkomme. Das geschah bei mir auf Kosten der Fähigkeit, eine Wahl treffen zu können; und es ist so weit gekommen, daß ich nahezu außerstande bin, zu wählen. Fast jeden Tag, wenn ich per Anhalter reise, werde ich irgendwann einmal von einem Fahrer in ein Restaurant eingeladen. Ich erhalte die Speisekarte, aber es ist mir unmöglich, mich für etwas zu entscheiden. Nach einer peinlich langen Pause schlägt der Fahrer im allgemeinen das eine oder andere vor, und ich sage sofort ja. Mir ist es vollkommen gleichgültig, was serviert wird. Essen ist schließlich nur ein Mittel, weiterzukommen. Mir ist aufgefallen, daß meine Unfähigkeit zu wählen selbst beim Reisen ihre Vorteile hat.

Am selben Tage, als ich nach mehrwöchigem Aufenthalt die große Plantagenvilla in Mississippi verließ, kam ich abends zu einem schwarzen Zuhälter in Greenville in dem armen Deltagebiet und durfte bei ihm wohnen. Wir wurden recht gute Freunde, und er sagte, aufgrund unserer Freundschaft wolle er mir eines seiner prostituierenden Mädchen überlassen. Ich

antwortete nichts darauf. Er nahm mich mit zu einer Bar, wo vier seiner Mädchen standen. »Choose whatever Pussy you want. You can have it for free«, meinte er. Ich wußte mir nicht zu helfen. Ich liebe schwarze Prostituierte, diese phantastische Mischung aus gewalttätiger Brutalität und innerer Weichheit. In einer Nacht kann man mehr von einer schwarzen Prostituierten über eine Gesellschaft lernen als aus zehn Universitätsvorlesungen. Aber mir war es unmöglich, eine auszuwählen. Schließlich nahm mich Ed, so hieß er, mit zu sich nach Hause. Von nun an öffnete er sich mir gegenüber stärker, und es zeigte sich, daß er mich auf die Probe gestellt hatte. Er war sehr gefangengenommen von den Dingen, die ich ihm erzählt hatte, aber er war noch niemals einem Weißen begegnet, dem er vertraute, und wollte jetzt sehen, ob ich so sei wie die anderen Weißen in Mississippi. Diese Nacht wurde zu einem meiner gewaltigsten Erlebnisse. Wir lagen beide in dem Bett, das er normalerweise für seine Geschäfte benutzte, und die ganze Nacht über erzählte er mir aus seiner Kindheit. Das Ganze war wie eine Offenbarung für mich. Ich war zum erstenmal in Mississippi und war sicher besonders stark beeindruckt, weil ich gerade zwei Wochen lang in den großen Plantagenvillen gewohnt hatte – mit all den teuren Antebellum-Kleidern und dem Gold und Tingeltangel um mich herum. Er berichtete mir vom Hunger und, wie er von seinem fünften Lebensjahr an für zwei Dollar täglich hatte Baumwolle pflücken müssen und wie er nicht richtig hatte zur Schule gehen können, weil er Baumwolle pflücken mußte, und von all den Erniedrigungen, die ihm die Weißen fortwährend zugefügt hatten. Jetzt wolle er nicht mehr. »Hell, no«, wiederholte er immer und immer wieder. Er wollte heraus aus dieser Baumwollhölle. Deshalb war er Zuhälter geworden. Sowohl er als auch seine Mädchen waren sich einig darüber, daß es besser sei, sich in dieser Weise als auf den Baumwollfeldern zu prostituieren. In beiden Fällen strich der weiße Mann den Gewinn ein, aber auf diese Weise verdienten sie wesentlich mehr: fünfzehn Dollar pro Nacht und Mädchen. Sein ganzes Leben lang hatte er den weißen Mann studiert. Jede Bewegung, jeden Gedanken. Er hatte den Eindruck, er kenne den weißen Mann besser als sich selbst, und verstand ihn trotzdem nicht. Aber seine Erfahrungen hatten ihn zu einem guten Zuhälter gemacht, obwohl er nur neunzehn Jahre alt war. Er wußte genau, wie er den weißen Mann in Kontakt mit seinen Mädchen bringen mußte. Aber diese Tätigkeit schmerzte ihn, sie verletzte ihn tief. Er fühlte, daß er seine Rasse und seinen Stolz verkaufte, aber er hatte keine andere Wahl. Er haßte den weißen Mann aus ganzem Herzen, oh, wie er ihn haßte. Aber er wagte es nicht, den Haß jemals zu zeigen. In dieser Nacht begriff ich, falls die meisten Neger in Mississippi fühlten wie Ed, würde der Tag kommen, an dem es für die Weißen nicht gut aussähe. Nach dieser Nacht war ich so erschüttert, daß ich es während der nächsten Tage nicht wagte, den Weißen in die Augen zu sehen. Glücklicherweise hatte ich an dem Tage von irgend jemandem Batterien für mein Tonbandgerät bekommen, so hatte ich einen Großteil dessen, was Ed mir erzählte, auf Band nehmen können.

Wenn ich jetzt unter den Weißen von Mississippi herumreise und bei ihnen wohne, spiele ich mir abends manchmal das Band vor. Ich möchte nämlich vermeiden, mich zu stark mit ihren Anschauungen zu identifizieren. Ihr charmanter Akzent und ihre große menschliche Wärme drohen mich ständig zu verführen. Es gilt, einen kühlen Kopf in dem kochenden Hexenkessel des Südens zu bewahren.

Ich betrachtete es als einen Zufall, daß er sich mir eröffnete, denn ich hatte große Lust gehabt, mit einer der Prostituierten zu gehen. Aber jetzt beginne ich zu glauben, daß es kein Zufall war. Es ist, als ob mich die ganze Zeit über etwas in die richtigen Situationen führt.

Brief an einen amerikanischen Freund

Es braucht kaum betont zu werden, daß in einer solchen von Haß geprägten Gesellschaft für die Liebe kaum Platz ist. Es gibt kaum einen Weißen, der den psychischen Druck vollständig begreift, dem die Schwarzen während ihrer Kindheit in einer solchen weißen Welt ausgesetzt sind, wo nicht nur die Realitäten um sie herum, sondern auch das ständige Bombardement der offiziellen Propaganda ihnen vermittelt, daß sie weniger wert sind als die Weißen. Welche Konsequenzen es für eine schwarze Familie hat, die ganze Zeit über auf der Schattenseite einer weißen Gesellschaft zu leben, ist unüberschaubar; kein Wunder, daß die schwarze Ehe dem Druck nicht standzuhalten vermag. Jede dritte schwarze Mutter ist mit ihren Kindern allein; die Zahlen sind stark im Steigen begriffen, und die schwarzen Führer beraten verzweifelt darüber, was man machen könne, um die schwarze Ehe zu retten. Besonders in den engen *shacks* im Süden habe ich festgestellt, wie selten man eine stabile schwarze Ehe findet.

So ist die schwarze Musik von der verzweifelten Suche nach Liebe geprägt, aber das, was die Neger im Schein der Petroleumlampe suchen, ist ein unmittelbares Abbild der Leere ihrer Unterdrücker, zum Beispiel der neuen liberalen Playboymillionäre, die jetzt hier und da im Süden auftauchen. Diese beiden Bilder wurden in demselben kleinen Städtchen, Greenville in North Carolina, aufgenommen.

Gimme your love, gimme your love,
gimme your love, gimme your love,
I want you so babe' can't even get mad at you,
what a thing, you really swing,
I feel so good it's true
you're such a comfort in my life,
oh, breathing in the air
when loving you child, I really know just
how much I really care
gimme your love…

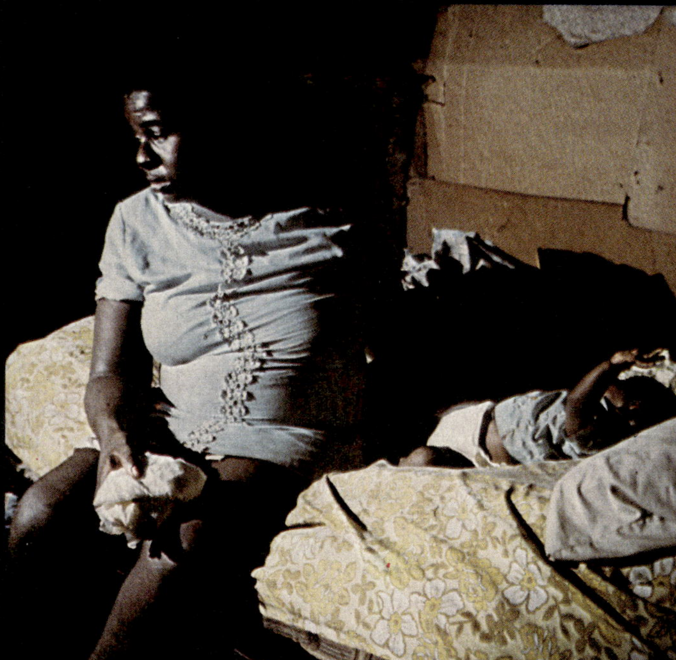

ROYAL

Wenn die Gesellschaft es der natürlichen Liebe so schwer macht, sich zu behaupten, beginnt das Familienleben zu zerfallen. Millionen schwarzer Kinder sind ohne ihre Väter aufgewachsen, aber unendlich viele sind auch ohne ihre Mütter groß geworden, die keine ausreichende Bezahlung für ihre Arbeit erhielten, um ihre Kinder zu versorgen, so daß sich die Großmutter ihrer annehmen mußte. Deshalb steht der Begriff Großmutter auch hoch im Bewußtsein der Schwarzen:

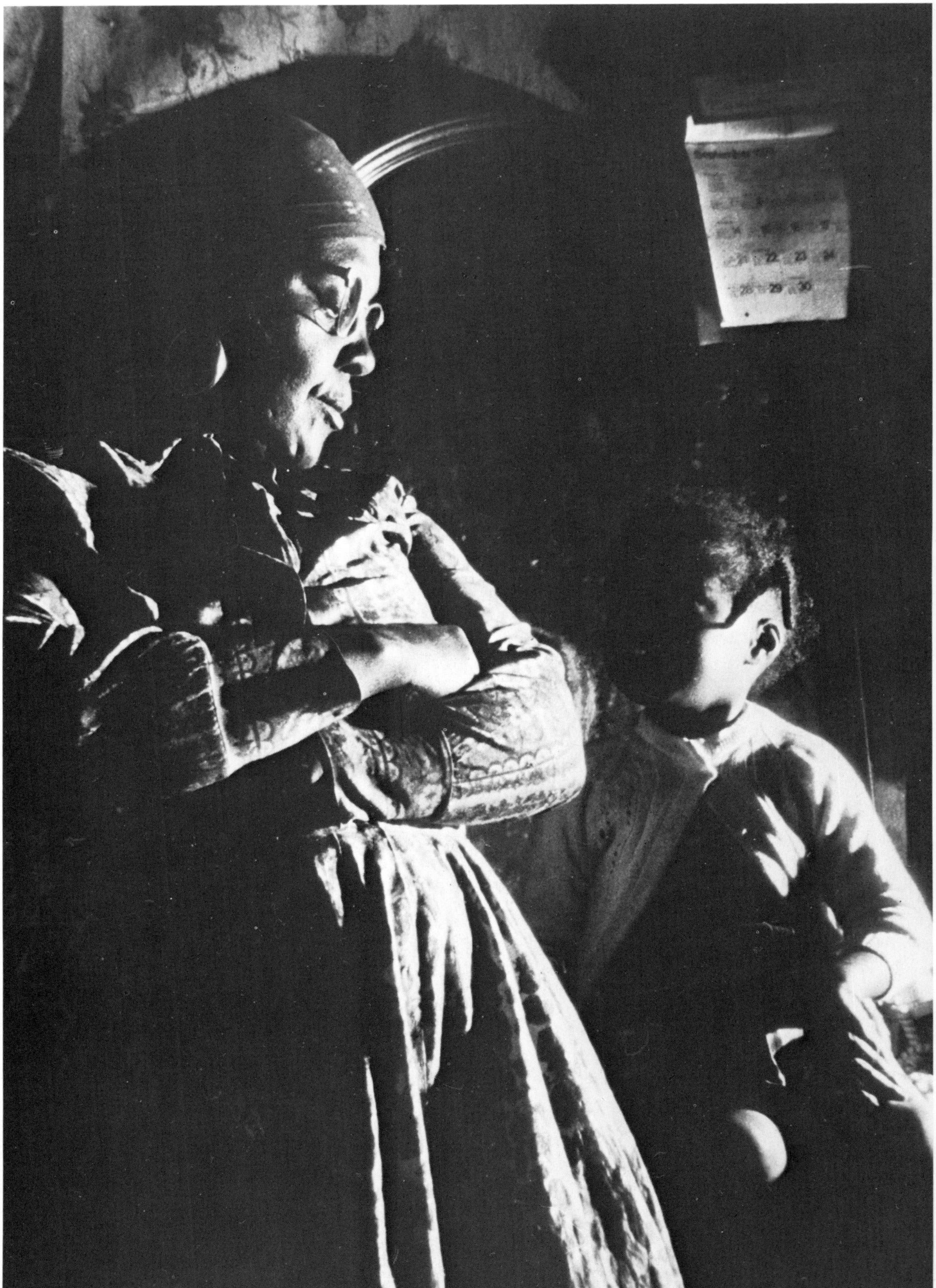

Großmutter klatschte in die Hände
am Sonntagmorgen in der Kirche.
Großmutter nahm das Tamburin
und spielte so schön…
Oh, Großmutters Hände warnten uns.
Sie konnte sagen: Lauf nicht so schnell, Spatz,
du könntest über eine Glasscherbe stolpern,
es können Schlangen im Gras liegen…
Und Großmutters Hände
trösteten unsere unverheirateten Mütter…

Historisches Foto

Mir scheint es ganz natürlich, herausfinden zu wollen, wo der überwiegende Teil der Väter dieser vaterlosen Kinder tatsächlich im Laufe der Zeit gelandet ist.
Ein Großteil der Landstraßen im Süden ist von Gefangenen gebaut worden. Heute gehen sie nicht mehr in Ketten, denn man hat festgestellt, daß Maschinenpistolen und Bluthunde wesentlich wirksamer sind (nicht zuletzt im Angola-Gefängnis in Louisiana). Ich bin einigen der grünen Minnas gefolgt, in denen die Gefangenen hinausgefahren werden, und es gelang mir festzustellen, wo diese Gefangenenarbeiter unter anderem beschäftigt werden: in den Villenvierteln und an den Privatstränden von Palm Beach in Florida, wo sie Straßenfeger sind und Aufräumarbeiten für die reichsten Menschen der Welt erledigen. Dies ist in meinen Augen Sklavenarbeit. Zum einen werden diese unglücklichen Gefangenen fast in die Kriminalität gezwungen, um in der Armut zu überleben, an der diese weißen Millionäre direkt oder indirekt schuld haben; schließlich wird man kein Millionär, indem man Geld von den Bäumen pflückt. Zum anderen erhalten die Schwarzen überall in Amerika, aber besonders im Süden wesentlich härtere Strafen als die Weißen für die gleichen Verbrechen. So mancher Neger ist zu lebenslangem Gefängnis verurteilt worden für Vergehen, bei denen Weiße frei ausgingen. Deshalb sind sie nach Auffassung vieler politische Gefangene – verurteilt von einem weißen Klassenkapitalismus, der sich billige Arbeitskräfte wünschte. Und wenn sie versuchen, diesem bösen Kreislauf aus Unterbezahlung und Not zu entgehen, macht man sie zu direkten Sklavenarbeitern für die Reichen, wie man hier sieht.
Und Geld haben sie, diese Reichen! Hier in Palm Beach und Miami Beach haben die reichsten Familien der USA (die Kennedys, die Rockefellers, die DuPonts) ihre Ferienhäuser. Bis vor ein paar Jahren durften Neger – abgesehen von einigen Bediensteten – hier nicht einmal den Boden betreten. In der Praxis werden sie immer noch festgenommen, wenn sie es tun. Ab und zu gelingt es einem Bettler, sich hier einzuschleichen und einen Dollar von den Multimillionären zu erbetteln. Hier spielen auch die Präsidenten der USA Golf auf den schönsten Golfbahnen der Welt – ihnen helfen schwarze Caddies, die weniger als sechs Mark in der Stunde dafür erhalten. Und hier dürfen arme Neger einen Rolls-Royce putzen, während die weißen Millionäre aussteigen und die letzten Börsenkurse der Wall Street verfolgen.

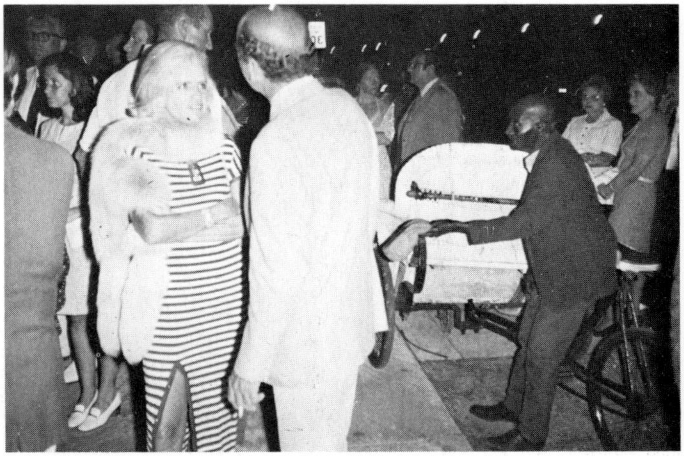

Aber hier in Palm Beach begegnete ich auch einem kommunistischen Millionär, der mir zu einigen festlichen Tagen verhalf, mir sein Auto lieh und mir dadurch die Möglichkeit verschaffte, zu sehen, wie die armen Zuckersklaven unmittelbar in der Nähe dieser Geldhölle arbeiten; aus meinem Versteck in seinem Auto konnte ich Gefangene fotografieren, als sie morgens zur Arbeit gefahren wurden. Einige Menschen, bei denen ich wohnte, waren nicht ganz so reich, aber gehörten doch mit in das Bild. Als ich bei einem Polizeichef aus Chicago war, konnten wir von seinem Zimmer aus die Einfahrt zu Nixons Ferienhaus überwachen. Ja, reich sein in Amerika erfordert einen gewissen Polizeischutz – wie hier in Miami Beach. Jedes Ding muß seine Ordnung haben. Und solange man Gefängnisinsassen benötigt, die für einen arbeiten, braucht man natürlich auch Polizei an seiner Seite. Fernsehkameras an den Villenstraßen und sämtliche elektronischen Überwachungsapparate der Welt reichen nicht aus; man möchte nicht, daß die kleinen Kinder gekidnappt werden.
Lieber sperrt man sie in eine kalte, isolierte Welt ein wie hier Tania und ihre kleine Schwester, die ein kubanisches Kindermädchen haben, das auf sie aufpaßt. Und man hält es für klüger, sie zu Sklaven des Farbfernsehens zu machen, als sie die Welt draußen sehen zu lassen – nur wenige Kilometer von ihnen entfernt, da draußen, wo Linda und ihr Bruder und ihre Eltern wohnen.

Linda wohnt ganz in der Nähe der Disney World, aber darüber sprechen wir nicht, denn sie hat niemals genügend Geld, um dorthin zu gehen. Sie waren so arm, daß sie noch niemals Licht gehabt hatten, bevor ich zu ihnen zog. Ich hatte einiges an Millionärsgeld bei mir und konnte ihnen Petroleum für eine alte Lampe kaufen, die sie besaßen. Für die Familie wurde es ein Freudentag. Lindas Vater arbeitete vom frühen Morgen bis zum späten Abend und bewachte Kühe eines weißen Gutsbesitzers. Jeden Abend kam er gegen zehn Uhr die fünf Kilometer zu Fuß nach Hause gelaufen. An diesem Abend wollten wir ihm mit einer Überraschung eine Freude machen, und als wir ihn in der Dunkelheit herankommen sahen, lief Linda hinaus, sprang ihm auf den Arm und rief: »Vater, Vater, wir haben ein Geschenk bekommen... guck, guck, Licht... wir haben Licht bekommen.« Und danach tanzten Linda und ihr Bruder draußen im Schein der Lampe. Es herrschte große Begeisterung über dieses Licht, und sie wärmte mich unermeßlich, nachdem ich in einer Reihe kalter Millionärsvillen gewohnt hatte. Sonst gab es nicht viel, worüber man sich in ihrer Stille freuen konnte. Das Essen mußte immer draußen vor der Tür über einem offenen Feuer zubereitet werden, und die Mutter konnte kaum etwas anderes tun, als unbeweglich zurückgelehnt in demselben Stuhl zu sitzen, da sie aufgrund einer Krankheit unerträgliche Schmerzen hatte. Linda las im allgemeinen vor Sonnenuntergang in ihren Schulbüchern, aber einige Male sah ich sie auch im Mondschein lesen.

Für mich war Linda ohne Zweifel das strahlendste und erfreulichste Erlebnis in den USA. Als ich in ihre Familie kam, war ich vollkommen niedergeschlagen; monatelang hatte ich die Armut der Schwarzen im Süden erlebt, die ich als zerstörender und dehumanisierender empfunden hatte als irgendeine andere Armut auf der Welt. Ich beobachtete Linda und fragte mich, warum sie nicht genauso an Körper und Seele geknechtet war wie nahezu alle anderen armen schwarzen Kinder, denen ich im Süden begegnet war. Was brachte ihre Familie dazu, mitten in diesem unmenschlichen Dasein zusammenzuhalten? Warum verspürten sie eine tiefere Liebe füreinander, als ich in irgendeiner anderen Familie in den USA angetroffen habe?
Lindas Zuhause war, als ob ich einen Hollywoodfilm betrat, in dem die Armut romantisiert war. Während die Armut überall in den USA häßlich ist und sowohl der Umgebung als auch dem Menschen ein häßliches Angesicht verleiht, hatte hier die Liebe zu überleben vermocht. Dieses Erlebnis, mitten in einer Welt von Häßlichkeit Liebe zu finden, war so unbeschreiblich und erschütternd für mich, daß es mich vollkommen überwältigte.

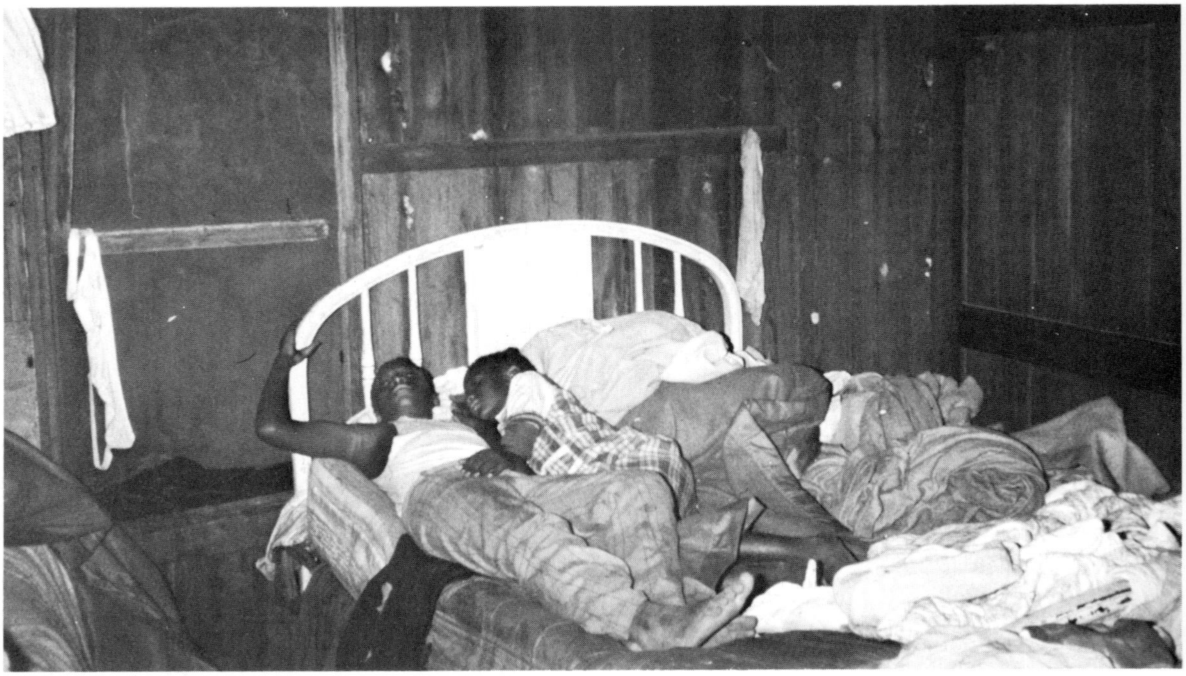

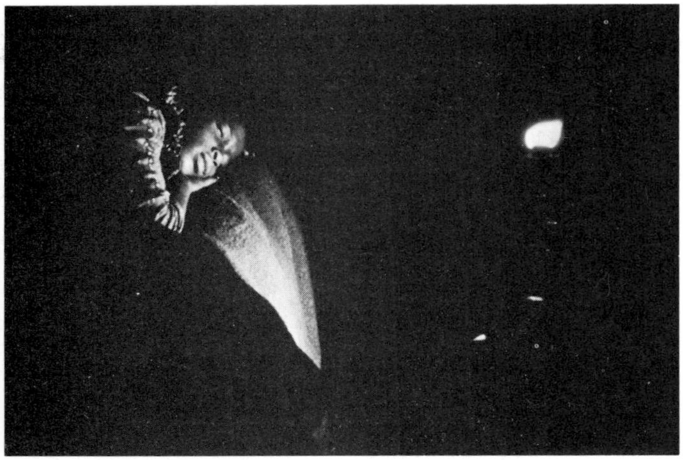

Nun haben wir die Liebe gefunden,
was sollen wir mit ihr beginnen?
Gib ihr eine Chance,
laß sie unser Schicksal bestimmen.
Wir schulden es uns selbst,
ewig glücklich zu leben.

Nun, da wir gefunden haben,
wonach wir suchten –
und die Liebe ist es,
nach der wir gesucht haben –
Nun, da ich sie hier
in meiner Hand halte,
will ich sie austeilen
über das ganze Land.

Nun, da wir die Liebe gefunden haben,
was wollen wir mit ihr beginnen?
Vergeben und vergessen,
möge kein Gedanke dein Feind sein!
Niemals vorher habe ich es so gut gehabt,
ich bin wirklich glücklich,
so glücklich, wie ein Mensch nur sein kann.
Die Liebe ist es, auf die wir gewartet haben,
die Liebe ist es, auf die wir gehofft haben,
laß uns sie austeilen über das ganze Land…

Menschen, die zum Mond wollen, fahren an Lindas *shack* vorbei. Nicht weit davon entfernt liegt ein anderes *shack* ohne Licht, Wasser, Toilette etc. Es ist Cape Canaverals unmittelbarster Nachbar, und hier stand ich eines Morgens und verfolgte durch die Risse im Haus den Abschuß einer Mondrakete. Der alte schwarze Mann bemerkte überhaupt nicht, daß die Mondrakete sich langsam über seinem Haus erhob, denn er hatte kein Radio, das ihm hätte berichten können, wann dieses Milliardenprojekt in der Luft verrauchte. Und falls er es zu wissen bekommen hätte, wäre er wegen seiner Unterernährung doch zu krank gewesen, den Kopf zu heben und nach der Rakete zu schauen.

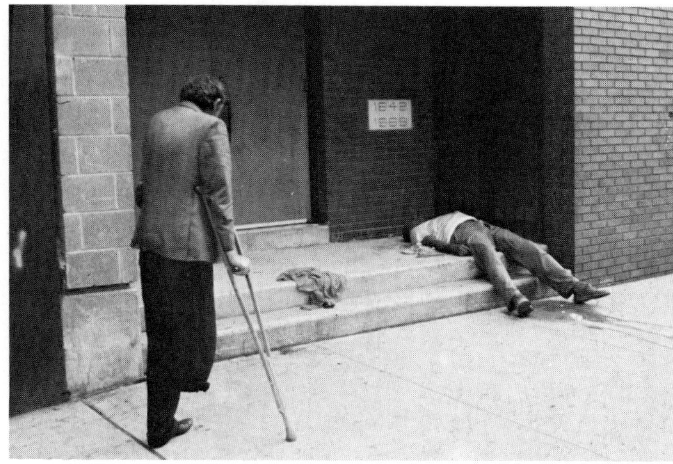

Ideologisches Abblenden

Überall, wohin ich komme, begegne ich einem erschütternden Mangel an Verständnis gegenüber den Leiden, die die Leute umgeben. Menschen im Norden sprechen von der Armut im Süden, aber bemerken nicht die Armut in den Gettos ihrer unmittelbaren Nachbarschaft. Leute im Osten sprechen von der Armut der Indianer im Westen, ohne die schwarze Armut in ihrer eigenen Umgebung zu sehen; Leute im Westen sprechen von der Armut der Schwarzen im Osten, aber bemerken die Armut der Indianer direkt vor ihrer Tür nicht, und im Süden spricht man überhaupt nicht von Armut. Das überwältigendste Beispiel für diese Blindheit erhielt ich in Mississippi, als mich ein Repräsentant des gewöhnlichen optimistischen Typs per Anhalter mitnahm. Er schwatzte das Blaue vom Himmel herunter, wie sehr dieses Land Möglichkeiten für alle böte. Alle könnten Erfolg haben, wenn sie nur wollten. Jeder, der wolle, könne innerhalb von zehn Jahren Millionär werden. Wenn man nur Kräfte genug habe und es wirklich wolle, könne man sich selbst aus dem Dreck ziehen, indem man seine Stiefelbänder selbst in die Hände nähme. Die gleichen Phrasen hörte ich so oft, wenn wir auf einer Landstraße entlang fuhren, an der zu beiden Seiten *shacks* standen, daß ich dem diesmal sicher keine besondere Aufmerksamkeit geschenkt hätte, wären wir nicht gerade an diesem Tage durch ein total überschwemmtes Gebiet im Delta gefahren. Es war die ärmste Gegend von Mississippi, wo man praktisch nichts anderes sieht als Blechschuppen, bewohnt von armen Tagelöhnern, deren einziges Eigentum oft nur ein Maultier und zwei Schweine sind. Der Mississippi war gerade über seine Ufer getreten, und überall entlang der Straßen lagen ertrunkene Maultiere und Schweine. Viele Leute saßen auf den Dächern ihrer *shacks,* von denen manchmal nur noch der Schornstein aus dem Wasser ragte. Andere fuhren mit Booten um ihre Häuser und versuchten, ihre ertrinkenden Maultiere zu retten. Nachdem wir eine Stunde lang durch dieses

Gebiet gefahren waren, fragte ich ihn, ob er den Ausdruck kenne »Menschen in ihren eigenen Gewässern segeln lassen«, und danach bat ich ihn, mich aussteigen zu lassen, obwohl ich wußte, daß Tage verstreichen konnten, bevor ich in diesem Teil Mississippis erneut einen Lift bekäme.

Eines Tages ging ich zusammen mit einer Schwarzen durch eine Straße in Detroit; früher, als sie sechzehn war, hatte sie den Schwarzen Panthern angehört, aber jetzt war sie Trotzkistin und Mitglied der Rotstrümpfe. Wir waren auf dem Wege zu einem Trotzkistentreffen, es muß also Freitag gewesen sein. Zu diesen Treffen gehe ich in den Großstädten immer freitags, da dann gratis Kaffee und Kuchen serviert wird. Sonntags und sonnabends gehe ich gern an die Kaffeetische in den Kirchen. In den Kirchen dauert es normalerweise nur eine Stunde, bevor man seinen Kaffee bekommt, aber bei den Trotzkisten muß man wirklich durch eine Hölle hindurch, bevor man seine Belohnung erhält. Drei Stunden lang dauert die Predigt oft, um die Massen zu erlösen, aber dann macht man sich zum Ausgleich über den Kaffeetisch her, denn die Freude ist hinterher um so größer. Nun, an diesem Freitag waren wir also auf dem Wege zu unserer Kaffeebohnenbetstunde, als wir auf der Straße an einem Bettler vorbeikamen, der dort mit ausgestreckter Hand stand. Für mich gänzlich unerwartet schlug das Mädchen vollkommen abweisend die Hand des Bettlers zur Seite. Ich war ziemlich schockiert und fragte sie, warum sie ihm kein Geld gegeben habe, denn sie hatte Geld bei sich. »Mit diesem Gewäsch müssen wir bis nach der Revolution warten«, antwortete sie. Ich dachte einen Augenblick darüber nach und fragte dann ein wenig provozierend: »Gut, aber was, wenn die Revolution nicht mehr zu Lebzeiten dieses Mannes kommt?« Mehr wurde über diese Sache nicht geredet.

Im Gegensatz zur Mittelschicht, aus der ich diese beiden Beispiele berichtet habe, sind Leute der Oberschicht oft rührend hilfreich gegenüber den Armen und ihren Leiden, falls sie ihnen zufällig in die Augen fallen. Das ergreifendste Beispiel beobachtete ich in Gainesville in Florida, als ich bei einem reichen Mann wohnte, der eine Versicherungsgesellschaft besaß. Eines Tages begleitete ich ihn, als er draußen einem Tagelöhner half, sein einziges Maultier aus einem Schlammloch zu ziehen, in das es gefallen war. Der Tagelöhner stand in dem Schlammloch, das Wasser reichte ihm bis zum Hals, und er kämpfte darum, den Kopf des Maultiers über die Wasseroberfläche zu halten, während der Kapitalist oben in seinem Hubschrauber saß und versuchte, das Maultier herauszuziehen. Die Situation war so komisch, daß ich ein Lächeln nicht unterdrücken konnte, aber weder der Tagelöhner noch der Kapitalist konnten das Erheiternde an dieser Situation bemerken. Ich dachte, es wäre toll, wenn er selbst in das Schlammloch fiele. Mein frommer Wunsch ging fast in Erfüllung, da er unmittelbar nach der Landung sich dem Schlammloch näherte, hinfiel und sich ein Bein brach. Da er in der kommenden Zeit im Bett liegen mußte, bekam ich seinen Mercedes geliehen, und auf einer meiner Touren in diesem Wagen fand ich Lindas *shack* draußen an einem öden Weg.

Brief an einen amerikanischen Freund

Eine Ratte biß meine Schwester Nell,
aber dem weißen Mann war es egal,
als ob er auf dem Mond säße.
Ihr Gesicht und ihre Arme schwollen an,
aber der weiße Mann war auf dem Mond.
Ich kann meine Arztrechnungen nicht bezahlen,
denn der weiße Mann ist auf dem Mond.
In zehn Jahren werde ich sie immer noch abbezahlen,
während der weiße Mann auf dem Mond ist.

Seht ihr, er hat meine Miete erhöht
gestern abend,
denn der weiße Mann ist auf dem Mond.
Kein warmes Wasser, keine Toilette, kein Licht,
aber der weiße Mann ist auf dem Mond.
Seltsam, daß er die Miete heraufsetzt,
denn der weiße Mann ist auf dem Mond.
Warum? Ich gab ihm doch fünfzig Dollar die Woche,
und nun ist der weiße Mann auf dem Mond.
Die Steuern lassen mir nichts von meinem Lohn,
die Rauschgiftsüchtigen machen mich verrückt,
die Nahrungsmittelpreise schießen in die Höhe,
und als ob der ganze Mist noch nicht ausreichte,
biß schließlich eine Ratte meine Schwester Nell,
während der weiße Mann auf dem Mond war.
Ihr Gesicht und ihre Arme schwollen an,
und der weiße Mann ist auf dem Mond.
Wie kann es angehen,
daß ich nicht mehr Geld besitze?
Mit all dem Geld, das ich letztes Jahr verdiente,
hätte ich heute wesentlich mehr,
aber der weiße Mann ist auf dem Mond.

Der weiße Mann ist auf dem Mond.
Ihr könnt begreifen, daß ich jetzt genug davon habe,
und der weiße Mann ist auf dem Mond.
Ich glaube, ich werde diese Arztrechnungen
per Luftpost
an den weißen Mann auf dem Mond schicken.

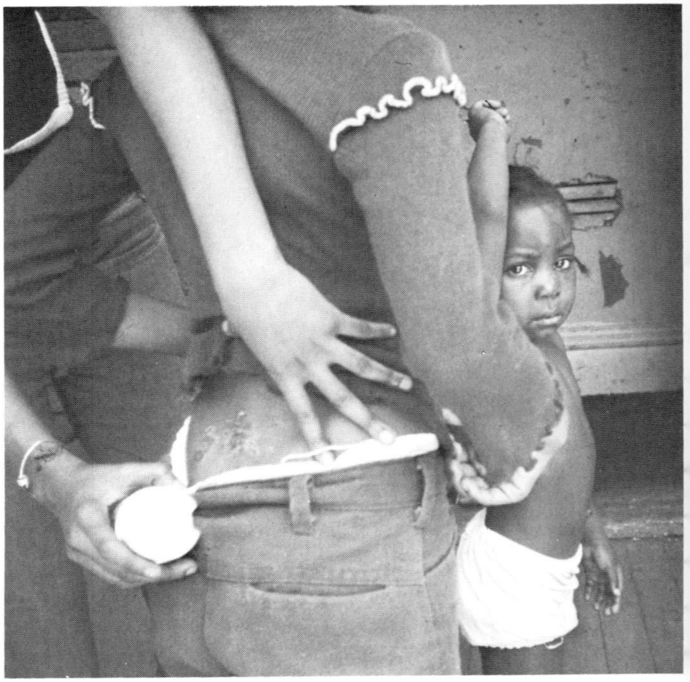

Ja, die menschlichen Kosten, eine Flagge auf dem Mond zu hissen, sind hoch. Zahlreiche Kinder werden in den Gettos von Ratten totgebissen. Allein in Chicago starben in einem Jahr sechshundert Säuglinge an Rattenbissen und Unterernährung. In Detroit wohnte ich bei einer Familie, in der vier ihrer Kinder im Schlaf gebissen worden waren. In den USA ist alles groß; es gibt nicht viele Orte auf der Welt, wo man so großen und aggressiven Ratten begegnet wie in den USA, die – falls mit nichts anderem – in die Geschichte eingehen könnten als das Land, das die größten Ratten gezüchtet hat. Aber man wird sich ihrer auch als Land erinnern, das die zärtlichsten Eichhörnchen hervorgebracht hat. Jeder Besucher in den Großstädten wird bemerkt haben, daß Eichhörnchen, die in Europa scheu und zurückhaltend sind, in den USA äußerst zärtlich und zutraulich sind und dort auf den Straßen herumhüpfen. Diese Tag- und Nachttiere, Ratten und Eichhörnchen, scheinen im Tierleben der Großstädte zu dominieren und sind natürlich in genauso hohem Maße Produkte des amerikanischen Systems, wie es der Mensch ist. Die wohlbekannte amerikanische Offenheit wird teilweise als eichhörnchenhafte Liebenswürdigkeit und teilweise als rattenhafte Aggressivität gedeutet. So sind die USA von heute eine unangenehme, aber genaue Verwirklichung der »Zeitmaschine« von H.G. Wells, in der eine erschreckende Zukunftsvision der Welt beschrieben wird, die mit Eloi und Morlocks bevölkert ist. Die Eloi sind die Wesen des Lichts, für die das Dasein ein Spiel ist, ausgenommen nachts, wenn die Wesen der Dunkelheit aus der Unterwelt heraufkommen und sie auffressen wollen. Die Morlocks leben unterirdisch, betreiben die Maschinerie und vertragen kein Licht. Weder die Morlocks noch die Eloi sind wirkliche Menschen, sondern nur Seiten des Menschen, die sich unter den herrschenden Bedingungen in eine besondere Richtung entwickelt haben. Die meisten Europäer, die die USA besuchen, identifizieren sich bald mit den Eloi, was ich nur als Beweis ihrer eigenen Verkümmerung deuten kann: Gegenüber den Morlocks der Dritten Welt sind sie selbst zu Eloi geworden, denn es handelt sich um ein und dasselbe System, unter dem wir leben. Während die USA ihre Kolonien mit zu sich nach Hause geholt haben, ließen wir sie draußen in unseren Hintergärten in der Dritten Welt. Die erschreckende Entwicklung, die sich jetzt in unserem Verhältnis zur Dritten Welt vollzieht, wird dazu führen, daß wir mehr und mehr den USA gleichen werden. Ich möchte einen Moment lang die Entwicklung betrachten, die sich jetzt in den USA vollzieht. Für einen einzelnen Menschen ist es natürlich unmöglich, diese Entwicklung klar zu beobachten, und Wissenschaftler werden zu anderen Ergebnissen kommen als ein Landstreicher. Aber der Landstreicher hat den Vorteil, außerhalb zu stehen und sich schnell zwischen den verschiedenen Milieus hin und her bewegen zu können.

Gleichzeitig sind diese Milieus für ihn nicht nur Zahlen und Statistiken, denn seine einzige Chance, zu überleben, besteht darin, die ganze Zeit über den Menschen hinter der politischen Fassade zu suchen. Unter Eloi und Morlocks kann man nämlich nur dann überleben, wenn man sich zutraut, daran zu glauben, daß ihre wahre Identität der Mensch ist, entgegen allen Feststellungen um ihn herum, die die ganze Zeit über das Gegenteil vermuten lassen.
Um etwas zu essen oder eine Unterkunft zu erhalten, muß der Landstreicher die ganze Zeit »das Gute« (Humane) im Kapitalisten oder im pistolenbewaffneten Räuber ansprechen. Erst wenn er einsieht, daß dies immer möglich ist, kann er sie nicht länger als »Kapitalisten« oder »Kriminelle« verurteilen und begreift, daß alle die Möglichkeit haben, in Übereinstimmung mit einem anderen System als dem, das sie normalerweise steuert, zu handeln. So muß der Landstreicher, statt das System zu verurteilen, die ganze Zeit über dafür kämpfen, zu überleben. Seine Grenzen liegen in seiner Rolle als Außenstehender: Er kann dem Menschen die Verantwortung abnehmen, wobei seine Fähigkeit, das System im persönlichen Bereich zu ändern, kaum Wert hat für die Möglichkeiten, es auf gesellschaftlicher Ebene zu ändern.
Andere sind auf ganz anderen Wegen zu ähnlichen Erklärungen gelangt. So auch die neue kubanische Jugend, die die Fähigkeit des Menschen, sich von dem einen auf das andere System umzustellen, erlebt hat und die jetzt mit Hilfe der neuen, sehr poetischen kubanischen Rockmusik versucht, die falschen Werte aufzudecken, die die alte Gesellschaft ihnen mitgab:

DURCHSICHTIGE WÄNDE

Du gehst aus, um etwas zu tun,
und du hörst Stimmen,
sie kommen aus einem anderen Teil der Nacht.
Sie erhoben sich, weil man uns Jahrhunderte lang
gezwungen hat, ohne Gefühle auszukommen.
Als ob die Bürde, die der Mensch trägt,
an sich nicht genug ist!
Mit seiner Liebe
in Hunderten bronzener Ketten liegend.
Er könnte sich selbst jetzt befreit haben
von dem falschen Gewicht.
Er könnte die Angst vor Berührung hinter sich gelassen haben,
die sich so frei durch die Menschheit bewegt!
Wird dieser Lärm sich jemals legen?
Wenn der Mensch sich entschließt, zu lieben,
sein Gegenüber offen zu lieben
in Häusern mit durchsichtigen Wänden.

Will man nur ein Beispiel für die falschen Werte nennen, die uns das System vermittelt hat, könnte es das folgende sein: Die Propagandamaschine des Westens hat alles darangesetzt, damit wir die USA wegen der Landung eines Mannes auf dem Mond bewundern. Sie hat überhaupt nichts dazu beigetragen, uns zu berichten, welche wesentlich größere menschliche Leistung darin besteht, daß ein armes Entwicklungsland wie Kuba innerhalb der wenigen Jahre, die seit der Revolution verstrichen sind, imstande war, seine Kindersterblichkeit so weit zu senken, daß sie heutzutage niedriger ist als unter den Negern in den USA. Als innere Kolonie der USA gleicht das schwarze Amerika auffallend dem alten Kuba in seiner technischen und menschlichen Unterentwicklung. Heutzutage schicken wir Experten hinaus, um Probleme in den Entwicklungsländern zu lösen, und bauen Brücken hoch über den Köpfen der Eingeborenen, die immer tiefer und tiefer in Unwissenheit versinken und das Gefühl haben, überflüssig zu sein. In derselben Weise baut Amerika seine Autobahnen über die schwarze Bevölkerung hinweg, so daß die Eloi schnell und sicher aus den weißen Vorstadtvierteln ins Zentrum zu ihrer Arbeit gelangen können, ohne daß sie die Leiden in den Vierteln der Morlocks passieren müssen, diesen unheimlichen Gettos, die sich um jeden Großstadtkern herum ausbreiten. Ab und zu werden die Weißen auf ihren Spaghettistraßen aus den Gettos unter ihnen beschossen. In einem Bericht der Regierung wurde festgestellt, falls die Entwicklung so weitergehe, müsse man innerhalb weniger Jahre notwendigerweise in kugelsicheren, gepanzerten Autos fahren, um heil über die Gettos zu kommen. Diese Hochstraßen, Autobahnen, Spaghettistraßen – oder wie immer man sie nennen will – sind eines der verzweifeltsten Beispiele eines künstlich geschaffenen Bedürfnisses in einer rücksichtslosen Gesellschaft angesichts der zerstörenden Konsequenzen, die sie für Menschen haben. Das Milieu der Städte wird zerstört, die Kriminalität steigt, und die Menschen werden von den Bürgersteigen in ihre Autos getrieben. In Detroit ist es bereits eine absolute Notwendigkeit, ein Auto zu besitzen, um sich sicher fortbewegen zu können, und diese Autotyrannei trägt dazu bei, daß immer mehr und mehr Straßen gebaut werden müssen. Deshalb fehlt es an Geld, um den kollektiven Verkehr auszubauen, und die Armen haben wieder das Nachsehen. Obwohl die Gesellschaft keine Mittel für diesen aufgezwungenen Privatverbrauch hat, werden ihre Mitglieder immer stärker in diesen Teufelskreis hineingezogen, der sie zu immer weiteren unmenschlichen Kosten zwingt, die ein solcher Wettlauf mit sich bringt. Um genügend Öl herbeizuschaffen, muß man mitten in Wohnvierteln Ölpumpen errichten. Die Reichen flüchten hinaus in bessere Viertel, während die Viertel der Armen zerstört werden.

TOYOTA

LET
THE
CHILDRE
LIVE

PARADISE ST

Gleichgültig hämmern die Autoradios den Menschen Musik ins Bewußtsein, nur unterbrochen von Botschaften, was man nun kaufen solle. Damit werden sie gleichzeitig träge und blind gegenüber der Verunreinigung und Zerstörung ihres eigenen Milieus. Der Teufelskreis, in den sie hineingeraten, erhält mehr und mehr den Charakter eines Fluchtversuches – eine Flucht heraus aus ihrem eigenen Milieu, aus den Leiden und der Armut; eine chaotische und unmögliche Flucht, die in Musik und Botschaften über Fluchtmöglichkeiten ertrinkt, wodurch ein immer stärker anwachsendes Bedürfnis nach Flucht geschaffen wird, Flucht vor sich selbst, Flucht vor der Wirklichkeit. Diese bessergestellten Weißen flüchten hinauf in die Berge und verbrauchen an einem Wochenende nur für das Ausleihen der Skiausrüstung und ihre Hotelunterkunft etwa dreihundertfünfzig Mark – mehr als die armen Neger, die in den Großstädten zurückbleiben, in einer Woche verdienen können. Doch obwohl sie in gewissem Sinne Ausbeuter sind, sind sie gleichzeitig Gefangene des Systems und im Grunde genauso unglücklich wie die Neger. Und über ihr eigenes Schicksal würden sie auch kaum mehr sagen können:

Um Gottes willen,
ihr müßt dem Volk mehr Macht geben.
Da oben gibt es Menschen,
die raffen alles an sich,
erzählen Lügen, kommen mit Ausreden,
wenn es um Geld und Gut der Menschen geht.
Und da ihr doch alles verschwendet,
könnt ihr uns ruhig etwas abgeben.
Aber sie sind gleichgültig gegenüber uns Armen,
denn sie haben Armut selbst nie kennengelernt!
Es gibt viele Menschen, die am Verhungern sind,
ihr habt sie nie gekannt, kaum von ihnen gehört.
Sie hatten niemals auch nur die Hälfte vom Mindesten.
Und wenn man nicht genug zu essen bekommt,
wie kann man dann an Liebe denken,
man hat auch keine Zeit, darüber nachzudenken,
welche »Missetaten« man nun wieder begangen hat…
Um Gottes willen, ihr müßt dem Volk mehr Macht geben.
Um Gottes willen, warum gebt ihr dem Volk nicht mehr Macht?

Sobald Menschen einer Gesellschaft in den verhängnisvollen Kreislauf des Konsums geraten, schafft dies wiederum immer neue künstliche Bedürfnisse. Die Armen, die sowohl im eigenen Lande als auch draußen in der Welt vergessen worden sind, müssen unterdrückt werden, damit sie einem die angehäuften Güter nicht entreißen. Milliarden werden investiert, um die Armen der Dritten Welt zu bekämpfen und um sich gegen die Armen im eigenen Lande zu verteidigen. Der Krieg in Vietnam kostete allein an einem Tage genauso viel Geld, wie man in zehn Jahren dafür aufbrachte, um die Verhältnisse in dem Getto Watts in Los Angeles nach dem großen Aufstand zu bessern. Norfolk in Virginia ist einer der größten Marinehäfen der Welt. Diese kranke und ausgehungerte Frau hatte kein Geld für den Krankenwagen, als sie aufgrund starker Brustschmerzen versuchte, ins Krankenhaus zu kommen. Jeden Morgen liegt sie in diesem Bett und beobachtet durch die

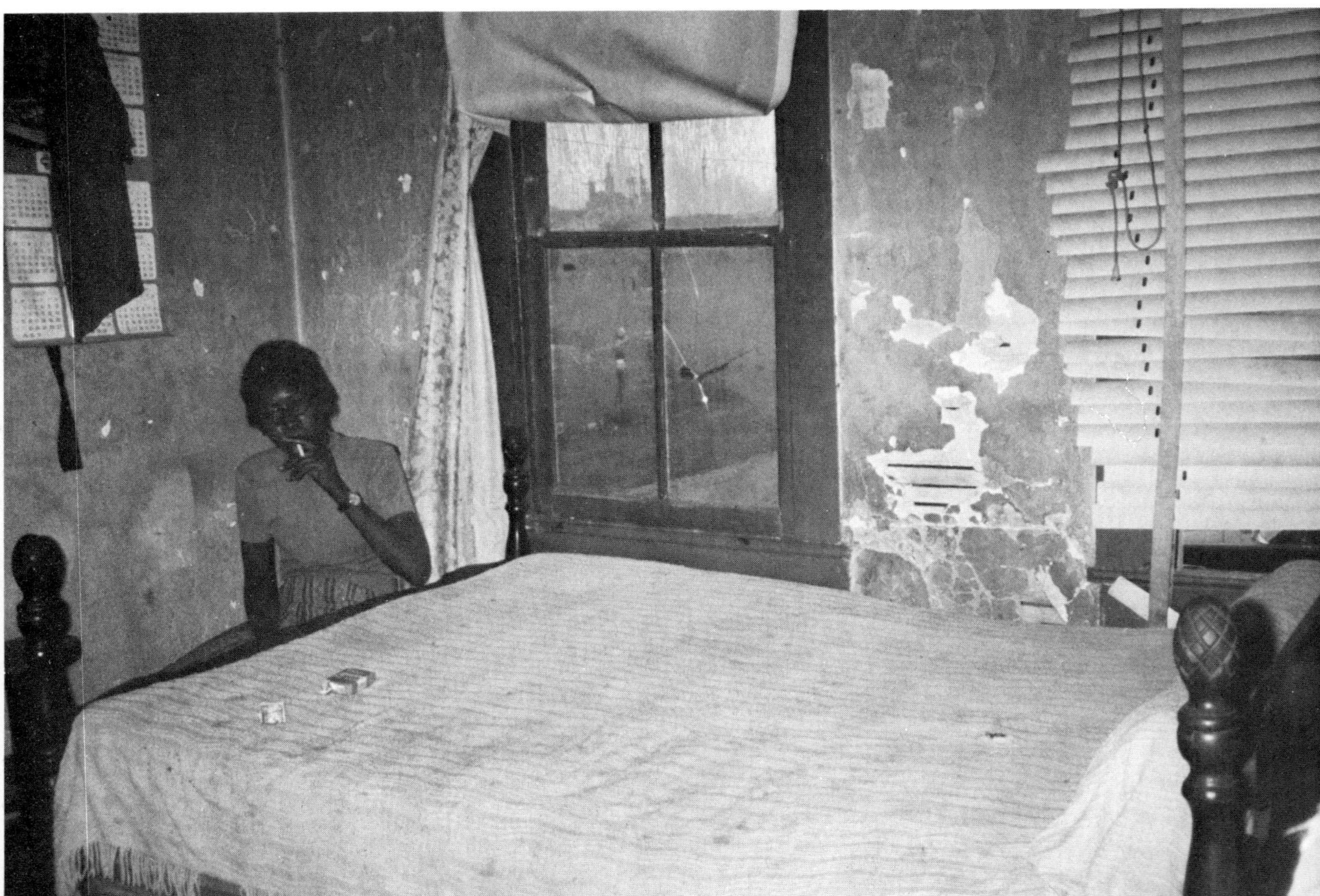

schmutzigen Fenster, wie draußen vor ihren Augen Kriegsschiffe gebaut werden. Im Hintergrund ist undeutlich ein Flugzeugträger zu erkennen. Das ist das einzige, was sie den ganzen Tag über sieht. Sie besitzt keinen Fernseher, um sich abzulenken, denn es gibt keine Elektrizität. Im schwachen Licht der Öllampe erhält sie durch ihr Fenster eine leise Ahnung vom Weltdrama: Kriegsschiffe, die in einer Sekunde so viel Energie verbrauchen, wie sie in ihrer Wohnung hundert Jahre lang gute Dienste hätte leisten können. Sie friert, und ihre Krankheit ist nicht nur auf den Hunger zurückzuführen, sondern auch auf eine verschleppte Lungenentzündung, die sie sich zuzog, da es ihr an Feuerung mangelt. Auch in den *shacks* des Südens fehlt es oft an Feuerung, und manche ihrer Bewohner müssen zufrieden sein, wenn sie sich an den Auspuffgasen von Militärfahrzeugen und Bombern wärmen können, die Übungsflüge abhalten, bevor sie gegen die Armen in der Dritten Welt geschickt werden.

Staatsmänner versuchen herauszubekommen,
wer die meisten umbringen kann.
Und wenn sich ihre Macht ausgetobt hat,
wird die Welt dem Körper eines Gespenstes gleichen.
Sie wissen, wir sind nicht zufrieden
damit, wie sie uns hinhalten und vertrösten.
Sie reichen uns Versprechungen und Lügen
und beschwichtigen uns mit ein paar Mark mehr.
Das Glück hat keinen Preis,
und die Liebe hat keinen Preis!
Der Preis für die Lebensqualitäten steigt unaufhörlich,
und wir kommen nicht von der Stelle…
Wie viel oder wie wenig du auch hast, sei dankbar dafür,
nun sollten wir schauen, was zu tun ist,
um etwas mehr zu erhalten!
Um Gottes willen, mehr Macht dem Volke…

Wir wissen, daß dies künstliche Bedürfnisse sind, geschaffen von einem System, das seinen Einwohnern niemals genug Arbeit hat anbieten können – weder hier zu Hause noch draußen im Hinterhof des Systems in der Dritten Welt, in die man den Überschuß in Form von Luxuswaren für die Oberschicht und Waffen zur Bekämpfung der Unterschicht zu exportieren versucht. Die Waffenproduktion ist für den Westen lebensnotwendig. Man hat errechnet, daß die Arbeitslosigkeit in den USA ohne sie heutzutage über sechsunddreißig Prozent betragen würde. Die Natur des kapitalistischen Systems macht es unmöglich, sein Wirtschaftssystem zu planen und beispielsweise menschliche Güter statt materieller Güter zu produzieren. Dadurch beherrscht das System in immer größerem Ausmaß den Menschen, der dazu gebracht wird, sein Eigentum wegzuwerfen und neues zu kaufen, um die Produktion in Gang zu halten, wie man demagogisch behauptet.

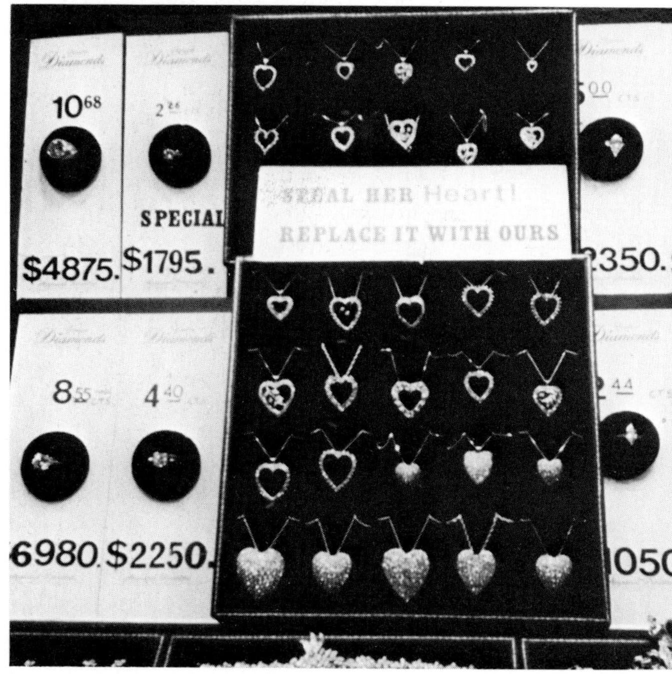

Gleichzeitig wird die Bevölkerung gezwungen, sowohl die heimischen Gettos als auch die Dritte Welt zu vergessen. Die Natur des Systems macht es für uns unmöglich, ein Nullwachstum zu erreichen.

Die Verbrauchergesellschaft
hat in mir das Beste verbraucht.
Hat meine Aufrichtigkeit kassiert,
den Eckpfeiler meiner Integrität.
Wirf weg, beseitige es,
kaufe am nächsten Tag Neues!
Neues ist nicht für die Dauer geschaffen.
Das eingebaute Altern soll dich veranlassen, Neues zu kaufen.
Papierteller, Pappboote,
Plastiksilberzeug, Autos mit Wegwerfreifen,
Perücken anstelle von Haar…
Die Art, wie du liebst, kann verworfen werden,
nicht gerade, wie du es dir gedacht hast.
Schaff mich dir vom Hals, wenn du mich benutzt hast,
aus Angst davor, ich würde dich mir vom Halse schaffen.
Mein weggeworfener Freund,
du gelobtest, mich ewig zu lieben.
Dein erstarrender Sinn wird nicht nachgeben,
es ist weiter mit dir gekommen, als du selbst glaubst…

Weihnachten in New York

New York ist eine unmenschliche, kalte Stadt. Entweder lebt man mit der Entfremdung oder man geht daran zugrunde. Auf meiner Reise versuche ich dauernd, mich vollkommen auf die Menschen einzustellen, mit denen ich mich verbunden fühle, aber in New York muß ich immer wieder zur Unzeit bei den Menschen aufbrechen und unterbreche damit die gerade aufkeimende menschliche Verbindung zwischen uns. Am stärksten habe ich dies an diesem Weihnachten erlebt, das noch gewalttätiger war als letztes Jahr, als ich am Weihnachtsabend an der 4th Street von drei Puertoricanern angehalten wurde. Dieses Jahr war ich direkt von Alabama aus getrampt, konnte aber keinen meiner Freunde finden und stand schließlich am Weihnachtsabend auf der Straße. Ich strich durch die Straßen, wie ich es so oft in dieser faszinierenden Stadt getan hatte, und am Abend landete ich unten in der Bowery. Ich kam mit einem Kerl ins Gespräch, der sich ein Feuer gemacht hatte, um sich zu wärmen. Offensichtlich hatte er schon ziemlich lange herumgegammelt, denn seine Kraushaare waren derartig verfilzt, daß man sie unmöglich hätte kämmen können. Wir wurden schnell gute Freunde. Er war einer der Gammler, die reden können; am schlimmsten sind Gammler, die nur mit den Augen kommunizieren können. Wir hatten uns hingesetzt, sprachen miteinander und kamen natürlich langsam darauf, daß es Weihnachtsabend war, und wurden dabei immer sentimentaler. Als wir Erinnerungen über die Weihnachtsabende in unserer Kindheit austauschten, war es nicht nur der Rauch des offenen Feuers, der uns die Tränen in die Augen trieb. Er war verheiratet gewesen, hatte Kinder und war eigentlich recht glücklich gewesen, meinte er jetzt, war dann aber plötzlich arbeitslos geworden, woraufhin die Familie sich aufzulösen begann und er Alkoholiker wurde. Wir leerten gemeinsam einen Flachmann und wurden nach und nach ziemlich betrunken. Irgendein Bekloppter warf Flaschen nach uns, die neben uns gegen die Mauer platzten und zerbrachen. Schließlich wurde es meinem Freund zuviel, und er nahm ein Stück brennendes Holz und ging auf den Kerl los, bis dieser verschwand. Das Ganze spielte sich in der Nähe der Delancey Street ab, wo an der Ecke immer einige Prostituierte stehen. Gammler haben genau wie andere Menschen das Bestreben, jemanden zu finden, der noch unter ihnen steht, und er machte in unserem Gespräch keine Ausnahme und richtete seinen Ärger auf diese Prostituierten, die selbst am Weihnachtsabend draußen standen. Jedesmal, wenn ich so hautnah mit Gammlern getrunken habe, sind sie zuerst eingeschlafen, selbst wenn wir gleich viel getrunken hatten. Zwischen zehn und elf Uhr ging es mit ihm genauso. Er schlief ein. Ich zögerte ein wenig, ob ich bei ihm bleiben und Wache halten sollte, denn schließlich waren wir gute Freunde geworden. Nur zu oft habe ich arme, schwarze und puertoricanische Hausfrauen mit Kindern und Einkaufstaschen gesehen, die auf stockbetrunkene Gammler zugingen, sie traten oder schlugen und dann schnell weiter nach Haus zu ihren Kochtöpfen liefen – ein typisches Ergebnis ihres Selbsthasses. (Ähnliche Reaktionen habe ich oft bei reichen Negern des Typs »nouveau riche« beobachtet – dieses schreckliche Phänomen, dem wir überall in der Dritten Welt begegnen –, die in übertragenem Sinne auf den armen Negern, die in den Gettos zurückgeblieben waren, herumtrampelten.) Aber da die Straßen an diesem Abend ziemlich leer waren, beschloß ich trotzdem, ihn zu verlassen, nachdem ich das offene Feuer gut versorgt hatte. Ich strich durch mein geliebtes Viertel um die Avenue B herum, wo es ständig Schlägereien zwischen Puertoricanern und Negern gibt, ein Viertel, das ich deswegen am liebsten mag, weil hier rassisch nahezu eine Balance zwischen Weißen, Braunen und Schwarzen besteht. Hier stand Larry in einer Türöffnung. Wir kamen miteinander ins Gespräch, und er erzählte mir, er sei gerade von seiner weißen Frau herausgeschmissen worden. Als wir bemerkten, daß wir im selben Boot saßen, beschlossen wir, uns gemeinsam eine Unterkunft zu suchen. Zuerst kauften wir eine

Little man
Guru Maharaj Ji
Is Here And Now
HEAR HIM SPEAK
56

Flasche Wein. Anschließend versprachen wir einander, falls der eine etwas finden sollte, dürfe er es nicht annehmen, ohne den anderen mit dahin zu nehmen. Larry war der nach außen hin offenere und ansprechendere Typ, aber ich war Weißer, und wir rechneten damit, daß die Mängel des einen durch den anderen ausgeglichen werden konnten. Larry gehörte zu den Leuten, die, ohne nach Rang und Stand zu fragen, mit jedermann auf der Straße redeten. Er war vier Jahre lang fein säuberlich bürgerlich verheiratet gewesen, aber vertraute mir an, daß er die ganze Zeit über im tiefsten Herzen ein Herumtreiber geblieben war. Und richtig, kaum waren wir eine Zeitlang zusammen gelaufen, schon hatten sich eine ganze Reihe von Streunern uns angeschlossen; die meisten von ihnen waren Gammler. Irgendwann waren es dann fünf, denen Larry versprochen hatte, daß er eine Unterkunft finden und auch noch eine Flasche Wein besorgen würde. Zwei von ihnen gingen auf Krücken. Ein dritter fuchtelte wild mit den Armen in der Luft herum, als ob er Mücken jagte. Ich war fest davon überzeugt, daß wir für die ganze Gruppe niemals eine Schlafgelegenheit finden würden, aber da in so verrückten Situationen immer etwas Unerwartetes passierte, behielt ich Larry gegenüber meine Meinung für mich. Wir fragten die wenigen Leute, denen wir begegneten, ob sie eine Unterkunft für uns wüßten, bauten dabei jedoch in erster Linie auf die Juden, da ja die anderen Weihnachtsabend feierten und wir deshalb automatisch davon ausgingen, daß da nichts zu machen wäre. Außerdem sind die Juden schon aus Tradition am gastfreundlichsten. Da ich der einzige Weiße war, erhielt ich die Aufgabe, mit den Juden zu sprechen, während sich die anderen ein wenig im Hintergrund hielten. Aber alle Versuche waren vergeblich. Ein einziger sagte zu mir, falls es stimme, daß ich Ausländer sei, wolle er mich gern mit zu sich nach Hause nehmen, aber er wagte es dann doch nicht und gab mir sechs Dollar für ein Hotel. Wir machten uns natürlich sofort auf und kauften einige Flaschen Apfelwein für das Geld, und danach sah das Ganze dann weniger düster aus. Aber immer noch konnten wir keine Schlafgelegenheit finden. Der Wein lockerte den Gammlern immer mehr die Zunge und machte sie aggressiv, und der Mann, der hinter den Mücken her war, begann jetzt mit den Leuten Schattenboxkämpfe auszuführen, so daß am Ende alles Hals über Kopf flüchtete.
Gegen zwei Uhr wurde ich in die Broom-Street-Bar geschickt, um ein neues »Opfer« zu finden. Als ich in der Menge stand und mich umschaute, kam eine dunkelhaarige Frau auf mich zu, stellte sich lange vor mich hin und starrte mir auf eine seltsame Art in die Augen. Dann sagte sie sehr bedächtig: »Du hast Fischaugen.« Ich dachte, sie hätte Rauschmittel genommen, und versuchte die Augen von ihr abzuwenden. Dann sagte sie: »Ich möchte, daß du mit zu mir nach Hause kommst und bei mir wohnst.« Ich nahm mich zusammen und fragte, ob ich ein paar Freunde mitbringen dürfe. Sie verneinte. Ich sagte, dann könne ich nicht mitkommen, aber sie gab mir trotzdem ihre Adresse. Anschließend war ich mit den anderen noch einige Stunden unterwegs, aber ich konnte sie mir nicht aus dem Kopf schlagen. Die Situation sah vollkommen hoffnungslos aus für uns. Wir waren jetzt alle sternhagelvoll. In den Wellpappenbunkern der Mercer Street hatten wir einen der Krückenmänner verloren; er war da eingeschlafen. Da es stark regnete und ich beinahe besinnungslos war, entfernte ich mich gegen fünf Uhr von den anderen. Mir war ziemlich übel dabei, und in den nächsten Tagen schämte ich mich. Aber eine Woche später traf ich zum Glück Larry auf der Washington Square, und er erzählte mir, daß er die anderen auch im Stich gelassen habe und auf ein großes, fettes, weißes Mädchen oben in »The West Village« gestoßen sei, bei der er nun wohne. Das tröstete mich natürlich, und wir blieben weiterhin gute Freunde.
Ich selbst war zu dieser merkwürdigen Frau gegangen. Es zeigte sich, daß sie in einer Riesenwohnung in der Greene Street wohnte und dort ein Atelier besaß, so groß wie ein Handballfeld am Broadway. Ihre Badewanne war ein kleiner palettenförmiger Swimmingpool. Das einzige, was sie von mir wünschte, war, daß ich ihr Gesellschaft leistete. Drei Tage lang saßen wir vom Morgen bis zum Abend da und starrten einander in die Augen. Überall gab es riesengroße Gipsfische; sie hingen an den Wänden und glotzten dumm auf uns herunter. Aber in ihnen war wesentlich mehr Leben als in ihr. Drei Tage lang versuchte ich verzweifelt mit ihr zu reden. Alles, was ich herausbekam, war, daß sie sich sehr einsam fühlte und daß sie niemals mit einem anderen Mann zusammengelebt hatte.
Sie war vierzig Jahre alt, am Meer geboren und konnte nur mit Fischen kommunizieren. Anderes hatte sie nicht zu sagen. Da ich neugierig war und wissen wollte, wer sie war, durchwühlte ich eines Nachts, als sie schlief, ihre Papiere und fand heraus, daß sie die weltberühmte Künstlerin Marisol Escobar war, die zweimal auf der ersten Seite des »Time Magazine« und einmal auf der ersten Seite von »Look« erschienen war; aber ihre beiden letzten großen Ausstellungen mit Fischskulpturen hatten nur schlechte Kritiken bekommen. Es stellte sich heraus, daß sie in Geld schwamm. Ich mußte einmal als Zeuge Verträge unterschreiben, bei denen es um mehrere tausend Dollar ging. Die Hälfte des Jahres verbrachte sie am mexikanischen Golf, um dort zu ihren kleinen Freunden hinabzutauchen. Nichtsdestotrotz erhielt ich von ihr nicht einmal so viel wie ein Stück Brot, und ich wurde vor Hunger immer verzweifelter. Morgens und abends sollte ich ihr in Restaurants folgen und ihr gegenübersitzen, während sie aß. Sie war ungeheuer mit sich selbst beschäftigt und dachte überhaupt nicht daran, mir etwas zu essen zu geben.
Da ich selbst niemals Leute um Essen bitte, machte ich eines Tages eine indirekte Andeutung. »Hast du jemals darüber nachgedacht, daß deine ganze Kunst den Reichen zugute kommt, aber niemals den Armen?« Keine Antwort. Und weiterhin kein Essen. Sie hatte einen Kühlschrank, und als sie wieder einmal schlief, nahm ich mir die Freiheit heraus, ihn zu

untersuchen, ob es dort Essen gäbe. Ich bekam einen gelinden Schrecken, als mir große, gefrorene Fische entgegenfielen, die Dorschen glichen – und sonst nichts. Wenn ich nicht so hungrig gewesen wäre, hätte ich sicher mehr Geduld mit ihr gehabt. Plötzlich kam meine Retterin in die Stille hereinspaziert.
Es war Annie Hickman, die früher Marisol beim Putzen der Fischskulpturen geholfen hatte. Sie lächelte, war freundlich, und für mich war es phantastisch, wieder einen Menschen zu hören. Sie begriff meine Situation blitzartig und ließ so elegant wie ein Fisch sieben Dollar unter dem Tisch in meine Hände gleiten. Später flüsterte sie mir zu, ich könne zu ihr ziehen. Nachdem Marisol abends eingeschlafen war, flüchtete ich hinüber zu Annie, die in einer kümmerlichen Brandtreppenwohnung an der 11th Street wohnte. Annie, bei der ich jetzt wohne, ist einfach eine Wucht. Sie ist lesbisch, aber hegt nicht diese Haßgefühle gegenüber Männern, von denen die meisten Lesbierinnen in New York geprägt sind. Mich macht es jedesmal glücklich, wenn ich eine gute Beziehung zu einem lesbischen Mädchen habe. Annie sieht ebensowenig wie ich eine Notwendigkeit, Männer zu hassen. Ohne Zweifel sind sowohl hetero- als auch homosexuelle amerikanische Männer ungeheuer aggressiv, aber man sollte versuchen, diese Unterdrückung zu begreifen, die ihre John-Wayne-Kultur geschaffen hat. Besonders schwarze Männer leiden ja unter dieser Kultur, für die ihre Mütter sie erzogen haben. (Wenn ich bei Leuten zu Hause bin, spüle ich regelmäßig Geschirr; aber ich bin an einem Punkt angelangt, daß ich es in schwarzen Familien sein gelassen habe, da die Frauen regelmäßig in Verlegenheit geraten: Sie wissen ganz einfach nicht, was sie mit einem Mann anfangen sollen, der Geschirr spült. Ist es dann von meiner Seite aus nicht eine Lumperei, wenn ich versuche, ihre Kultur zu ändern, wenn sie sowieso weiter mit der Unterdrückung leben müssen?)
Annie ist ein phantastisches Mädchen. Sie hat mich zum Männerchauvinisten aller Zeiten gemacht. Meine Funktion bei ihr zu Hause besteht nämlich darin, den Zuhälter zu spielen. Annie ist eine Prostituierte des gehobenen Typs, den man Callgirl nennt, und meine Aufgabe besteht darin, das Telefon zu bewachen, die muffigeren Anrufer zurückzuweisen und die netteren zu bitten, gegen siebzehn Uhr erneut anzurufen, damit ich eine zweite Auswahl treffen kann. Gegen achtzehn Uhr geht es in den Endspurt, bei dem ich die allerfreundlichste Stimme auswähle und in einem Hotel um neunzehn Uhr ein Treffen verabrede. Wir nehmen ein Taxi zum Hotel, das in der Regel auf der Ostseite liegt, da wir uns an nettere Geschäftsleute halten. Hier besteht jetzt meine Aufgabe darin, eine Stunde lang im Foyer zu sitzen und Cola zu trinken, und wenn sie bis dann nicht heruntergekommen ist, muß ich nach oben gehen und an die Tür klopfen. Auf dem Nachhauseweg essen wir im allgemeinen italienisches Eis, das Annie liebt. Aber das Phantastische an ihr ist, daß sie nicht eine gewöhnliche Nutte ist. Sie annonciert im Sexmagazin »Screw«, das offenbar alle Geschäftsleute lesen, denn das Telefon läutet unaufhörlich. Sie liebt es einfach, Menschen zu helfen und ihnen in dieser Kälte Wärme zu geben. Sie sagt, die meisten ihrer Kunden seien unerhört einsam und brauchen weniger Sex als vielmehr Wärme. Mit Männeraugen betrachtet, ist sie keine physische Schönheit: enorm dünn, flachbrüstig und mit krausem, rotem Haar, aber sie besitzt einen derartigen Charme und eine innere Schönheit, daß diese Männer ihr einfach nicht widerstehen können. Fast alle geben ihr hundert Dollar, obwohl wir nur fünfundsiebzig vereinbart haben, und nur ein einziger hat wieder angerufen und sich beschwert. Sie sagt, sie ginge normalerweise nicht einmal mit ihnen zu Bett, sondern gebe ihnen eine physische und insbesondere geistige Massage. Sie hat mir viele Filme gekauft, aber aus guten Gründen habe ich zu Geld nein gesagt. Am Tage betreibt sie Gesang und Tanz oder sitzt stundenlang da und bastelt Kaffeegeschirr aus Schaumgummi. Jede einzelne Tasse, jeder Teller und Löffel sind bis in das kleinste Detail perfekt gemacht. Sie besitzt mehrere Glasschränke voller Schaumgummiporzellan – wie im nettesten bürgerlichen Heim. Für mich ist sie eine phantastische Inspiration. Eines Tages, als ein Mann draußen auf der Straße niedergeschlagen worden war und lange liegen blieb, telefonierte Annie als einzige nach einem Krankenwagen. Aber kein Krankenwagen erschien, und die Leute standen nur dumm herum und glotzten auf den halbtoten Mann. Sie telefonierte immer aufs neue. Hier wohnen nämlich nur Puertoricaner, und es dauert in der Regel eine Stunde, bevor Polizei und Krankenwagen kommen. Deshalb kam sie auf den guten Einfall, die Polizei anzurufen und zu sagen, sie sollten sich mit dem Kommen beeilen, da drei Neger und Puertoricaner unmittelbar unter ihr auf der Straße dabei seien, einen weißen Mann zu überfallen. Gleich darauf kamen zwei Polizeiautos und ein Krankenwagen. Dieser Trick ist in New York gang und gäbe, aber er wirkt offenbar jedesmal. Ich habe oft beobachtet, daß Annie einen ganzen Tageslohn Leuten gab, die in Not waren. Sie brachte das Geld direkt von den reichen Geschäftsleuten in den Hotels dem einen oder anderen Bettler auf der Straße. Eines Abends machte sie etwas noch Phantastischeres. Wir waren auf dem Weg ins Kino, als wir einem Gammler um die fünfzig begegneten, der uns bat, ihm eine Flasche Wein zu besorgen, und der mit uns reden wollte. Wir setzten uns zu ihm und sprachen mit ihm über den Wein, und er sagte, daß er in das Stadium Delirium tremens käme und Angst habe zu sterben. Sofort meinte Annie, wir sollten mit ihm ein Krankenhaus aufsuchen, und er weinte vor Freude. Auf diesen Augenblick hatte er zehn Jahre lang gewartet. Er selbst hatte nie genügend Mut besessen, ein Krankenhaus aufzusuchen. Wir nahmen ihn mit in ein Taxi und fuhren zum St.-Vincent-Hospital. Zwei Stunden lang saßen wir im Wartezimmer. Er weinte die ganze Zeit. Dann erfuhren wir, daß sie ihn nicht aufnehmen wollten. Er hatte weitergetrunken und wurde jetzt ganz unmöglich, begann zu rufen und zu

schreien. Ich rief ebenfalls einige Sachen hinter dem Personal her, die ich besser nicht gesagt hätte. Polizei wurde gerufen, und wir wurden mit Pauken und Trompeten rausgeschmissen. In einem Taxi fuhren wir zur Unfallstation im Bellevue-Hospital und setzten uns da zwischen die merkwürdigsten Menschen: schreiende, hysterische, selbstmörderische und was weiß ich für welche. Wir warteten dort bis gegen sechs Uhr morgens, ohne daß irgend etwas geschah. Der Mann hatte inzwischen die ganze Flasche ausgetrunken, saß auf dem Boden und weinte, seinen Kopf in Annies Schoß gebettet, während er uns beschwor, nicht fortzugehen. Mehrere Male pinkelte er in die Hosen, und es bildete sich vor ihm eine Pfütze, als er seinen Penis herausnahm und ihn hängen ließ. Annie stopfte ihn die ganze Zeit über immer wieder hinein, aber er kam immer wieder heraus. Die meisten Patienten waren inzwischen aus dem Raum geflohen. Dann begann er sich zu übergeben – die merkwürdigste, schleimige und stinkende Kotze, die ich seit langem gesehen hatte. Irgendwann flohen sogar zwei Krankenschwestern. Wir versuchten alles wieder aufzuwischen. Gegen sechs Uhr waren wir vollkommen fertig, und da uns die Krankenschwestern hoch und heilig versprachen, daß er aufgenommen würde, begaben wir uns nach Hause und schliefen. Zwei Tage später ging ich ins Bellevue-Hospital, um ihn zu besuchen und einige Zigaretten zu bringen. Ich bekam zu hören, daß unter seinem Namen niemals jemand aufgenommen worden war. Ich wurde rasend vor Wut, war unglücklich und wagte einfach nicht, es Annie zu erzählen. New York ist eine Stadt, die es eben keinem Menschen erlaubt, menschlich zu sein. Wer hier überleben will, muß lernen, andere Menschen im Stich zu lassen. Annie stammt natürlich nicht aus New York, und deshalb werde ich bei ihr noch einige Zeit wohnen, aber ich will bald wieder zurück in die Wärme des Südens. New Yorks Kälte macht mich jedesmal wieder fertig.

Brief an einen amerikanischen Freund

In einer solchen Gesellschaft beginnt man die wirtschaftlichen Faktoren zu begreifen, die das Getto geschaffen haben. Wenn Liebe zur Ware wird, ist unsere Menschlichkeit ausverkauft. Deshalb sind die Gettos hier im Westen und draußen in der Dritten Welt eine direkte Widerspiegelung des Gettos in unserem Gemüt. Das System ist mit uns durchgegangen, und die wenigsten begreifen, wie das geschehen konnte. Ebensowenig haben wir verstanden, warum das System uns damals aus der Dorfgemeinschaft in die Dunkelheit der Großstädte gepreßt hat, Plätze, die den Spekulanten am gewinnträchtigsten erschienen, um Fabriken anzulegen – ohne Rücksicht darauf, ob das auch für uns profitbringend sei. Auf diese Weise entstanden die großen Monstren New York, Detroit, Chicago usw. Für die Neger im Süden begann dieser Prozeß etwas später als für uns übrige, denn zu diesem Zeitpunkt operierte das System bereits mit der Arbeitslosigkeit, und der weiße Arbeiter (der in Europa selbst Überschuß war) wollte deshalb keine Neger in seinen Gewerkschaften haben. Erneut verwendete also das System die Methode, den Rassismus zu fördern, um die Löhne niedrig zu halten. Aber in den dreißiger Jahren stürzten die rassistischsten Staaten in Europa die Welt in einen Krieg, um mit ihrer Arbeitslosigkeit fertig zu werden. Damit waren in den USA die Probleme der Depression eine Zeitlang gelöst, und es bestand Vollbeschäftigung. Neger wurden gebraucht, und sie mußten erneut ihr gewohntes Milieu verlassen. Massenhaft zogen sie aus dem Süden in die Großstadtgettos des Nordens. Nur einigen schwarzen Autoren ist es gelungen, das Trauma der Kinder und Jugendlichen in seiner ganzen Schwere zu beschreiben, die plötzlich aus ihrer ländlichen Umgebung im Süden herausgerissen wurden und in den überbevölkerten Großstädten landeten. Die Überbevölkerung in Amerika ist schlimmer als anderswo, denn die enorme Größe des Landes hat allen Amerikanern ein Bedürfnis nach sehr viel Platz eingeimpft. Wenn man das weiß, versteht man auch die vollkommen absurde Tatsache, daß, falls alle Amerikaner genauso eng zusammenwohnen würden wie in Harlem, sämtliche zweihundertfünfzehn Millionen Amerikaner in drei der fünf Stadtteile von New York wohnen könnten. Es wäre dies dann keine demokratische Gesellschaft, aber wie kann eine »Demokratie« es zulassen, Millionen von Negern und Puertoricanern in eine so unmenschliche Fremde zu pressen? Die Wegwerfgesellschaft hat die Liebe in der Gesellschaft getötet, aber sie kann die Schreie des Schmerzes und der Einsamkeit nicht ersticken, die die Weggeworfenen ausstoßen. Den Schrei aus dem Untergrund, der überall im Getto und in der Untergrundbahn zu lesen ist:

Ich bin innerlich mit Leere angefüllt
und habe doch versucht, mich ihrer zu entledigen.
Ich gehöre nicht zu denjenigen, die zu fluchen pflegen,
aber ich habe es nie gemocht, allein zu sein.
ICH TAUGE ETWAS,
sagte ich zu niemandem, und niemand hörte mich.
ICH BIN JEMAND, rief ich.
ICH BIN, sagte ich, und ich bin verloren
und weiß nicht einmal, warum.
Ich bin immer nur einsam, allein, ein, ein
oh, nein, nein, nein, nein…

Aber immer, wenn es um den Druck von unten her geht, benutzt das System seine repressive Toleranz und erstickt den Ruf aus dem Untergrund, indem es ihn erhöht und ihm die Anerkennung eines künstlerischen Wertes zuspricht. Und man gibt den jungen Negern aus dem Getto freie Möglichkeiten, in den Galerien New Yorks auszustellen für die liberalen, reichen Weißen mit all ihrem verständnisvollen Gerede über die Probleme des Gettos und ihren wohlwollenden Ansprachen über die Probleme des Hungers und der Überbevölkerung in der Dritten Welt.
Sie ersticken die Menschen des Gettos mit ihren hochtrabenden Redereien, daß das Milieu verändert werden müsse, während sie selbst hinaus in die Vorstädte flüchten und mit dazu beitragen, daß das Milieu sich weiterhin verschlechtert.
Lauthals prahlen sie damit, daß sie hier einen schwarzen und dort einen marxistischen Freund haben, wundern sich aber kaum darüber, daß nur selten ein schwarzer Mann in diesen Kunstpalästen auftaucht, und sie akzeptieren es, ohne zu blinzeln, wenn schwarze Barkeeper das Verhältnis Herr–Sklave fortsetzen.
Sie sind die Puffertruppen des Kapitalismus, können sämtliche Formen der Kritik am System absorbieren, sie entstellen und den Angriff abwiegeln, indem sie sich damit »einverstanden« erklären, sie zur Kunst zu erheben. Meinen Fotos wird es sicher genauso ergehen. Diese in Geborgenheit lebenden liberalen Weißen, die ich gleichzeitig hasse und liebe, werden mir jede mögliche Unterstützung zukommen lassen, damit ich meine Kritik an ihrer Gesellschaft herausgeben und ausstellen kann, denn sie sind schockiert über die Dinge, die ich in Amerika gesehen habe, und sie schämen sich, daß ich über eine Schwelle geschritten bin, über die sie eigentlich selbst hätten gehen sollen, aber nicht konnten – aus einer ungeheuren Angst vor den Negern und der Art, wie sie sind.

Solche Menschen gibt es in allen Gesellschaften, die nach der Notwendigkeit einer Veränderung rufen im Versuch, den Gettos und Entwicklungsländern zu helfen; aber am Wahltage tauchen ihre Versprechungen im Status-quo-Papierkorb unter, und sie stimmen für die demokratische Partei oder ähnliche sozialdemokratische Parteien.
Deshalb kann ich mich des Gefühls nicht ganz erwehren, daß ich zur Ausbeutung der Neger beigetragen habe, denn ich weiß sehr wohl, daß diese Bilder ihnen nicht nützen werden.
Angesichts der Leiden der Neger werden wohlsituierte Weiße ein wenig sentimental werden, aber weder ändern sie deshalb ihre eigene Lebensweise, noch verzichten sie auf ihr Auto und den Farbfernseher, noch verteilen sie die Güter dieser Erde um.
Deshalb sind die Bilder nur eine Katharsis für die Leute.
Obwohl ich das alles wußte und mich immer wieder Neger darauf hinwiesen, die keine Illusionen hegten, daß es nützen könnte, das »Gute« in der weißen Rasse anzusprechen, machte ich weiter. Indem ich mich nach ihren Regeln richte, bin ich genauso heuchlerisch wie diese Kunstsnobs, denn falls meine Kritik zu revolutionär aussähe, würden sie mir nur den Rücken kehren. Um ihrem Bedürfnis, Tränen zu vergießen, entgegenzukommen, bin ich gezwungen, meine Kritik aufgrund ihrer Prämissen zu verwässern, so daß sie zu einem einmaligen herablassenden altväterlichen Gerede über die Leiden der Neger und die mißlichen Schattenseiten der Gesellschaft wird.
Wie zum Beispiel diese sentimentale Reise nach Harlem, nur wenige Häuserblocks entfernt von dieser liberalen Hochburg, Museum of Modern Art:

Wenn du mich im Zug mitnimmst
durch das Elend von Harlem,
seine Gettostraßen
im Morgendämmern,
hier herrscht immer Nacht.
Setz dich ans Fenster
und lege die »Times« weg,
lies zwischen den Zeilen,
welchen Gesichtern du begegnest
auf der anderen Seite des Fensters!
Und vielleicht lehren sie dich,
an deine Mitmenschen zu denken.
Und vielleicht lehren sie dich,
wie du etwas tun kannst
für deine Mitmenschen…

Alles in Harlem ist schwarz, ausgenommen die Geschäfte, die Weißen gehören. Die einzigen Geschäfte, die den Weißen nicht gehören, sind Beerdigungsinstitute, denn weiße Beerdigungsunternehmer wollen mit schwarzen Leichen nichts zu tun haben. (Der Versuch mit dem »schwarzen Kapitalismus« hat so wenigstens einen Erfolg gehabt.) Dieses Beerdigungsinstitut, Seite an Seite mit einem Zentrum für Rauschgiftentwöhnung, illustriert deutlich, wie die Wahl aussieht, die man oft in Harlem hat – die Wahl zwischen einem plötzlichen Tode oder einem verkrüppelten Leben. Tausende von Rauschgiftsüchtigen wählen die Tür zur Linken. Sie sind sich vollkommen im klaren darüber, falls sie die Tür zur Rechten wählen, lautet das Ergebnis (bestenfalls) nicht Rehabilitation, denn das bedeutet eine Rückkehr zu einem früheren Zustand – dem Zustand, den sie nur durch Benutzung von Heroin überleben konnten, sondern »Auf-Habilitation«, was gleichbedeutend ist mit Sinnesverkrüppelung, in dem die eigene Sensibilität getötet wird, damit man lernt, im Gettodschungel zu leben.

Dieses Mädchen ist ein lebendes Beispiel dafür, welche Wahl einem in Harlem bleibt. Ein Gewalttäter war in ihre Wohnung eingebrochen und hatte versucht, sie mit einem Messer zu töten. Sie überlebte, weil sie aus dem Fenster des dritten Stocks sprang – und ist ihr Leben lang verkrüppelt.

Und wenn du dich ab und zu zum Schlafen niederlegst
mit Ratten statt einer Gute-Nacht-Geschichte,
mit dem Hunger und seinen Verwandten dir zur Seite
und der Angst, daß du dein Bett mit anderen Viechern
teilen sollst, die auch fressen wollen,
es soll dich lehren,
für andere Menschen dazusein.
Und es soll dich auch lehren,
wie du es anstellen kannst,
für deine Mitmenschen dazusein…

Diejenigen Amerikaner, denen ich mich am engsten verbunden fühle und vor denen ich tiefsten menschlichen Respekt habe, sind die Rauschgiftsüchtigen. Überall liegen sie auf den Dächern in Harlem und in anderen Stadtteilen von New York. Sie waren zu empfindlich und zu schwach, um in der brutalen amerikanischen Jagd nach dem Erfolg, dem Sturm zum Gipfel zu überleben. Sie sind nicht nur Opfer dieser Gewalt; sie sind imstande, zurückzuschlagen. In sich bergen sie die ganze Gewalt und Brutalität, die sie durch *the American way of life* empfangen haben. An bestimmten Straßenecken in Harlem sieht man jeden Tag Tausende von Rauschgiftsüchtigen, die auf Heroin warten. Nachts wagt es die Polizei nicht einmal, in diese Viertel zu fahren. Sobald sie etwas Heroin bekommen haben, begeben sie sich in die sogenannten Schußgalerien – leere Wohnungen, die von Rauschgiftsüchtigen übernommen worden sind, wo sie »schießen«, das heißt, sich eine Spritze verpassen und auf jeden schießen, von dem sie annehmen, er sei Polizeibeamter oder Detektiv. Sie haben keine andere Wahl, denn sie wissen, daß sie zu lebenslänglichem Gefängnis verurteilt würden. Wer sich in den Schußgalerien aufhält, befindet sich an einem der gefährlichsten Plätze der Welt, und ich wagte es deshalb auch nur, diesen Freund zu fotografieren. Hätten die anderen dort mich mit meiner Kamera entdeckt, läge ich noch dort. Dieser Mann war seit sechzehn Jahren rauschgiftsüchtig. Er litt an Unterernährung, und sein ganzer Körper war mit Wunden bedeckt. Da er keine weiteren Stellen für die Nadel finden konnte, nahm er sich einen übelriechenden Verband vom Bein ab, um eine Einstichstelle zu finden. Er litt schrecklich und wußte genau, daß er nur noch weniger als zwei Jahre zu leben hatte. Genau deshalb fürchtete er meine Bilder nicht und forderte mich sogar auf, sie der ganzen Welt zu zeigen, um ihr einen Schrecken einzujagen und um andere Jugendliche zu warnen, damit ihnen seine Leiden erspart blieben.

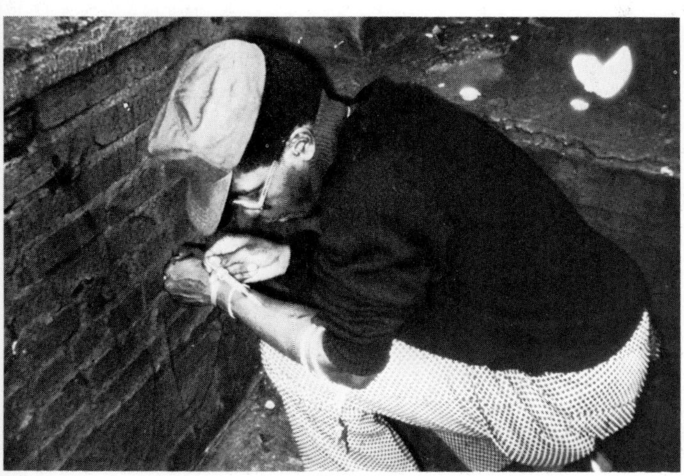

Sieh, wie die Verzweiflung
mit erstickender Luft gewürzt ist.
Sieh das Getto, wie es sich in brütender Hitze gebärdet.
Betrachte es, wenn die Straße in Flammen aufgeht,
und das Feuer, das wie Zorn in die Höhe steigt.
Stell dir vor, du wohntest hier dein ganzes Leben lang.
Wie würde dir das wohl gefallen?
Vielleicht begriffest du dann,
warum einige von uns versuchen, etwas zu tun
für unsere Mitmenschen.
Vielleicht wird es dich lehren,
etwas für deine Mitmenschen zu tun...

Aber es sind nicht nur die Erwachsenen, die in Harlem leiden. Die Kinder werden von unbeschreiblichen und schmerzenden Leiden überfallen, die ihre Sinne und ihr ganzes Wesen auf Lebenszeit formen und verkrüppeln. Nicht nur diejenigen Kinder, die gezwungen sind, Tiere nachzuahmen, um angesichts der Gewalt des Systems überleben zu können, oder diejenigen Kinder, die auf den Straßen von den weißen Autofahrern ein paar Cent zu bekommen versuchen, indem sie deren Windschutzscheiben putzen, sondern in noch höherem Maße die Kinder, die das System direkt zerbrochen hat, bevor sie volljährig waren. Was macht es für einen Eindruck auf solche Kinder, wenn sie sehen, wie ihre Geschwister auf der Straße niedergeschossen und getötet werden? Als ich in einer Schule in Harlem unterrichtete, stellte ich fest, daß es nicht einen einzigen Schüler gab, der nicht solche Schießereien auf den Straßen erlebt hatte, bei denen die Kugeln ganz zufällig treffen. Und welchen Eindruck macht es auf eine junge Mutter, wenn sie ihrem vierjährigen Sohn in einer Welt auf Wiedersehen sagt, in der es schwerfällt, Unterschiede zwischen einer Wiege und einem Sarg zu entdecken?

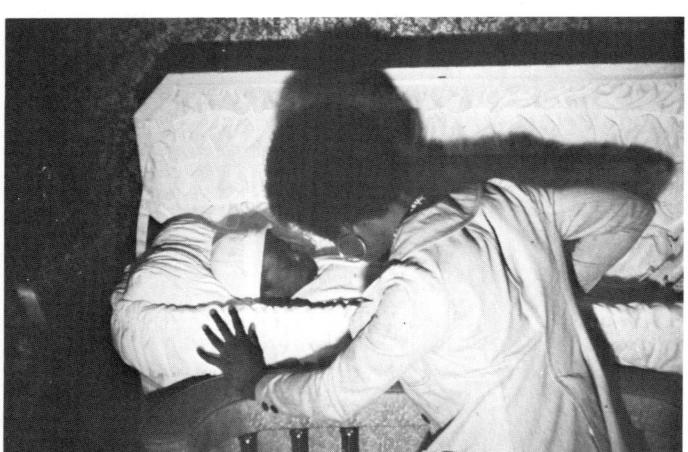

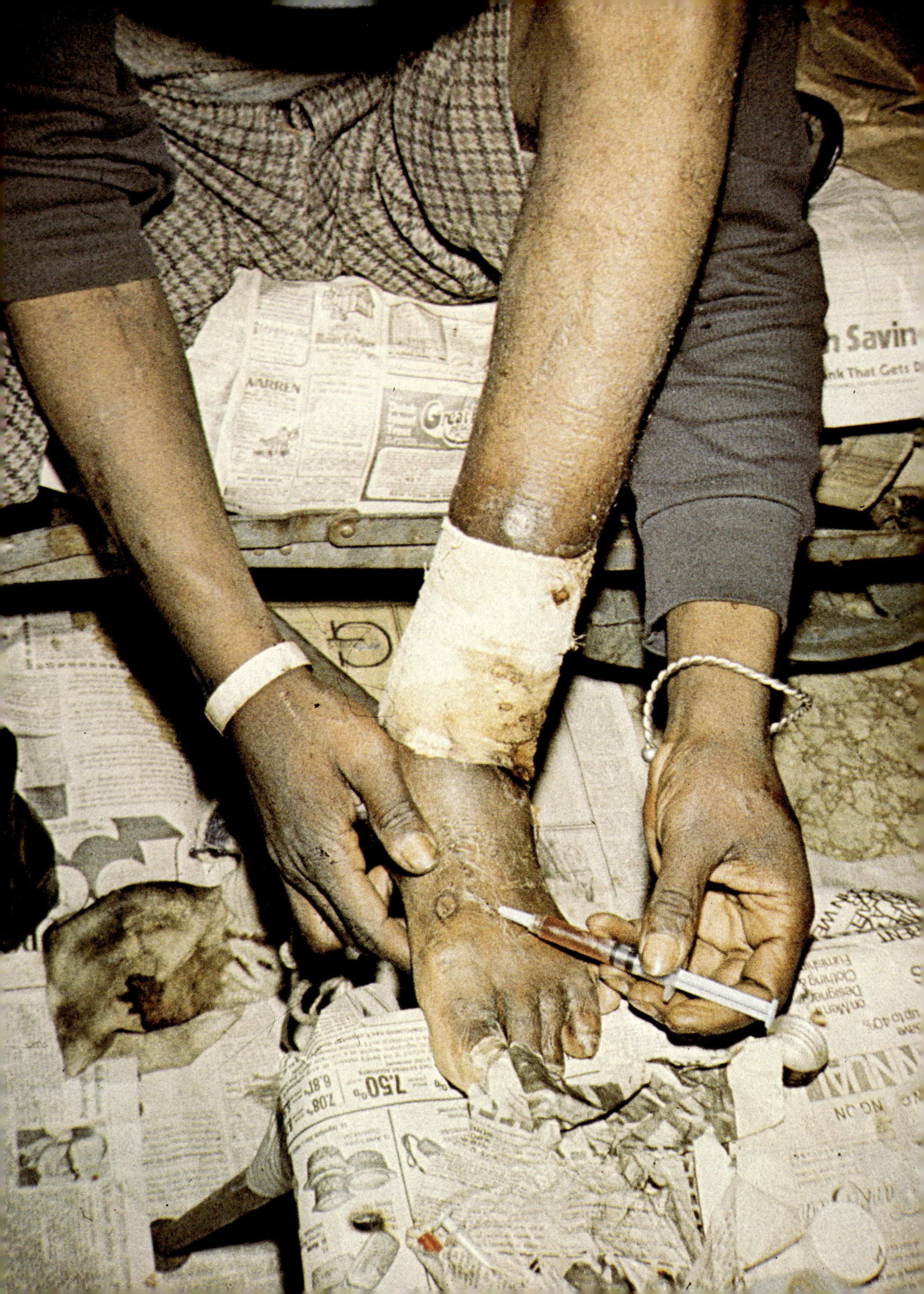
Savin
WARREN
7.50

Beautiful tan...
Coppertone

BALLOON

¡LIBERACIÓN!

Truckin'
MY BLU
AWAY

THE NEW YORK TIMES, MONDAY, JANUARY

The South Bronx: A Jungle Stalked by Fear, Seized by Rage

Continued From Page 1, Col. 3

Health Center at Third Avenue and East 180th Street in the Bathgate section. "There's a total breakdown of services, looting is rampant, fires are everywhere."

A study conducted by the King health center last year showed not only that 20 per cent of the houses were without water, but also that 50 per cent were without heat half the time.

"There's a very rapid deterioration of the body in many people here after the age of 25," Dr. Wise says. "Something happens to your body when you spend the entire winter without heat."

The South Bronx blight is spreading—up the eastern corridor of the borough to Fordham Road and west to Jerome Avenue, threatening the Tremont, Fordham and Mount Eden sections. Despite this, the city government has reduced its services to the community, citing a hiring freeze on city jobs and recurring "budget crises."

Programs Are Slashed

As a result, the number of public-health nurses who visit schools and homes has been reduced from 24 to 12 in the last five years and health programs have been curtailed or eliminated. Fewer policemen patrol the streets. The number of men assigned to the Alexander Avenue station, for example, has been reduced from 272 to 242, a decline that corresponds roughly to the in-

into the street and thrown under a moving car. It is where a youngster outside Intermediate School No. 155 on Jackson Avenue in Mott Haven was nearly stomped to death in an argument over a bottle of soda pop.

Norman Black, the school's principal, remembers talking to the assailants while waiting for the police and an ambulance to arrive.

"How did you feel when you felt your foot crunching against his skull?" he recalls asking the youngsters. The stompers replied that all they had thought about was the argument over the soda.

Everyone Is a Victim

No one is immune from the terrors of everyday life in the South Bronx.

The Rev. Louis R. Gigante, who has been pastor of St. Athanasius Roman Catholic Church in Hunts Point for the last 10 years, says: "This is the first time I've become fearful of living in this neighborhood. Yesterday, two kids got into a fight and one kid was stabbed to death. That's the kind of neighborhood we're in."

Rage also takes the form of massive vandalism that further deprives an already disadvantaged community of life's necessities.

In 1970, the city advanced $2.8-million to builders for the renovation of nine four-story tenement buildings on Fox Street in Hunts Point, which is generally regarded as one of the most violent blocks in the city. The work was completed within a year, and families immediately moved into the buildings, paying a rental of $30 a

A room of an apartment in the group of nine four-story tenements at 163d and Fox Streets in Hunts Point. The city advanced $2.8-million to builders for renovation in 1970, but invading addicts burned out tenants.

and Development Administration, put it this way:

"We'll get a call that there's

remain in the South Bronx because that is where the action is.

Ridgewood, Queens, seems to have been carved with Father Gigante's political future in mind

Gigante defends his activities with spirit:

"I deal with criminals all the time. I visit jails. I see mur-

Aber Harlem ist nicht das einzige Getto in New York und noch lange nicht das schlimmste. Im Stadtteil Bronx gibt es Gebiete, wo neun von zehn Menschen eines unnatürlichen Todes sterben – wegen Hunger, einer Überdosis Heroin, Rattenbissen (Säuglinge) oder Mord.
Auch ist das Brooklyn-Getto größer als Harlem.
In Brownsville sah ich zwei Morde und hörte am selben Tag von vier weiteren; ich bin seitdem nicht wieder dort gewesen.

Aber das ist, kurz gesagt, die liberale, weiße Art, Harlem und die übrigen Gettos in den USA zu betrachten. Die Neger selbst, die in Harlem wohnen, sehen es mit anderen Augen, da man sich schließlich nicht unaufhörlich auf das Traurige des Daseins konzentrieren kann, ohne zugrunde zu gehen. Will man überleben, muß man die positiven Seiten sehen. Sie heben zum Beispiel nicht hervor, daß zehn Prozent der Jugendlichen in Harlem gefährliche Kriminelle sind, die ohne Unterschiede morden und es für einen unmöglich machen, sich auf den Straßen zu bewegen; sie betrachten das Ganze von der anderen Seite, der erfreulichen, daß nämlich neunzig Prozent der Jugendlichen trotz allem niemals mit dem Gesetz in Konflikt geraten. Sie sehen Erfreuliches darin, daß die Mehrzahl der Bevölkerung in Harlem trotz allem überlebt, sie sehen die vielen Rosen, denen es trotz allem glückt, in diesem Dschungel emporzuschießen.

There's a rose in black and Spanish Harlem,
a rose in black and Spanish Harlem.
It is a special one,
it never sees the sun,
it only comes out
when the moon is on the run
and all the stars are gleaming.
It's growing in the street
right up through the concrete
soft, sweet and dreaming.
With eyes as black as coal
they look down in my soul
and start a fire there,
and then I loose control,
I want to beg her pardon,
I'm going to pick that rose
and watch her as she grows
in my garden.

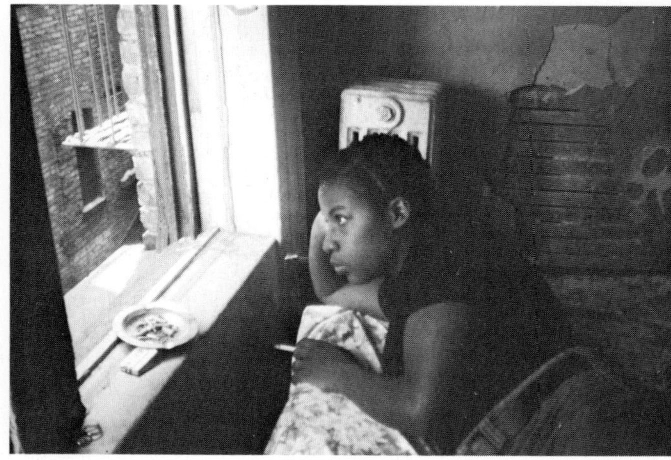

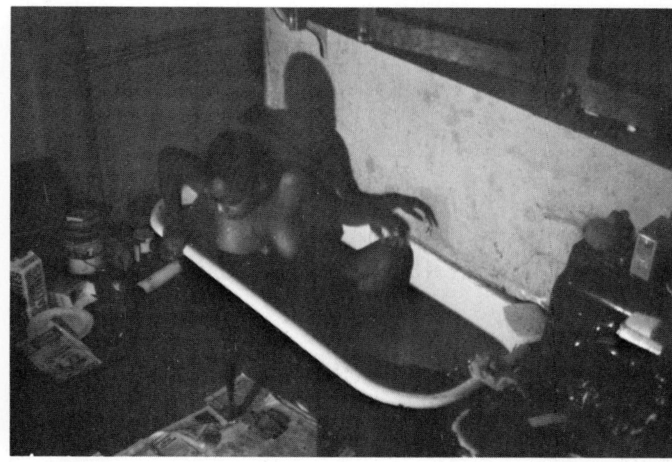

Merrilyn war für mich eine solche Rose. Als ich ihr begegnete, war sie rauschgiftsüchtig, obwohl ihr Verbrauch nicht besonders groß war. Sie gab sich nur ein paarmal in der Woche eine Spritze und konnte deshalb ihre Arbeit im Hauptbüro des Rockefeller-Bankimperiums in der Wall Street versehen. Die Zustände in ihrer kleinen Ein-Zimmer-Wohnung waren zum Verzweifeln, und ich bewunderte sie, da sie imstande war, sich selbst zu helfen, während ich immer tiefer und tiefer in dem moorigen Untergrund versank. Niemals in meinem Leben habe ich unter so bedrückenden und menschenverschleißenden Verhältnissen gelebt, und ich war in der Wohnung weder imstande zu denken noch zu schreiben. Es waren weniger die andauernden Einbrüche, die mich lähmten. Es war mehr die Angst davor, die Angst, was das nächste Mal geschehen könnte, die Angst, ins Treppenhaus hinauszugehen oder auf die Straße, wo es kaum zu vermeiden war, daß man von messer- oder pistolenbewaffneten Männern angegriffen wurde.

An die Enge kann man sich gewöhnen. Man kann sich daran gewöhnen, daß die Badewanne in der Küche steht und mit einem Brett darauf als Eßtisch dient, wie sich Tausende und Abertausende von Menschen in diesem Teil New Yorks daran gewöhnt haben. Man kann sich auch daran gewöhnen, Drahtnetze zwischen der Küche und dem Schlafraum zu haben, damit die Ratten aus der Küche nicht hereinkommen und einem ins Gesicht beißen, während man schläft. Und es wird schnell zur Gewohnheit, wenn man morgens aufwacht, all die toten Kakerlaken aufzufegen, auf denen man im Laufe der Nacht gelegen hat. Aber an die ständige Ungewißheit, wann man selbst ein Messer in den Bauch gestoßen bekommt, gewöhnt man sich niemals. Sogar am Weihnachtsabend wurde ich von drei pistolenbewaffneten Männern dort in der Nähe überfallen. Wie ich es überlebt habe, möge man mich nicht fragen. Ist es nicht paradox, daß im reichsten Land der Welt das Wort »survival« (Überleben) zum Standardbegriff geworden ist? Lieber mag man fragen, wie Merrilyn überlebt hat, nicht nur physisch, sondern auch psychisch. Sie überlebte nicht nur, sondern war in der Lage, sich aus dem Getto herauszukämpfen. Heute ist sie Schauspielerin in San Francisco. Ja, sie war eine Rose, der es glückte, durch den Asphalt emporzuschießen.

Ich möchte noch kurz einige Gettos anderer Großstädte betrachten. Detroit hat ein gutes Stück Arbeit darauf verwendet, künstliche Bedürfnisse nach Autos zu wecken, und ist sicherlich die erste Stadt der Welt, wo niemand mehr davon träumt, zu Fuß zu gehen. Wohnungsmäßig sieht es in der Stadt gar nicht so schlimm aus, aber man sollte sich daran erinnern, daß das Wort Getto in den USA nichts konkret Physisches bedeutet. Getto bedeutet, Sklave einer Umgangsform, einer Sprache oder einer Denkweise zu sein, die zum Teil sozial vererbt und zum Teil eine sozial erworbene Fortsetzung der Sklaverei ist, das heißt ihrem Charakter nach gewalttätig. Sobald diese innere Gewalt unter den direkten Druck äußerer Gewalt gerät, zum Beispiel in Form von Arbeitslosigkeit, die in Detroit besonders groß ist, explodiert sie als physische Gewalt. Viele Morde in Detroit sind Ergebnisse von Familienstreitigkeiten, die in Gewalt ausarteten. Der Weltrekord an Morden wird von dieser Stadt gehalten: Jedes Jahr werden hier genauso viele Menschen ermordet, wie in sechs Jahren Bürgerkrieg in Nordirland getötet wurden. Der folgende Brief stammt aus meinem ersten Jahr in den USA, in dem ich mich noch nicht an die Gewalt gewöhnt hatte:

Ostern in Detroit

Lieber Vater und liebe Mutter!
Dies ist das erschütterndste Ostern, das ich jemals erlebt habe. Ich bin jetzt in Detroit angelangt, der Stadt der Schrecken. Auf dem Wege von San Francisco habe ich mich in Chicago aufgehalten, um Denia zu besuchen, die junge schwarze Schriftstellerin, bei der ich Weihnachten gewohnt hatte. Bereits dort begannen die Schrecken. Ich erinnere mich zweier ihrer Freundinnen, mit denen wir viel Zeit zusammen verbracht haben. Jetzt erzählte sie mir, daß die eine von ihnen, Theresia – dieses weiche, schweigsame, neunzehnjährige Mädchen –, inzwischen ermordet worden war. Möglicherweise wurde sie von Bekannten getötet, denn sie hatte den Mördern die Tür zu ihrer Wohnung wahrscheinlich selbst geöffnet. Sie war von ihrem Verlobten gefunden worden, erschossen und mit dem Messer aufgeschlitzt. Das ist das zweite Mal, daß einer von meinen Bekannten hier in den USA ermordet wurde. Jetzt hat sich Denia eine Pistole gekauft und mit Schießübungen begonnen. Außerdem erlebte ich in jener Nacht in Chicago die erste größere Schießerei, sicher zwischen der Polizei und Kriminellen. Wir waren in der Mohawk Street zu Besuch, als es plötzlich unmittelbar unter uns in der Dunkelheit begann. Ich versuchte herauszuschauen, aber Denia zog mich vom Fenster weg.
Nun, aber all das habe ich über all den Dingen, die hier in Detroit geschehen, nahezu vergessen. Zuerst wohnte ich bei einer wohlsituierten Automobilarbeiterfamilie in den reizenden schwarzen Vierteln an der Sieben-Meilen-Grenze, da draußen, wo die weißen Viertel beginnen. Ganz liebe Menschen. Am Ostermorgen nahmen sie mich mit in die Kirche. Aber dann zog ich in das eigentliche Getto zu drei Studenten, und seitdem ist alles wie ein Alptraum für mich. Schon an einem der ersten Tage meines Hierseins wurde Thigpen, dem ich kaum mehr als vorgestellt worden war, ermordet. Er war ein phantastischer Mensch, groß wie ein Bär und ein bekannter Dichter (ich schicke Euch seine Gedichtsammlung »Down, Nigger, Paved Streets«). Offenbar gab es für den Mord keine andere Begründung, als daß er ein unschuldiges Gedicht über den Rauschgifthandel in der Stadt geschrieben hatte. Er wurde vor einigen Tagen mit zweien seiner Freunde zusammen von Rauschgiftgangstern hingerichtet. Sie waren gefesselt, auf den Boden gelegt und in den Nacken geschossen worden. Aber am schockierendsten war für mich die Reaktion der drei, bei denen ich wohnte. Einer von ihnen, Chris, hatte Thigpen jahrelang gekannt; er ist mit ihm zusammen auf dem Foto auf der Umschlagseite des Buches. Sie waren beste Freunde. Trotzdem kam Chris eines Morgens mit der Zeitung auf mich zu und sagte ganz ruhig: »Hey, you remember this dude, Thigpen, you met the other day? Look they blew him away too.« (Hey, erinnerst du dich an diesen Stutzer Thigpen, den du neulich kennengelernt hast? Sieh mal, den haben sie auch kaltgemacht.) Einen größeren Eindruck machte es auf ihn nicht. Es ist mehr ihre Reaktion auf die Gewalt, die mir wirklich zu schaffen

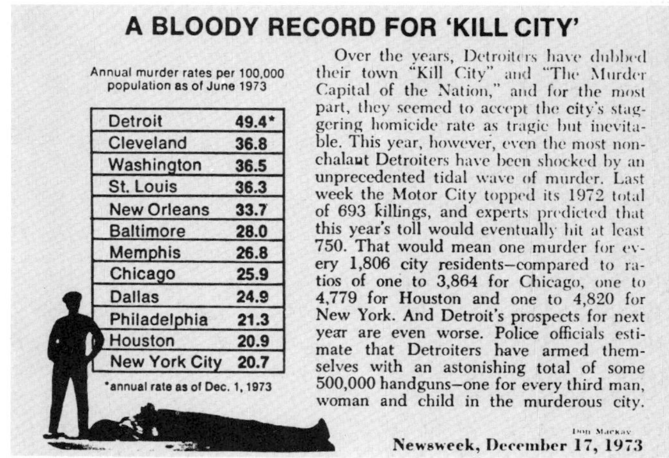

A BLOODY RECORD FOR 'KILL CITY'

Annual murder rates per 100,000 population as of June 1973

Detroit	49.4*
Cleveland	36.8
Washington	36.5
St. Louis	36.3
New Orleans	33.7
Baltimore	28.0
Memphis	26.8
Chicago	25.9
Dallas	24.9
Philadelphia	21.3
Houston	20.9
New York City	20.7

*annual rate as of Dec. 1, 1973

Over the years, Detroiters have dubbed their town "Kill City" and "The Murder Capital of the Nation," and for the most part, they seemed to accept the city's staggering homicide rate as tragic but inevitable. This year, however, even the most nonchalant Detroiters have been shocked by an unprecedented tidal wave of murder. Last week the Motor City topped its 1972 total of 693 killings, and experts predicted that this year's toll would eventually hit at least 750. That would mean one murder for every 1,806 city residents—compared to ratios of one to 3,864 for Chicago, one to 4,779 for Houston and one to 4,820 for New York. And Detroit's prospects for next year are even worse. Police officials estimate that Detroiters have armed themselves with an astonishing total of some 500,000 handguns—one for every third man, woman and child in the murderous city.

Don Mackay

Newsweek, December 17, 1973

macht. Aber sie haben auch selbst Angst vor der Gewalt. Ich bin es nicht allein, der hier von Angst geschüttelt wird. Am schlimmsten sind die Nächte. Ich bin langsam nahe daran, bei dem Mangel an Schlaf draufzugehen. Chris und die beiden anderen schlafen oben, während ich selbst unten im Zimmer schlafe. Jeden Abend schieben sie den Kühlschrank vor die Tür und stellen einige leere Flaschen darauf, damit bei dem Versuch, die Tür zu öffnen, die Flaschen herunterfallen und sie oben wecken. Eines Nachts sprang die Katze auf den Kühlschrank und die Flaschen fielen mit einem Krach herunter, der mich nach oben zu den anderen stürzen ließ. Ich bin so langsam zu einem Nervenwrack geworden und höre dauernd auf Schritte von draußen (außer den Verbrechern geht in Detroit niemand zu Fuß). Ab und zu hört man draußen Schüsse. Ich habe eigentlich niemals richtig gezittert, aber jetzt bekomme ich manchmal dasselbe geleeartige Gefühl, das ich aus der Nacht in San Francisco kenne, als ich überfallen wurde. Mein Herzklopfen reicht aus, mich wachzuhalten. Ich war überzeugt, daß ich die ganze Woche über kein Auge zugetan hatte, als ich plötzlich von einem furchtbaren Alptraum erwachte. Jetzt, während meiner Reisen träume ich fast nie, aber in dieser Nacht träumte ich von einem Sonnentag, an dem ich als Elfjähriger zu Hause in der Pfarrei auf dem Boden des Wohnzimmers lag. Ich erinnere mich, daß ich dalag und Apfelsinen aß, als in den Nachrichten über den Mord an Lumumba berichtet wurde. Damals begriff ich nichts, aber ich erinnere mich doch noch deutlich daran. Im Traum stand diese Szene genau vor meinen Augen, verwischte sich aber immer wieder und wechselte zu einer anderen Szene irgendwo in Afrika über, wo ich auf der Erde lag, während einige Afrikaner eine Maschinenpistolensalve nach der anderen auf mich abfeuerten. Ich rief ihnen zu, sie sollten aufhören, aber die Kugeln bohrten sich weiterhin in meinen Körper – ein furchtbares Erlebnis. Ich erwachte dann im wirklichen Alptraum von Detroit, aber fand das Ganze plötzlich vollkommen friedlich im Vergleich zu meinem Traum, und wenig später gelang es mir, ein paar Stunden zu schlafen. Die Alpträume sind am Tage aber keineswegs beendet. An einem der ersten Tage wagte ich mich zu Fuß auf die Straße. Ich war kaum eine halbe Stunde gegangen, als ein Polizeiauto mit zwei weißen Beamten jäh stoppte. Sie riefen mich herüber zu ihrem Wagen. Ich war fast froh darüber, wieder weiße Gesichter zu sehen, und ging zu ihnen. Sie baten mich lediglich darum, meine Ausweispapiere zu sehen. In dieser Weise wird man dauernd angehalten, wenn man sich durch Gettos bewegt. Oft frage ich mich, welcher Unterschied eigentlich besteht zwischen einem Neger hier und einem Neger in Südafrika, wenn man doch die ganze Zeit über weißen Beamten Ausweispapiere zeigen muß. Fast automatisch führte ich meine Hand zu meiner Schultertasche, um meinen Paß hervorzuholen. Sofort richteten die Beamten ihre Pistolen mir direkt ins Gesicht: »Keine Bewegung!« Es ist ein furchtbares Erlebnis, in eine Pistolenmündung zu schauen, und ich begann vor Schreck zu zittern. Aber sonst geschah nichts weiter; sie hatten nur Angst, ich hätte eine Pistole in der Tasche. Für mich war es wie ein Wunder, daß ihre Pistolen nicht losgegangen waren. Wie können Menschen in einer solchen Welt leben, in der sie nicht mehr Vertrauen zueinander haben? Sie gaben mir dann die übliche Warnung mit auf den Weg: »Sieh zu, daß du so schnell wie möglich aus dieser Nachbarschaft verschwindest!« Ich hatte mein Selbstvertrauen zurückgewonnen und antwortete nur frech: »Ich wohne hier!«– Je länger ich hier wohne, desto mehr betrachte ich die Weißen mit den Augen der Neger, und es bleibt nicht aus, daß ich einen ständig steigenden Haß auf sie in mir verspüre.

Es ist ein merkwürdiger Eindruck, wenn man in einer Stadt wie Detroit lebt und um sich herum nur schwarze Gesichter zu sehen bekommt. Es geht dann langsam eine Verwandlung mit einem vor. Die schwarzen Gesichter sind mir näher und bekannter und erscheinen mir deshalb wärmer, während mir die weißen entfernter, unbekannter und deshalb kälter erscheinen. Trotz aller Schrecken habe ich überhaupt keine Lust, mich hinaus in die kalten Eiswüsten zu begeben, da wo das Getto aufhört. Vielleicht könnt Ihr den Schock begreifen, den man jedesmal wieder bekommt, wenn man das Fernsehen anstellt und plötzlich nur noch weiße Gesichter sieht. Auf eine merkwürdige Weise werden die weißen Gesichter zu einem wesentlichen Teil des Alptraums Detroit. Es ist nämlich nicht nur die Kriminalität, die mich nachts wachhält, mindestens genauso stark sind es das Fernsehen und das Radio. Überall in den Gettos in Detroit und Chicago haben die Neger die Angewohnheit, die ganze Nacht hindurch das Fernsehen oder das Radio laufen zu lassen, damit Einbrecher glauben, man sei immer noch wach. Außerdem hat man sich im Laufe der Zeit so sehr daran gewöhnt, bei Musik oder laufendem Fernseher zu schlafen, die beide zu einer Art Narkotika für die Leute geworden sind; ohne diesen Lärm können sie einfach nicht einschlafen. Ich entdeckte es eines Tages, als Denia und ich in Chicago ein Mittagsschläfchen machen wollten und sie automatisch das Fernsehen anmachte, um einschlafen zu können. Es ist erschütternd zu sehen, wie früh sie von diesen Geräuschnarkotika abhängig sind. – Als ich bei einer jungen schwarzen Mutter in Jackson fünfzig Meilen außerhalb von Detroit wohnte, merkte ich, daß es fast unmöglich war, mit ihr zusammenzuwohnen. Immer dann, wenn wir ins Bett gingen, machte sie das Radio an. Ich lag neben ihr und wartete so lange, bis sie eingeschlafen war, und versuchte dann langsam die Lautstärke zu vermindern, da es mir sonst vollkommen unmöglich gewesen wäre einzuschlafen. Aber jedesmal, wenn ich eine bestimmte niedrige Lautstärke erreicht hatte, erwachten ihre beiden Kinder von zwei und drei Jahren und fingen an zu weinen, so daß ich die Lautstärke sofort wieder erhöhen mußte. Zwei Nächte lang hielt ich das durch, dann mußte ich ausziehen. Wir waren schlicht, wie es die Frau

ausdrückte, »culturally incompatible«. Meiner Ansicht nach verbergen sich hier fürchterliche Perspektiven, wenn alle Neger in den Großstädten von dieser Art Lärm genauso abhängig sind.
Ihr habt nämlich keine Ahnung, was das amerikanische Radio bedeutet; diese ewige Bumm-Bumm-Musik, alle zwei Minuten von Reklamesprüchen unterbrochen. Die ganze Zeit über hört man solche einschläfernden Botschaften wie »leave the driving to us«. Das Ganze nimmt sich aus wie eine einzige riesige weiße Verschwörung gegen die Neger. Genauso wie man Dörfer in Südvietnam bombardiert, um die Bevölkerung zu veranlassen, in sogenannte »strategische Dörfer« zu ziehen, wo man sie besser unter Kontrolle hat; in den USA hat man fast den Eindruck, als ob man die Neger aus ihren kleinen Dörfern in die großen Konzentrationslager gezwungen hat, wo man sie durch die Massenmedien besser kontrollieren kann.
Im Süden war es wenigstens möglich zu denken, aber hier wird man fortwährend damit bombardiert, das zu denken, was andere wollen – oder besser gesagt, man wird daran gehindert, zu denken. Ersticken diese Musik und der Lärm nicht die Fähigkeiten der Neger für eine selbständige und intellektuelle Entwicklung? Ist es nicht verwunderlich, daß viele unter ihnen wie Leute aus Sambia wirken, wie sie selbst scherzend sagen?
Die drei, bei denen ich wohne, sind einige der wenigen politisch Aktiven in Detroit. Chris ist auf Kuba gewesen und hat mir einige Bücher über Kuba gegeben, von denen er möchte, daß ich sie lese. Aber in dieser Umgebung aus Lärm, Nervosität, Zittern und Angst vor diesem oder jenem Unbekannten ist es mir unmöglich zu lesen. Chris ist einer der vielen Neger, die über Kanada illegal nach Kuba gereist sind. Von dort berichtet er mir viele phantastische Sachen, und ich höre ihm zu, aber vieles wirkt so irrelevant in dieser grausamen Umgebung.
Er sagt, in Kuba habe er das erste Mal frei atmen können. Alle Kubaner besitzen Waffen, genau wie hier in Detroit, aber trotzdem hatte er auf Kuba keine Angst. Er war nur enttäuscht darüber, daß die kubanischen Neger bis jetzt noch keine Afrofrisuren hatten. Chris war so überwältigt von Kuba, daß er alles mögliche darangesetzt hatte, um nicht in die USA zurückkehren zu müssen, aber er bekam keine längere Aufenthaltserlaubnis. Jetzt, nach der Reise, hat er mit dem FBI Probleme, der zweimal seine Eltern aufgesucht hat. Seine Ausbildungsbeihilfe wurde ihm plötzlich nicht mehr ausgezahlt, und er wurde von der Universität verwiesen. Er wurde deshalb Taxichauffeur, lebt jetzt in seiner eigenen Traumwelt und liest im Taxi Bücher über Kuba. Eines Tages erzählte er mir grinsend, daß er sich vor einigen Wochen selbst »überfallen« habe. Da Taxifahrer andauernd überfallen werden, hatte er sich selbst fünfzig Dollar »geraubt«, die Polizei gerufen und ihr mitgeteilt, der Verbrecher sei ein Schwarzer gewesen, sähe so und so aus und sei in der Richtung verschwunden. An diesem Tage brauchte er nicht mehr zu arbeiten, setzte sich draußen auf die Belle-Insel und las seine Kuba-Bücher. Leider wollte er seine Erfahrungen nicht dazu verwenden, in Detroit politisch zu arbeiten; das System ist so massiv und unterdrückend, daß es doch keinen Sinn hat, meint er. So arbeitet er nur noch, um nach Kuba zurückkehren zu können. Allerdings will er in zwei Tagen nach Washington und gegen den Vietnam-Krieg demonstrieren. Eine Million werden erwartet. Wir fahren zusammen dorthin. Ich kann es kaum erwarten, aus dieser Hölle herauszukommen, und hoffe nur, daß es in Washington friedlicher ist, damit ich ausruhen kann. Aber ich muß zurück nach Detroit. Genau wie in Chicago bin ich hier so freundlichen Menschen begegnet, daß ich ihre Güte mir gegenüber einfach nicht begreifen kann. Ich kann nicht verstehen, wie zwei so grausame und menschenunterdrückende Städte so einzigartige Menschen hervorbringen können. Ich muß lernen, mit der Kriminalität zu leben, denn ich muß zu diesen Menschen zurück. Aber es wird lange dauern, bis ich mich an die Verhältnisse gewöhnt habe. Wenn wir abends nur Läden drüben an der Ecke aufsuchen wollen, nehmen wir das Auto. Chris und die beiden anderen wagen es einfach nicht, eineinhalb Häuserblöcke weit zu laufen. – Ich werde mich an Detroit als an eine endlos dahingleitende Fahrt im Auto durch eine Geisterstadt ohne Menschen erinnern, während mir aus dem Autoradio Klänge des letzten schwarzen Hits in den Kopf gehämmert werden: »Um Gottes willen, warum gebt ihr dem Volk nicht mehr Macht.« Und dann jeden Tag die neuesten Mordstatistiken. Letzte Woche wurden *nur* sechsundzwanzig ermordet, aber nur weil Ostern war. Man rechnet damit, den Rekord des letzten Jahres zu brechen und vor Weihnachten tausend zu erreichen! Ich hoffe, Euer Ostern ist etwas friedlicher verlaufen.

Liebe Grüße, Jacob

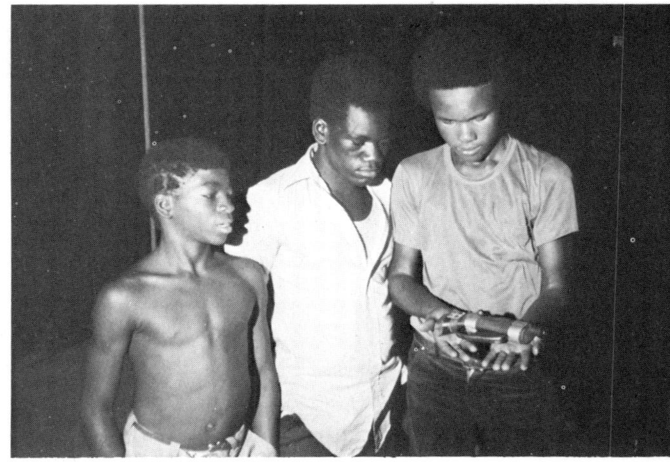

Die Gettos von Baltimore sind freundlicher. Genau wie in Detroit und Chicago sind die Einwohner zu mehr als fünfzig Prozent Schwarze. Die Stadt ist im europäischen Stil erbaut, und die Slums sehen nicht so unmenschlich aus. Aber die Gewalttätigkeit ist im großen und ganzen genauso hoch. Wie in anderen Städten hat man versucht, die schlimmsten alten Slums abzureißen, in denen man sich noch ein bißchen geborgen fühlen konnte. Statt dessen hat man neue Slums errichtet, sozusagen hochkant. Hier oben ist man noch stärker eingesperrt, und es hat sich auch gezeigt, daß die Kriminalität mit der Höhe dieser Slum-Viertel ansteigt. In Philadelphia sind Straßenbanden von Etagenbanden abgelöst worden, die sich von Etage zu Etage bekämpfen, und es kann einen das Leben kosten, wenn man in der falschen Etage vor der Fahrstuhltür steht. In Philadelphia werden jedes halbe Jahr circa 60 Bandenmitglieder (zwischen zwölf und siebzehn Jahren) getötet. Ich habe verschiedene Freunde gehabt, die von zehn-, elfjährigen Kindern mit der Pistole bedroht worden sind. Wenn sie, wie diese beiden, eingesperrt werden, kommen sie oft in Gefängnisse für Erwachsene, wo sie bald zugrunde gehen. Jeder dritte Jugendliche in Philadelphia ist schon mit dem Gesetz in Konflikt geraten. Im Slum des Gettos eingesperrt zu sein, ist dasselbe, wie wenn man im Schatten eines richtigen Gefängnisses lebt.

Kennzeichnend für alle Gettos in den USA ist das Geschäftsviertel in ihrer Mitte mit den hohen Wolkenkratzern; um dieses Zentrum herum liegt – wie ein Gürtel – das schwarze Getto. Außerhalb dieses Gettogürtels, der sich oft über eine Breite von zehn bis zwanzig Kilometern erstreckt, liegen die weißen Viertel (im Gegensatz zu Lateinamerika, wo die Gettos außerhalb der reichen Viertel in den Stadtzentren liegen). Hier sieht man, wie die reichsten Weißen im nördlichen Teil Chicagos wohnen.

Es gibt immer Swimming-pools, Rasenflächen und Bäume: Möglichkeiten zur Entfaltung. Sie achten sehr darauf, außerhalb der Stadtgrenze zu wohnen, damit ihre Kinder nicht mit Schwarzen in dieselbe Schule zu gehen brauchen. Zudem vermeiden sie es damit, ihre Steuern an die Städte zahlen zu müssen, selbst wenn sie ihr Einkommen dort beziehen. Auf diese Weise werden die Städte ärmer und ärmer. Damit gleicht dann die typische Stadt der Hauptstadt Washington, die wiederum der Weltstadt gleicht, in der wir alle wohnen. Inmitten beider Städte sind Slums, zu achtzig Prozent von Farbigen bewohnt, und Armut, während um sie herum die luxuriösen weißen Vorstädte Europa, USA und Australien liegen, die den größten Teil der Industrie und Wirtschaft in den Gettos Afrika, Lateinamerika und Asien besitzen. Sie wollen an diese Stadt keine Steuern bezahlen, haben aber nichts dagegen, dort ihre Gewinne für sich einzustreichen. So wird auch Washington genau wie das Getto der Weltstadt ärmer und ärmer, und man muß anfangen, Entwicklungshilfe zu leisten und ein wenig von dem zurückzugeben, was man herausgeholt hat Im Jahre 1970 wurden Teile von Washington zum Hungernotstandsgebiet erklärt. Wir alle kennen die Gegensätze zwischen dem Getto der Weltstadt und ihrer Vorstadt, aber die Gegensätze in Washington sind nicht weniger schlimm. Während die Kinder im Getto in Käfige eingesperrt werden, geschieht das Einsperren in den Vorstädten auf eine etwas andere Weise: Washington ist das Spiegelbild unserer selbst. Die Kriminalität, die wir befürchten – wie Flugzeugentführung und Entführungen prominenter Leute –, gehört in Washington schon lange zum Alltag. Jedes Jahr werden hier über viertausend bewaffnete Raubüberfälle registriert, während in einer Stadt wie London, die viermal so groß ist, weniger als dreihundert gezählt werden. Die Anzahl der Morde ist in Washington um fünfzig Prozent höher als in ganz Großbritannien. Washington ist außerdem die einzige Hauptstadt der Welt, die sich rühmen kann, daß jeder zehnte Einwohner im Zentrum rauschgiftsüchtig ist. Diese beiden Rauschgiftsüchtigen, die mich zuerst überfielen und mich dann zu sich nach Hause einluden, wohnen nur drei Häuserblocks entfernt vom Kongreß, dessen weiße Kuppel im Hintergrund sichtbar wird. Einen Monat, bevor ich bei diesen Rauschgiftsüchtigen wohnte, wurde ein Beamter im Eingang erschossen und eine Frau in dieser Wohnung ermordet – das war das letzte, was diese Hochburg der Demokratie und Freiheit ihr bieten konnte.

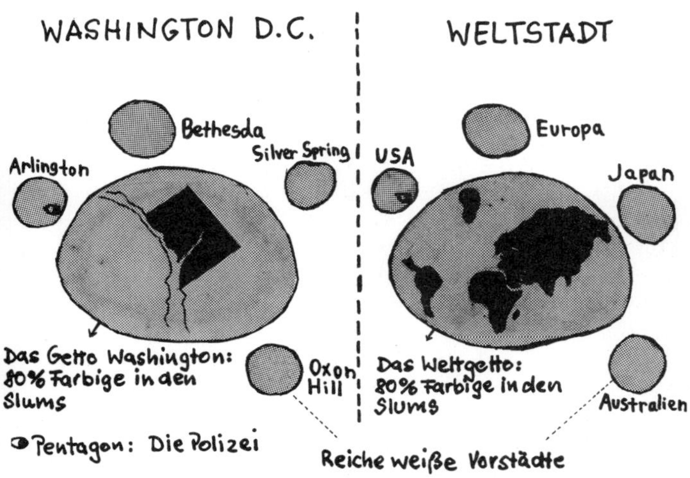
WASHINGTON D.C.
WELTSTADT
Bethesda
Silver Spring
Arlington
Das Getto Washington: 80% Farbige in den Slums
Oxon Hill
Pentagon: Die Polizei
USA
Europa
Japan
Das Weltgetto: 80% Farbige in den Slums
Australien
Reiche weiße Vorstädte

Der Kongreß gewährt den alten Menschen in Amerika nicht gerade viel Freiheit mit einer Volkspension, die so gering ist, daß sie überall Not leiden müssen. Der Lichtstreif, den der Kongreß auf sie fallen läßt, ist so schmal, daß er sie nur knapp am Leben erhält; viele alte Menschen in den USA sterben eher an Hunger als aus Altersgründen. Wir haben das Beispiel aus Mississippi gesehen, wo viele Menschen in der Landwirtschaft immer noch keine Volkspension erhalten, und bei den wenigen, die sie bekommen, liegt sie um vierzig Prozent unter der offiziellen Armutsgrenze. Fünf Millionen alte Menschen in den USA besitzen kein Telefon – eine Unmenschlichkeit gegenüber Menschen, deren Leben von einem dünnen Draht abhängen kann, damit es ihnen gelingt, einen Arzt herbeizurufen. Im Vergleich zu Europa sieht man fast niemals alte Menschen auf den Straßen in den USA, weil sie sich nicht hinaustrauen. Es geschieht sogar, daß Leute in ihrer Wohnung verhungert aufgefunden werden, weil sie es nicht wagten, auf die Straße zu gehen, um einzukaufen. Das graue Getto, wie man das Alter in den USA bezeichnet, ist eng verbunden mit dem schwarzen Getto, denn die Armut zwingt beide in dieselben Gebiete, und die Alten werden dort mindestens genauso diskriminiert und von der Gesellschaft vergessen wie die Schwarzen. Viele alte Menschen fliehen aus diesem Lande der Freiheit, um ihre letzten Lebensjahre in kommunistischen Ländern zu verbringen. Tausende haben sich in Polen, Jugoslawien und Ungarn niedergelassen, wo sie von ihrer amerikanischen Volkspension sehr gut leben können. Diese alte jüdische Frau, die eine meiner besten Freundinnen in New York wurde, war 1905 aus Rußland eingewandert. Jetzt hungerte sie, bekam niemals Milch oder Fleisch, und ich war vollkommen erschüttert darüber, daß sie fast jedesmal, wenn ich sie besuchte, kurz zuvor auf der Straße niedergeschlagen und ihres Geldes beraubt worden war. Einige Male, wenn ich sie besuchte, lag noch Blut in ihrem Eingang. Trotzdem hegte sie eine tiefe Liebe für die Neger in dem Viertel und fand es schrecklich, daß diese genauso leiden mußten wie sie selbst. Ihr sehnlichster Wunsch war es, daß der Kongreß ihr die Erlaubnis geben möge, in die Sowjetunion zurückzukehren, um dort ihre letzten Tage in Freiheit leben zu können, ohne Hunger und ohne die Angst, die alle hier in New York verspüren. Aber der Kongreß ist dagegen, daß die alten Menschen ihre Pension in der Sowjetunion aufbrauchen, und läßt sie statt dessen lieber hungern. Und deshalb mußte diese alte Frau, wie Tausende mit ihr, weiterhin Hunde- und Katzennahrung aus Dosen essen, um zu überleben – bis sie eines Tages buchstäblich von einem System niedergeschlagen wird, das nicht länger Verwendung für sie hat.

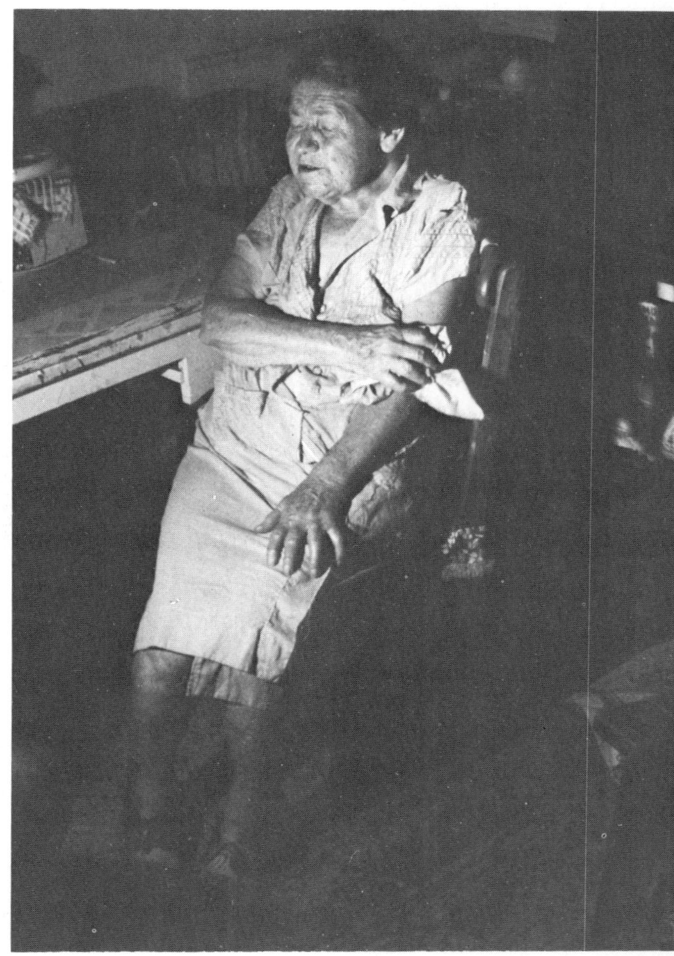

SMILE

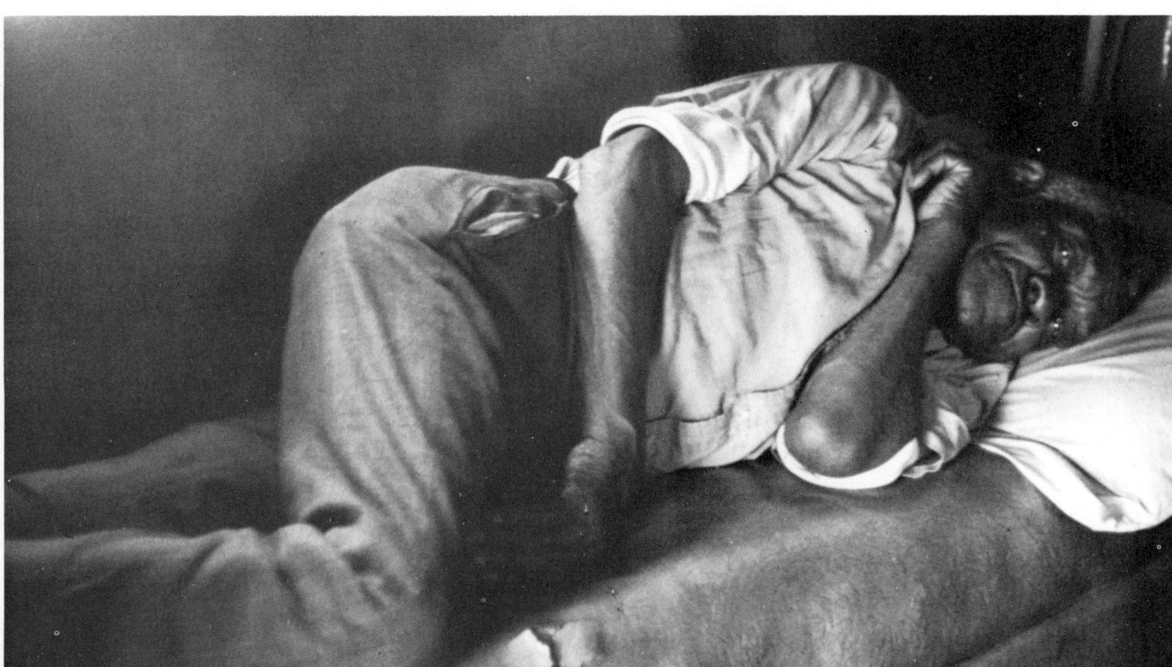

South

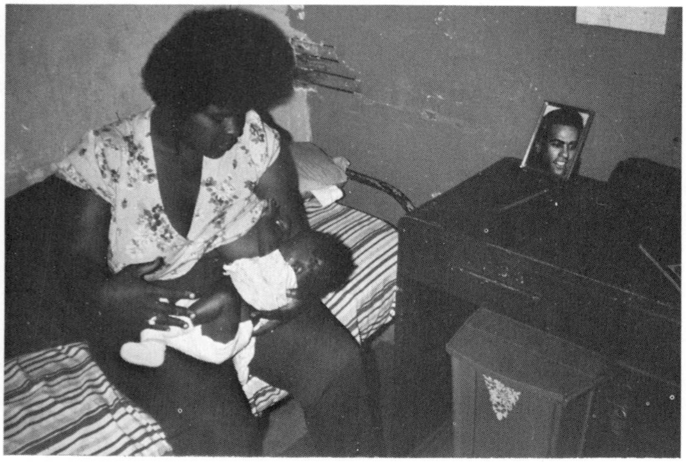

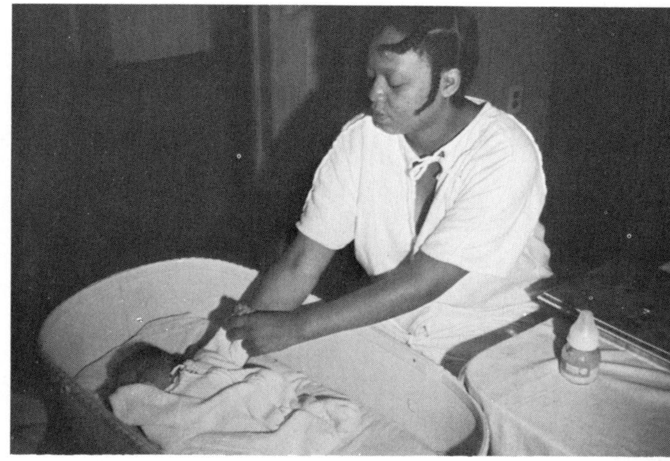

Während der Kongreß und die lokalen Regierungen auf der einen Seite die Alten in Vergessenheit und Einsamkeit sterben lassen, gibt es auf der anderen Seite ein Netz von Spionen, um das Privatleben der Leute zu durchleuchten, die Sozialhilfe erhalten. Während der langen Geschichte der schwarzen Bevölkerung hat das System versucht, die schwarze Familie zu zerstören. Die Tradition der Sklavenzeit, Kinder und Frauen von ihren Männern zu trennen und zu verkaufen, wird heutzutage weitestgehend fortgesetzt. Nachdem die schlechten wirtschaftlichen Verhältnisse die Familie zerstört haben, sorgen die Behörden mit Gewalt und Macht dafür, daß sie nicht wieder zusammenkommen. Viele schwarze Väter waren gezwungen, ihre Familie zu verlassen, damit die Frau Sozialhilfe erhalten konnte, woraufhin Nixon ein Gesetz beschließen ließ, aufgrund dessen eine soziale Unterstützung für alleinstehende Frauen mit Kindern entfällt, wenn sie einen Mann haben. Aus Furcht davor, daß ihnen ihre magere Unterstützung entzogen wird, leben Millionen alleinstehender Frauen in Einsamkeit und äußerster Armut. Es gibt Fälle, in denen eine Mutter und ihre Kinder wöchentlich mit weniger als vierzig Mark auskommen müssen, und sobald sie irgendeine Form von Arbeit annimmt, entfällt die Unterstützung sofort – ganz abgesehen davon, daß sie im allgemeinen keine Arbeit annehmen kann, weil es an Kindergärten mangelt. So ist in den USA eine ganz besondere Bevölkerungsschicht entstanden, die man »the welfare mothers« nennt. Sie leben in einem Teufelskreis von Armut, aus dem auszubrechen nahezu unmöglich ist. Oft haben sie heimliche Liebhaber, die ihnen unterderhand Geld geben, aber sie wagen es oft nicht, dieses Geld beispielsweise für Küchengeräte auszugeben, denn falls die Spione des Systems eine neue Kaffeekanne entdecken, bei der sie glauben, daß sie ein Geschenk von einem Mann ist, entfällt die Sozialhilfe auf der Stelle. Jedesmal, wenn ich bei solchen Müttern mit Sozialhilfe wohnte, mußte ich mich unter dem Bett oder im Kleiderschrank verstecken, wenn die Spione ohne Warnung auftauchten.

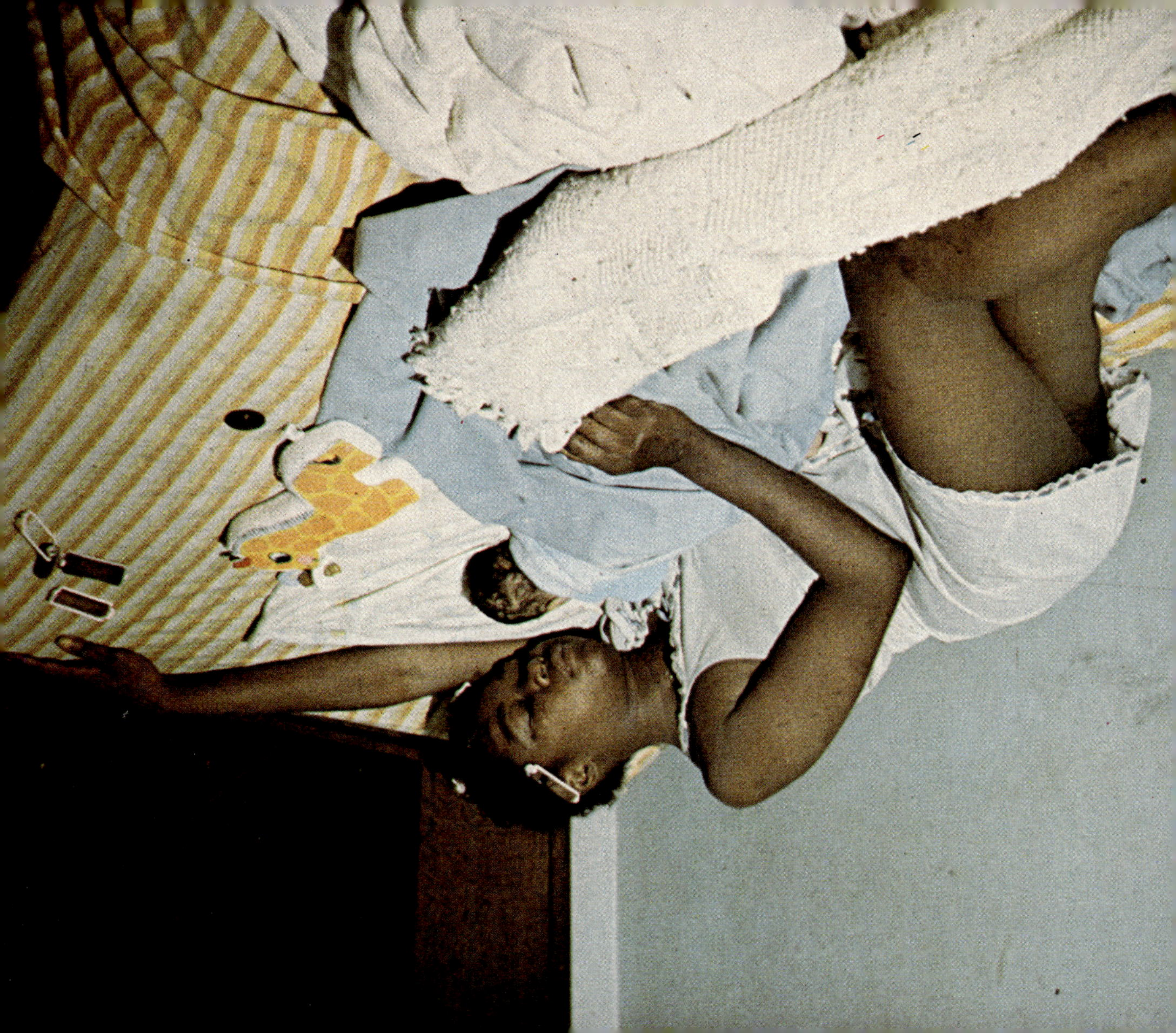

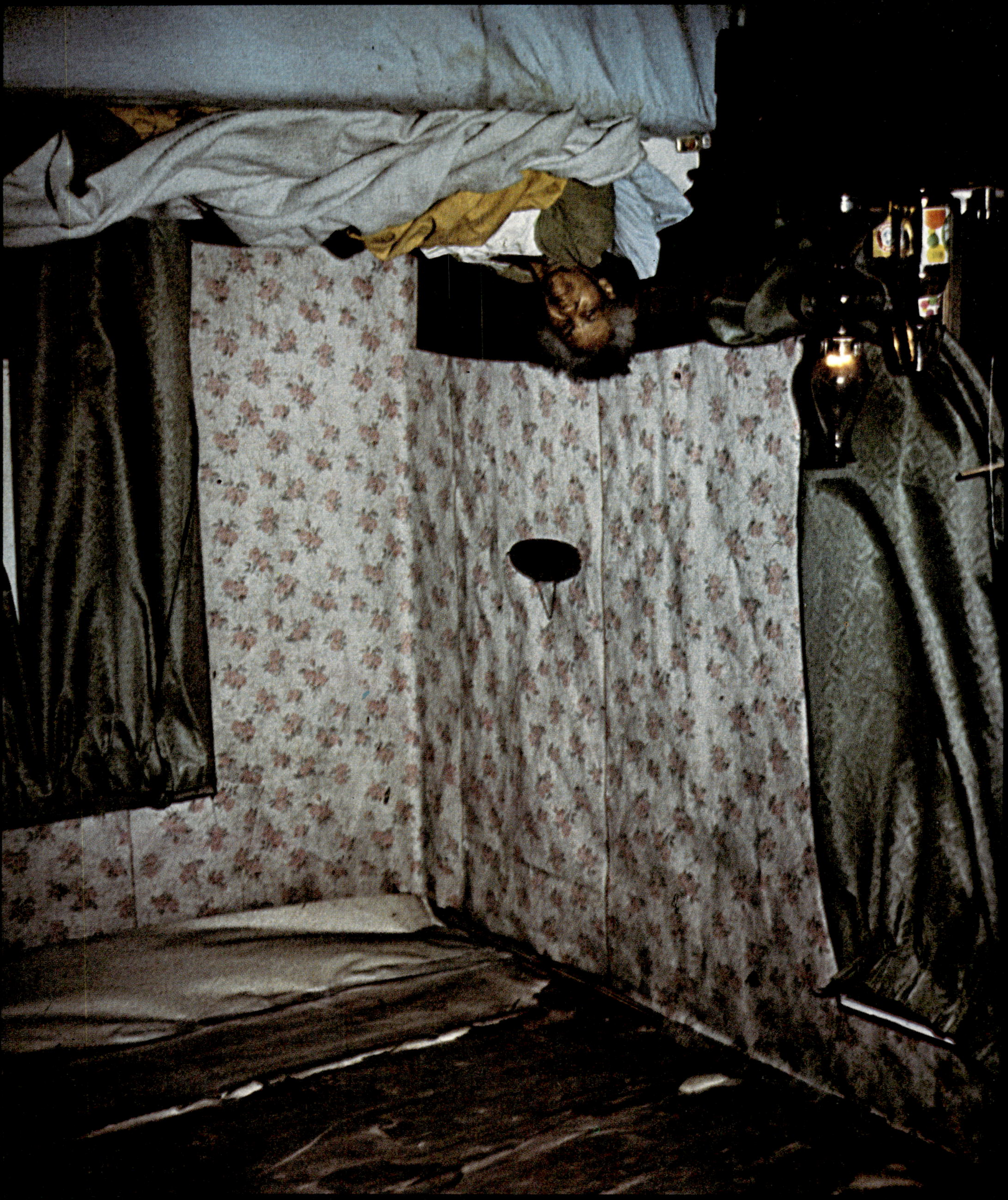

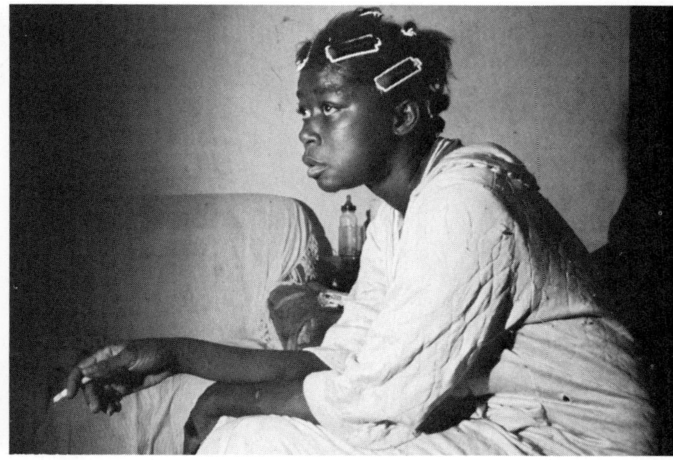

Viele dieser Mütter werden langsam von ihrem häuslichen Dasein zerstört, dessen einzige Zerstreuung das Fernsehen bietet. Den ganzen Tag über sind sie seine Sklaven. Häufig haben sie niemals ein anderes Dasein kennengelernt. Meistens wohnen sie in sogenannten »projects«, die nichts anderes als moderne Armenhäuser sind und deshalb auch offiziell »housing for the poor« heißen. Jede Stadt kennt diese Art der Unterbringung für Leute mit Sozialhilfeunterstützung, und unter allen Formen von Slums werden sie von der Kriminalität am stärksten heimgesucht. Obwohl sämtliche Untersuchungen beweisen, wie unmenschlich es ist, dort zu wohnen, und wieviel besser es wäre, die Armen in Mittelklassebauten zu integrieren, fahren die Behörden fort, den Armen den Weg in diese Formen neuer Slums zu bahnen. Allein in New York erhält jeder achte Einwohner Sozialhilfe, und fast genauso viele sind arbeitslos. Das bedeutet, daß über ein Viertel der Bevölkerung nicht arbeitet und langsam eine Pariakultur bildet. Sie sind aus der Gesellschaft vollkommen ausgeschlossen und haben das Gefühl, zu nichts zu taugen. Wenn man feststellt, daß die Neger die am stärksten betroffenen Mitglieder dieser Gruppe sind, begreift man auch, daß die Gesellschaft sie geradezu in ein kriminelles Dasein hineintreibt durch den Müßiggang, den sie ihnen aufzwingt, und das herabgesetzte Selbstbewußtsein, das dies Nichtstun zur Folge hat.

In Baltimore begleitete ich Alfonso nachts durch die Straßen, wenn er Leute überfiel und bestahl, um zu überleben.
Seine Frau hatte in einem Kaffeerestaurant gearbeitet, wo sie wöchentlich einhundertzwanzig Mark verdiente, was nicht ausreicht, um sechs Kinder ernähren zu können. Aber das ist nur einer von vielen Fällen. In den USA existiert nämlich eine ganze wirtschaftliche Unterwelt, bestehend aus Hotelarbeitern, Dienstmädchen, Wäschereiarbeitern, Verkäufern von Hamburgern usw., alles in allem mehr als sechzehn Millionen Menschen, die mit stillschweigender Billigung der Regierung auf das härteste ausgebeutet werden. Der Kongreß ist nämlich nicht bereit, sie mit einem anständigen Mindestlohn zu schützen.
In den USA gibt es ein größeres Dienstleistungsgewerbe als in irgendeinem anderen Land der Welt, weil es eine offizielle Anerkennung eines ganzen Heeres sogenannter Sklavenarbeiter gibt.
Alfonso und seine Frau liebten einander und ihre Kinder, aber um zu überleben, mußte er einfach auf der Straße rauben. Ich half ihm, indem ich in Baltimore Schuhe für die Kinder stahl, und er machte mich bekannt mit der kriminellen Unterwelt der Stadt. Auf diese Weise war er in der Lage, seine Wohnung schön einzurichten und sich ein paarmal im Jahr ein Auto zu leihen, um die Kinder hinaus in die Natur zu fahren. Als ich ein Jahr später wieder zurückkehrte, sahen seine Kinder sehr betrübt aus. Man berichtete mir, daß Alfonso zu sechs Jahren Gefängnis verurteilt worden war. Und im Gefängnis stellte ich fest, daß man gemeinsam mit ihm auch seinen ältesten Sohn eingesperrt hatte. Als die Familie plötzlich auf die Einnahmen des Vaters verzichten mußte, hatte der älteste Sohn versucht, mit einem Bankraub der Familie aus ihren wirtschaftlichen Schwierigkeiten zu helfen.

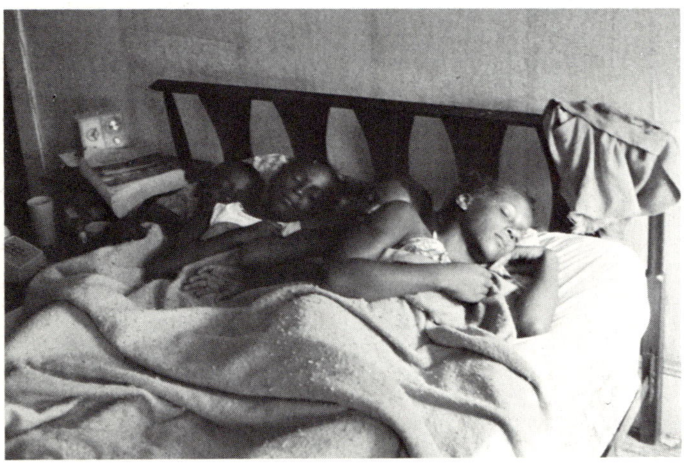

Unten sieht man Alfonsos Frau zu Besuch im Gefängnis. In den kommenden sechs Jahren wird sie ihren Mann nicht berühren dürfen, und sie kann ihn nur über laute Telefone hören, die abgehört werden. Tausende schwarzer Ehen sind auf diese Weise aufgelöst worden. Damit hat die moderne Gesellschaft die Traditionen der primitiveren Form des Kapitalismus während der Sklavenzeit fortgesetzt, indem sie die schwarze Familie zerstört und Verhältnisse schafft, die auf jeden Fall die Liebe in der Familie versiegen lassen. Heute muß die Familie von Alfonso Not leiden, die Kinder müssen selbst zurechtkommen, und im Hause verfällt alles.

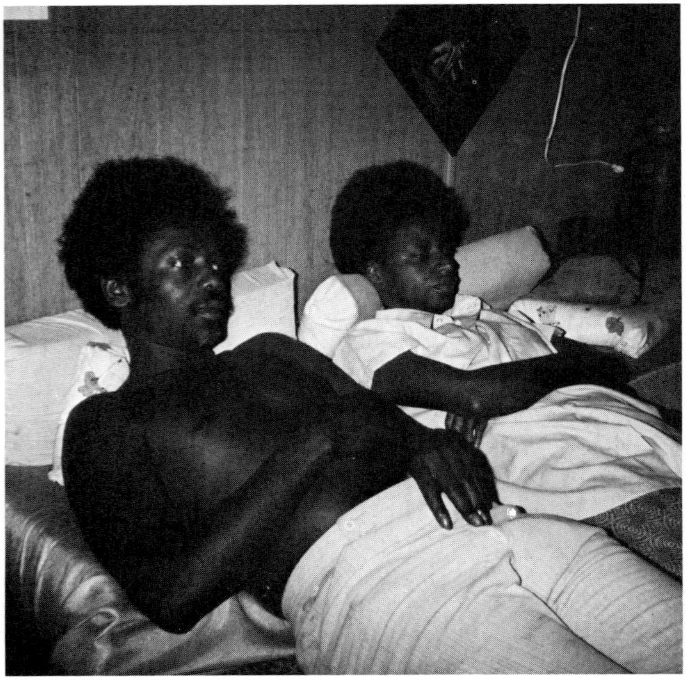

Leider ist die Familie Alfonsos ein typisches Beispiel für das Phänomen, das die schwarze Familie durch die gesamte amerikanische Geschichte charakterisiert. Die Unterdrückung innerhalb der Herren-Sklaven-Gesellschaft hat dem schwarzen Mann seine Gleichberechtigung und seine eigene Männlichkeit verweigert, da beide das Bestehen des Verhältnisses Herr–Sklave bedroht haben würden. In der Zeit der Sklaverei wurde der schwarze Mann psychologisch entmannt, und bis auf den heutigen Tag hat das System auf tausendfältige Weise versucht, diese Behandlung fortzusetzen. Wenn ein Mann daran gehindert wird, seine Familie in einer Gesellschaft zu versorgen, die den Menschen fortwährend erzählt, daß dies die Aufgabe des Mannes im Leben sei, so wird die Psychopathologie automatisch fortgesetzt, die in der Zeit der Sklaverei ihren Anfang genommen hatte. Es zerstört sein Verhältnis zur Frau, die keinen Respekt vor einem Mann haben kann, der außerstande ist,

wie ein weißer Mann eine Familie zu unterhalten. Natürlich sind solche Verhältnisse ganz im Interesse einer kleinen Gruppe weißer Privatkapitalisten, um damit die Löhne niedrig zu halten. Hier werden einige derjenigen Faktoren sichtbar, die dazu führen, daß der Rassismus in einer privatkapitalistischen Gesellschaft ständig am Leben gehalten wird und möglicherweise sogar unter den Formen des Sozialismus vorkommt, die auf materielle Anreize bauen. Angesichts der vielen Ehepartnermorde in schwarzen Familien besteht nicht der leiseste Zweifel darüber, wo die Schuld zu suchen ist. Diese sechsundzwanzigjährige Frau wurde von ihrem arbeitslosen Mann während eines Streits niedergeschossen, aber nicht er gehörte deshalb ins Gefängnis.

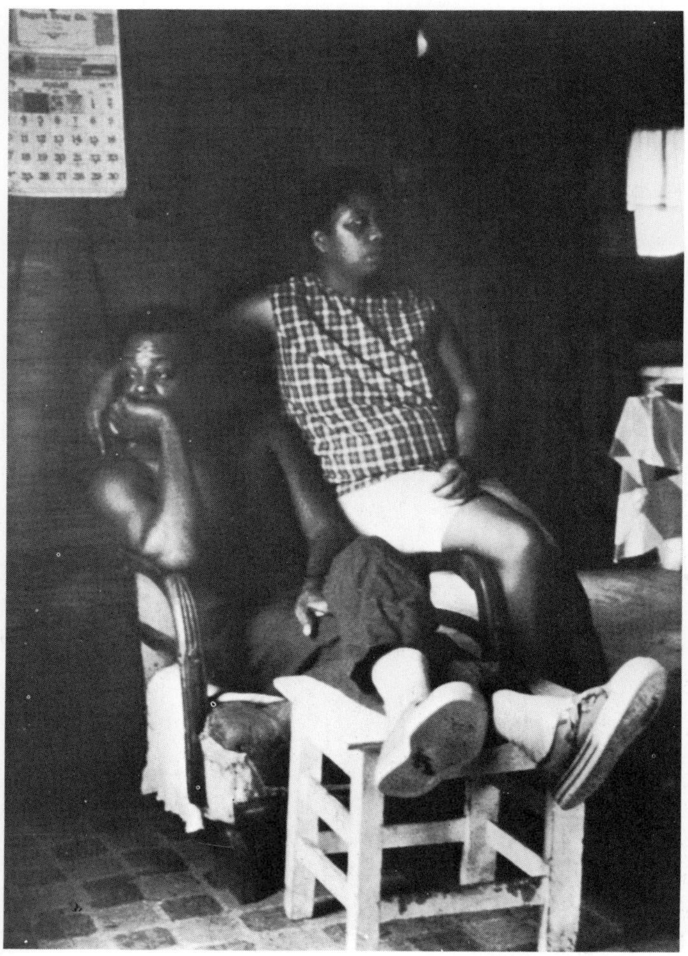

Während die Gesellschaft auf der einen Seite alles darangesetzt hat, die Männlichkeit des schwarzen Mannes zu unterdrücken, hat sie auf der anderen Seite als Ausgleich keine Anstrengungen gescheut, der schwarzen Frau männliche Eigenschaften zu verleihen, indem sie sie über ihre Rolle als Gebärmaschine hinaus zum Arbeitspferd gemacht hat. Ständig hat sie sich im Hause für die weiße Frau abschinden müssen, die zum Ausgleich vom weißen Mann wie ein höheres Wesen verehrt wurde (dieses Verhältnis der Herrin zur Sklavin macht es ihnen heute fast unmöglich, gemeinsam einer Frauenbewegung anzugehören). Ihre mütterlichen Eigenschaften mußte die schwarze Frau in erster Linie weißen Kindern zur Verfügung stellen, wie es heute noch an vielen Orten sowohl im Norden als auch im Süden üblich ist. Für ihre eigenen Kinder blieb nicht viel Zeit übrig, die sie hart anfassen mußte, um sie zu demütigen und ihre Seelen abzuhärten. Nur so waren sie in der Lage, in einer rassistischen Gesellschaft zu überleben. Eine Mutter erzieht ihre Kinder immer für eine Gesellschaftsform, in der diese später leben müssen. Der schwarzen Frau ist es schwergefallen, die Eigenschaften, die sie in der Zeit der Sklaverei von ihrer eigenen Mutter geerbt hat, innerhalb von drei bis vier Generationen, die seitdem vergangen sind, wieder abzuschütteln, insbesondere in einer Gesellschaft, die in so hohem Maße Tendenzen der Sklaverei aufrechterhält. Es würde hier zu weit führen, die tausendfältigen Formen näher

1840.] *Anti-Slavery Almanac.* 15

SELLING A MOTHER FROM HER CHILD.

"'Do you *often* buy the wife without the husband?' 'Yes, *very often;* and *frequently*, too, they sell me the mother while they keep her children. I have often known them take away the infant from its mother's breast, and keep it, while they sold her.'"—*Prof. Andrews, late of the University*

zu betrachten, mit denen das geschieht. Ich nenne hier nur die Bedeutung der Reklame und die Macht der weißen Propaganda, mit der die Schönheitsideale der Neger zerstört wurden. Immer wieder haben sie erfahren, daß ausschließlich weiße Haut und blondes Haar begehrenswert sind. Wie kann ein schwarzer Mann eine schwarze Frau lieben, wenn man ihm sein ganzes Leben lang eingeredet hat, daß sie die Häßlichkeit an sich repräsentiere? Wen wundert es da noch, daß beide an Selbsthaß leiden?

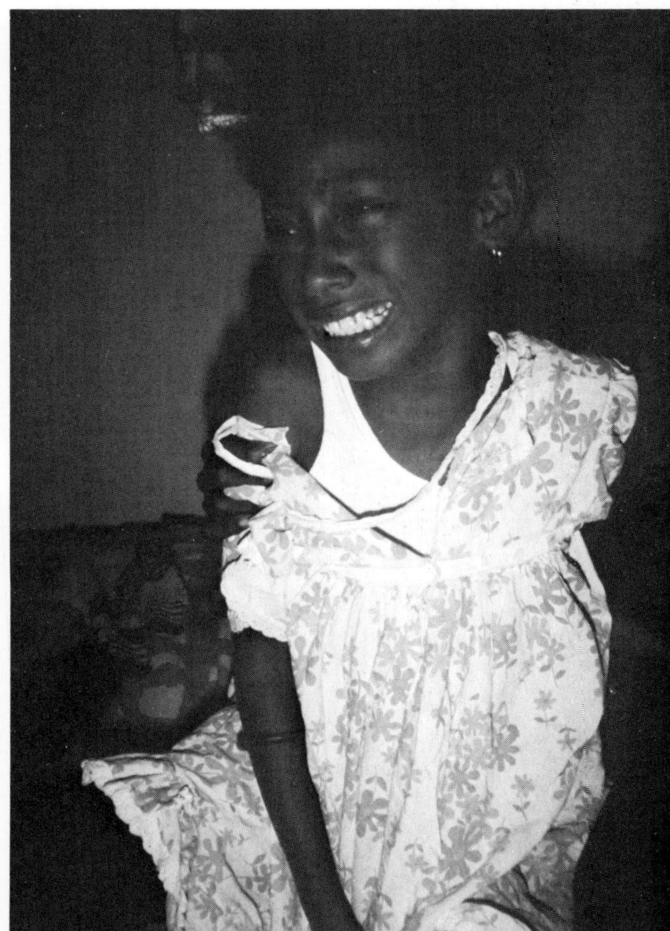

Tigerbutter

Um im psychologischen Terror des weißen Kapitalismus zu überleben, begann die schwarze Frau deshalb, ihre Haut mit einer hautbleichenden Creme zu weißen und ihr Kraushaar in einem komplizierten Prozeß, der unerhört schmerzvoll ist, zu glätten. Von der Geburt ihrer Kinder an läßt sie sie eine entsprechende Tortur durchlaufen. Die Logik der Kinder muß, wenn sie in einer solchen Welt aufwachsen, zweifelsohne lauten: »Wenn Mutter gezwungen ist, mir solche Schmerzen zu bereiten, damit ich anerkannt werde, so muß ich wirklich häßlich gewesen sein, bevor sie damit begann.«
Heute haben viele Neger im Norden aufgehört, die Haare zu glätten, aber entscheidend ist doch, daß es als Symbol für eine Behandlung anzusehen ist, der sie immer ausgesetzt waren: Sich in keiner Weise in ihrem natürlichen Zustand zeigen zu dürfen – nicht als Menschen auftreten zu dürfen, sondern lediglich als untertänige Diener. Die Verkrüppelung, der die Sinne der schwarzen Kinder in einer solchen Gesellschaft ausgesetzt sind, hat deshalb immer einen starken Eindruck auf mich gemacht. Solange die schwarzen Mädchen noch klein sind, sind sie voller Lebensfreude und Gesundheit. Aber plötzlich – im Teenageralter – sind sie gleichsam einem Erstickungsprozeß ausgesetzt. Sie werden leicht depressiv und ziehen eine Hülle über sich, eine beginnende Verhärtung, die mir wie eine Art Schutz erscheint, und wenn sie erwachsen sind, haben sie diese Härte, unter der viele schwarze Frauen leiden – den »Stahl«, wie sie schwarze Männer nennen –, und oft wollen sie gegenüber dem schwarzen Mann dominieren, was dazu führt, daß die schwarze Gesellschaft in mancherlei Hinsicht zu einer matriarchalischen Gesellschaft wird. In einer matriarchalischen Gesellschaft besteht kein Bedürfnis nach dem Mann, und sein natürlicher Aufenthaltsort ist deshalb das Gefängnis oder die Straße. (Hier spreche ich natürlich von einer Tendenz, denn glücklicherweise liegen die Dinge nicht immer so.)

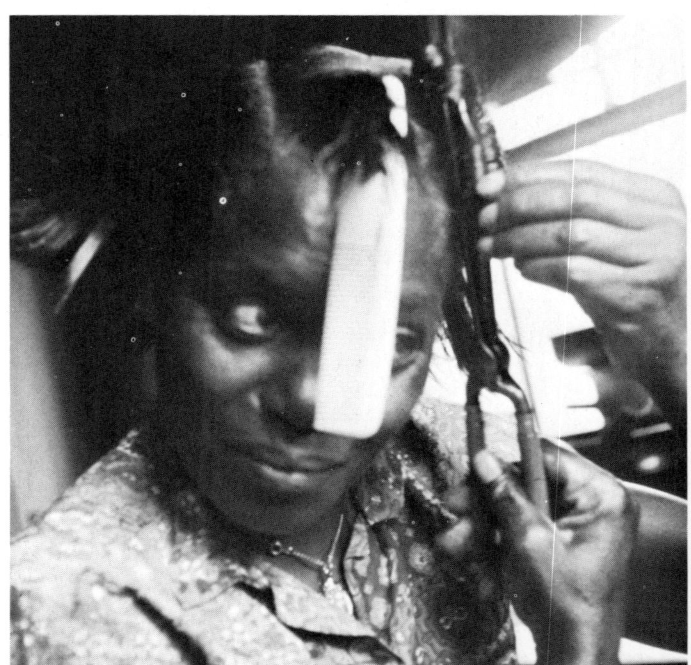

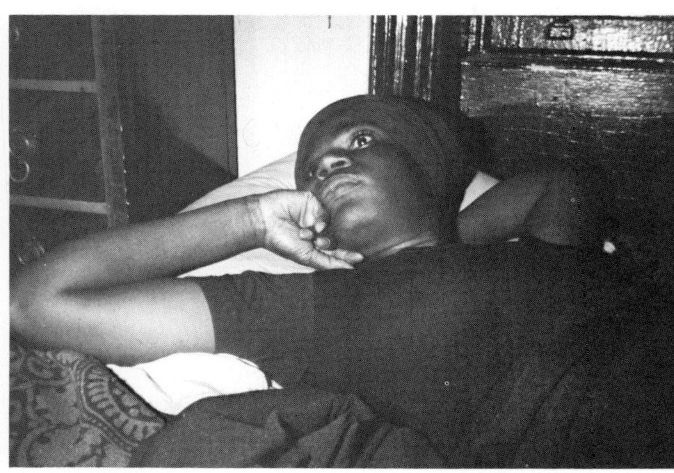

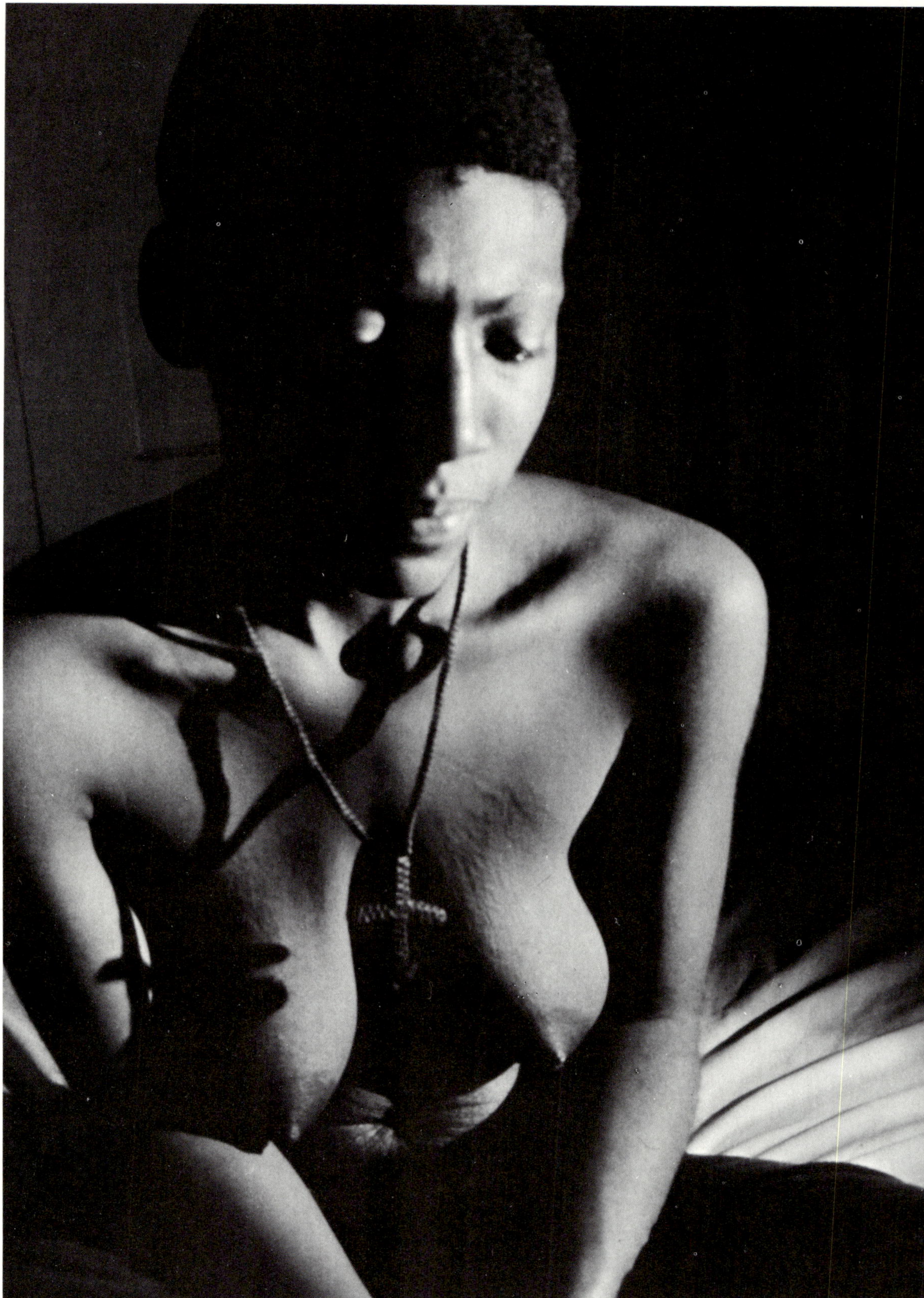

Lukas 7, 36-50

Es gelang mir nur ein einziges Mal während einer merkwürdigen Häufung von Zufällen in Greensboro, North Carolina, jemanden von einem Überfall abzuhalten. Ich wohnte bei Tony, einem schwarzen Sozialarbeiter, dessen Vater eine der schlimmsten Bars im schwarzen Getto besaß. Abend für Abend saß ich an der Bar. Eines Abends begegnete ich dort zwei schwarzen Mädchen des kriminellen Typs. Wir verabredeten, daß ich sie nach Hause begleiten sollte. Zuerst klauten wir Wein in einem Laden und begaben uns dann geradewegs in ein wartendes Taxi. Nachdem wir hinten Platz genommen hatten und das Taxi losgefahren war, fragte ich die Mädchen, wie sie sich eigentlich die Bezahlung vorstellten, denn ich wußte schließlich, daß sie kein Geld besaßen. »Na und«, meinten sie, »warte es ab, das bringen wir in Ordnung. Wenn wir am Ziel sind, schlagen wir ihn nieder und nehmen ihm sein Geld ab.« Mich überraschte das nicht schlecht, denn ich hatte es vorher noch niemals ausprobiert, einen Taxifahrer niederzuschlagen. Aber ich hielt trotzdem meinen Mund.
Als sich der schwarze Fahrer plötzlich zu uns umwandte, um etwas zu fragen, bemerkte ich, daß ich ihn kannte. Das war doch der Großvater meines Sozialarbeiters, dem das größte schwarze Taxiunternehmen der Stadt gehörte. Möglich, daß ich von diesem Moment an die Angelegenheit in meine Hände nahm. Ich rief dem Fahrer zu, er solle anhalten, und erklärte ihm, er bekäme sein Geld am nächsten Tag von seinem Enkel. Ich riß dann einem der Mädchen die Handtasche mit der Pistole aus der Hand und stieß beide aus dem Wagen. Sie waren genauso verblüfft wie der Taxifahrer. Auf der Straße brüllte ich sie an: »Das ist doch Tonys Opa, ihr Blödtanten.« Obwohl sie Tony kannten, hätte diese Tatsache sie wohl keineswegs zurückgehalten, aber sie standen draußen auf der Straße, das Taxi war verschwunden, und sie hatten keine Gelegenheit mehr, Schaden anzurichten. Oft schockierte mich die Brutalität solcher Mädchen. Immer wieder beobachtete ich, wie widerlich sie sich sowohl Frauen als auch Männern gegenüber benahmen. Und gerade deshalb war es ein überwältigendes Erlebnis, wenn sich zwischen uns eine Beziehung anbahnte, in der ich Gelegenheit erhielt, einen Hauch der warmen Menschlichkeit zu erahnen, die sich unter der harten Schale aus Bosheit und Doppelzüngigkeit (backstabbing), die ihnen dies gewalttätige System verpaßt hatte, verbarg. Menschen, die geradezu sklavisch an gewalttätige Umgangsformen gebunden sind, verspüren eine tiefe Sehnsucht nach Freiheit, nach einer menschlicheren Form, miteinander umzugehen. Trotzdem kann sich diese Sehnsucht nicht entfalten, da sie fortwährend von gewalttätigen Vibrationen erstickt wird, die von den anderen Gefangenen des Gettos ausgehen. Die Weißen und die bessergestellten Neger mit »Kultur« kommen mit dieser Sehnsucht nicht in Berührung, denn diese »Kulturmenschen« hegen gegenüber der Gettokultur nur Verachtung – eine Verachtung, die man im Getto andauernd fühlt und zu spüren bekommt und die die direkte Ursache für die ständig ansteigende Gewalttätigkeit im Getto ist. Die Zärtlichkeit, der ich so oft in unseren Beziehungen begegnete und die in menschlicheren Gesellschaftssystemen leicht Wurzeln hätte schlagen können, wirkte auf mich unsäglich stark und schmerzend, besonders weil ich immer aufs neue bemerkte, wie das System es diesen Mädchen natürlicher erscheinen ließ, roh zu handeln, statt zärtlich zu sein.
An einem anderen Abend begegnete ich in Jacksonville, Florida, einem bezaubernden schwarzen Mädchen, das mir versprach, für mich eine Unterkunft zu finden. Wir gingen zu ihrer Freundin, einer Prostituierten, aber die hatte Probleme mit ihrem Freund, und an Wohnen bei ihr war nicht zu denken. Den ganzen Abend suchten wir weiter und mußten eine Möglichkeit nach der anderen streichen. Die Prostituierte war immer eifriger daran interessiert, uns eine Übernachtungsmöglichkeit zu besorgen. Schließlich beschlossen die Mädchen, bei einem weißen Taxifahrer einen »turner-trick« zu versuchen, während ich in einer Kaffeebar warten sollte.
Kurze Zeit später kamen sie ganz aufgeregt angerannt und sagten mir, ich solle mich beeilen. Wir nahmen uns ein Zimmer in einem Motel, und ich entdeckte, daß sie wesentlich mehr als die zehn Dollar besaßen, die man normalerweise für einen »blow job« auf der Straße erhält. Ich befragte sie, aber sie wollten mir keine Auskunft geben. Erst später ließen sie sich näher aus. Dabei stellte sich heraus, daß eine der beiden den weißen Mann erst in einen dunklen Winkel hatte locken müssen, wo sie ihrem »job« nachkam. Aber dann hatte sie plötzlich einen großen Mauerstein neben sich ergriffen und ihn dem Mann auf den Kopf geschlagen. Da er nicht auf der Stelle umfiel, hatte sie sich einer Eisenstange bemächtigt und damit immer und immer wieder auf ihn eingeschlagen, bis er offensichtlich tot war. Sie hatte ihm dann seine Geldbörse abgenommen und war zu dem anderen Mädchen gelaufen, das im Hintergrund gestanden und zugesehen hatte. Tatsächlich hatte sie das Verlangen gehabt, diesmal mehr als die üblichen zehn Dollar zu nehmen, um in dieser Nacht sich auch einen Schuß Heroin gönnen zu können. Als wir zu dritt in dem Doppelbett des Motels lagen, bekamen beide offensichtlich Gewissensbisse, und dabei stellte sich heraus, wie tief religiös sie waren. Stundenlang beteten sie: »O Gott, Gott, tu doch etwas, damit er nicht stirbt.« Das war ein nervös gestammeltes Gebet, unterbrochen von den Versuchen, eine Vene für die Spritze zu finden. Schon am nächsten Morgen hatten sie das Ganze vergessen. Am stärksten bedrückte es sie, daß sie verschlafen hatten und es nicht mehr zum Sonntagsgottesdienst schafften, bei dem sie im Kirchenchor singen sollten.

Brief an einen amerikanischen Freund

Aber will man verdeutlichen, wie irrational und verbrecherisch unser System die Neger behandelt hat und von mir aus die ganze Dritte Welt, geschieht das am besten, wenn man diesen Bettler begrüßt. Am liebsten wollen wir ihn von oben sehen, so daß wir uns mit ein paar Cent freikaufen können. Die meisten von uns sind nämlich selbst von diesem System so verkrüppelt, daß wir außerstande sind, uns neben ihm auf die Straße zu setzen und ihm zuzuhören, wenn er uns erzählt, wie diese Gesellschaft ihn einmal als Sklaven benötigte, um unseren Wohlstand im Westen aufzubauen, und wie wir ihn brauchten, als wir ihn hinausschickten, um ein anderes farbiges Volk zu bekämpfen, damit sich das ausbreitet, was wir Freiheit nennen. Wagen wir es, ihm in die Augen zu sehen, wenn er berichtet, was er in diesem Kampf für die Freiheit des westlichen Kapitalismus verloren hat – diese Freiheit, die er niemals begriffen hat – die Freiheit, ein anderes farbiges Volk genauso arm zu machen wie ihn selbst – die Freiheit, unter der er den Rest seines Lebens zu leiden hat – die Freiheit, mit der wir täglich die armen Völker der ganzen Welt bombardieren, ohne sie der ihnen gehörenden Güter teilhaftig werden zu lassen – die Freiheit, den Mitmenschen zu vergessen, indem wir ihn gleichzeitig tyrannisieren?

Du kannst es haben, wenn du wirklich willst.
Du kannst es haben, wenn du wirklich willst.
Du kannst es haben, wenn du wirklich willst.
Aber du mußt es versuchen, wieder und wieder.
Schließlich wird es dir gelingen
– aber du mußt Verfolgungen über dich ergehen lassen –
gewinnen oder verlieren, du wirst deinen Teil bekommen können!
Richte deine Gedanken auf deinen Traum.
Du kannst es bekommen, so schwer dir das jetzt auch erscheint.
Rom wurde nicht in einem Tag erbaut.
Und du wirst großem Widerstand begegnen!
Aber je härter der Kampf ist,
desto befriedigender ist der Sieg.
Du kannst gewinnen, wenn du wirklich willst…

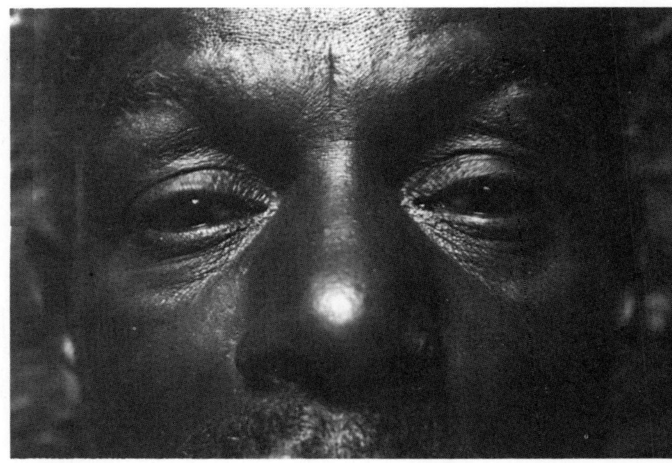

Wie dieser psychologische Terror sich im Gemüt des Schwarzen eingenistet hat, ist schwer zu begreifen – besonders für Weiße. Angela Davis hatte versprochen, sich in dieser Hinsicht über verschiedene Aspekte auszulassen, aber als sie begriff, daß ich – ein weißer Mann – beabsichtigte, den unangenehmen Bereich des Selbsthasses der Neger mit zu erwähnen, bekam sie natürlich Bedenken:
Angela: »Ich glaube, es würde den Rassisten gut in den Kram passen, wenn du dies Thema erwähnst.«
»Nein, ich meine, es ist eine Realität, und es ist deshalb notwendig, den Leuten zu erklären, warum arme Schwarze und Arme im allgemeinen sich anders benehmen.«
»Ich bin vollkommen anderer Ansicht.«

Wir zerstritten uns darüber vollkommen und schieden als Feinde voneinander. Aber wenn wir diesen Selbsthaß nicht begreifen, glaube ich kaum, daß wir in Europa die Situation verstehen; den Selbsthaß, der schwarze Kinder dazu bringt, ihren schwarzen Puppen die Haare auszureißen, oder der dazu führt, daß sie sich auf eine Ecke eines Stück Papiers malen, während weiße Kinder sich im allgemeinen auf die Mitte des Papiers malen, wenn man sie darum bittet, sich selbst darzustellen. Diesen Selbsthaß, der die Leute dazu bringt, gewalttätig gegenüber ihrer Umgebung zu reagieren, indem sie überall im Getto Abfall hinwerfen, oder der das Wort »backstabbing« (von hinten niederstechen) zu einem einzigartigen schwarzen Begriff macht, dessen Anwendung ich wieder und wieder beobachten konnte – sowohl verbal als auch in der Tat.

Als ich mich mit einigen Negern aus Jamaica in den Sklavenlagern Floridas beschäftigte, entdeckte ich, daß sie sich bei weitem nicht so negativ einschätzten, sondern mehr Würde und mehr Stolz besaßen als der amerikanische Neger. Historiker führen das auf die Sklaverei zurück. Wenn heute die Neger in Lateinamerika (insbesondere in Brasilien) wesentlich stärker in die Gesellschaft integriert sind, so ist das auf die feudalistische Form der Sklaverei in Lateinamerika zurückzuführen, wo die Kirche die Sklaven davor bewahrte, von ihren Familien getrennt, verkauft und mißhandelt zu werden. In den USA war die Sklaverei hingegen kapitalistisch, der Sklave wurde als Handelsware gröblich ausgenutzt, während gleichzeitig keinerlei Möglichkeit zur psychologischen Flucht bestand. Die kapitalistische Form der Sklaverei war ein geschlossenes System, während die feudalistische Form ein offenes System war (sehr vereinfacht) und deshalb das Gemüt des Schwarzen nicht so sehr zerstörte. Die kapitalistische Form der Sklaverei in den USA wurde deshalb von Historikern auch mit deutschen Konzentrationslagern verglichen, in denen es noch gewalttätiger zuging, aber wo man die Wirkung eines total geschlossenen Systems auf Menschen studieren kann. Man hat Tagebücher von Gefangenen gelesen, die oft hochgelehrte jüdische Professoren waren, bevor sie in die Konzentrationslager kamen, wobei sich herausstellte, daß sie im Laufe kurzer Zeit in einem solchen System menschlich verkümmerten und im übrigen eine Psyche zu entwickeln begannen, die der Psyche des Durchschnittssklaven in den USA sehr glich. So entwickelte sich beispielsweise nahezu ein Liebesverhältnis zu den Gefangenenwärtern, auf jeden Fall kein Haß, eher totale Resignation und beginnender Infantilismus. Wenn man sieht, wie überlebende Juden schon nach einem kurzen Aufenthalt in einem Konzentrationslager für ihr ganzes Leben zerstört waren, begreift man die Qualen amerikanischer Neger, nachdem sie sich dreihundert Jahre lang in einem ähnlichen System haben aufhalten müssen.

Geschichte vom Kleinen Schwarzen Sambo Erzählt und illustriert von Helen Bannerman

Bruder, welchen Preis habe ich nicht bezahlen müssen!
Ihr habt meine Geschichte gestohlen,
meine Kultur zerstört,
mir meine Zunge amputiert, so daß ich nichts sagen kann,
um mich zu demütigen, um mich zu isolieren,
um meine Lebensweise zu verbergen,
damit ich mich schließlich selbst hasse.

Bruder, welchen Preis habe ich nicht bezahlen müssen!
Ihr habt mir meinen Namen genommen,
setztet mich dem Spott und meiner Scham aus,
machtet mich zur Schande für die ganze Welt,
mit Witzen, Hohn und Spott auf meine Kosten!
Doch eure Zeit läuft langsam ab.
Ihr solltet mehr mit der Zeit gehen.

Bruder, welchen Preis habe ich nicht bezahlen müssen!
Von Afrikas Küsten, von England bis Asien,
in der Karibik und am Mississippi, in Mittel- und Südamerika:
Erst demütigtet ihr uns,
dann zerstreutet ihr uns,
ihr zerstörtet meine Lebensweise,
damit ich mich selbst hasse.
Bruder, welchen Preis habe ich nicht bezahlen müssen!
Schwester, welchen Preis habe ich nicht bezahlen müssen!
Mutter… Vater…

CURTIS
PONTI
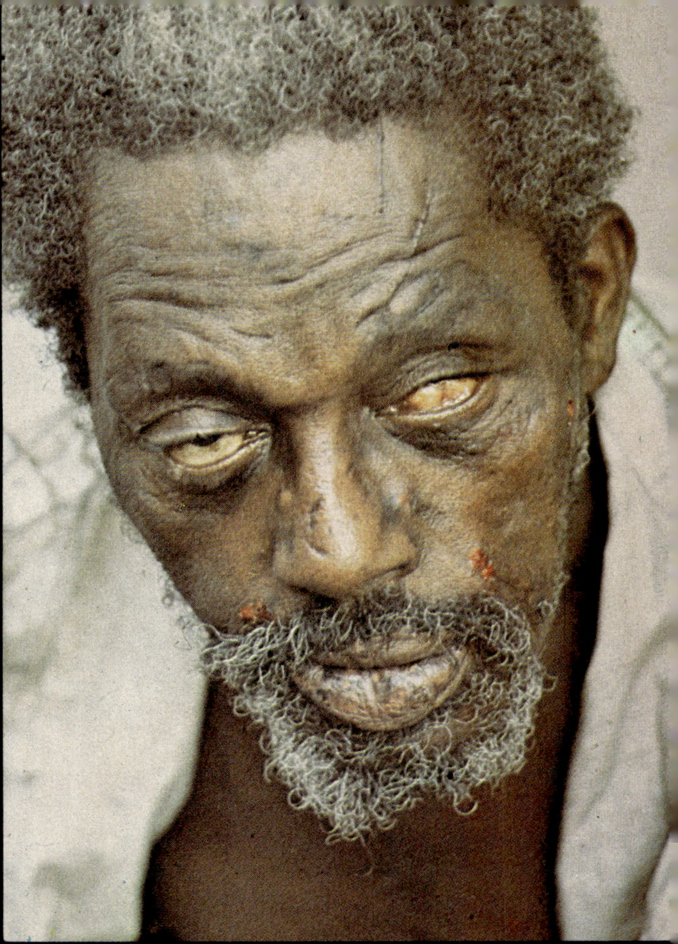

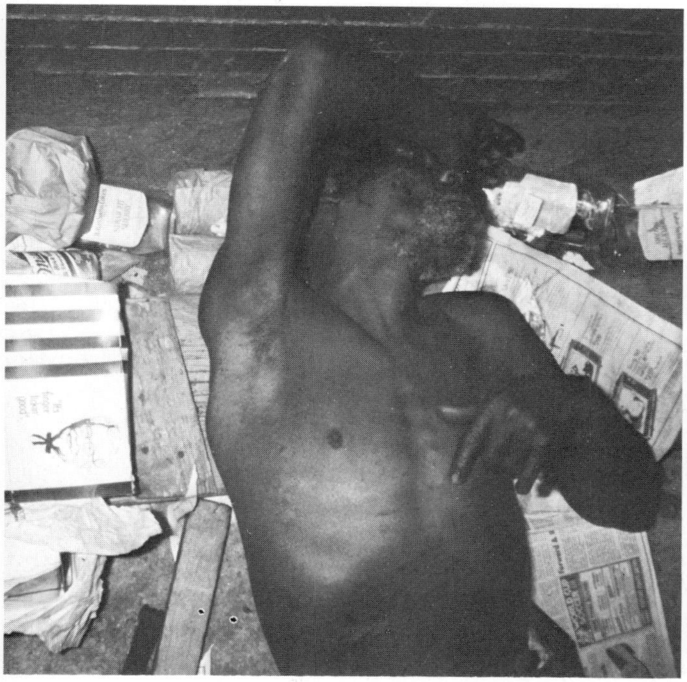

Obwohl die Zeit ausläuft, scheinen wir nicht sehr viel gelernt zu haben. Wir fahren fort, die Kultur in der Dritten Welt zu zerstören, und machen sie ärmer und ärmer. Wir geben mehr Geld für Bücher über die Dritte Welt aus, als wir persönlich an Beiträgen für die Entwicklungsländer leisten. Und obwohl die Neger in den USA einigen sozialen Ausgleich erhalten haben, handelt es sich dabei um einen Prozeß, der so langsam verläuft, daß sie erst in etwa fünfhundert Jahren so viel verdienen werden wie die Weißen. Das heißt, dieser Prozeß verlief so, bevor die konservative Regierung unter Nixon an die Macht kam. Unter Nixon war die Entwicklung für die Neger wieder rückläufig. Während des Zweiten Weltkriegs hatten sie fünfundfünfzig Prozent vom Durchschnittseinkommen eines Weißen, unter Kennedy und Johnson bis zu sechzig Prozent. Dann schlug die Reaktion unter Nixon zu, und sie fielen fast auf das Niveau des Zweiten Weltkrieges wieder zurück.

Das Durchschnittseinkommen der Weißen beträgt etwa elftausend Dollar jährlich, während die Neger sechstausend Dollar haben. Die Differenz beträgt also fünftausend Dollar, die die weiße Gesellschaft ihnen durch Unterbezahlung in Form von Extraprofiten geraubt hat. Da es fünf Millionen schwarze Familien in den USA gibt, können wir leicht ausrechnen, wieviel der schwarzen Gesellschaft gestohlen wurde: fünf Millionen multipliziert mit fünftausend Dollar, was fünfundzwanzig Milliarden Dollar Extraprofit für die weiße Gesellschaft bedeutet – mehr als genug, um den Vietnam-Krieg und die Mondprojekte zu finanzieren.

Aber in erster Linie wird dies Geld dafür verwendet, einen Luxuslebensstandard für einen sehr kleinen Teil der weißen Gesellschaft aufrechtzuerhalten. Vier von fünf Amerikanern sind noch nie geflogen oder haben nie in einem Hotel gewohnt. Auf der anderen Seite besitzt circa ein Prozent der Bevölkerung über dreißig Prozent der gesamten Güter in den USA.

Wir wollen eine dieser reichen Familien, die Pabst-Familie, besuchen, die eine der drei größten Brauereien in den USA besitzt und außerdem verschiedene Landsitze und Häuser in der ganzen Welt. Hier wird die jüngste Pabst-Tochter von einem Dienerstab auf der Drei-Millionen-Dollar-Farm in Kalifornien umsorgt, wo ich mich bei der Familie nach einer langen Zeit des Hungerns im Süden erholte. Sie lebt in einer Welt, die sich so sehr von der des kleinen Jungen in seinem Schlammloch unterscheidet, daß man meinen könnte, es sei nicht dieselbe Welt, stünde nicht Pabst auf den Bierdosen, zwischen denen er aufwachsen muß. Ich zeigte der Familie Pabst einige meiner Bilder von durch Apathie und Alkoholismus zerstörten Negern in der Hoffnung, für mein Projekt eine kleine finanzielle Unterstützung zu erhalten, aber Frau Pabst, die an Kunst und Literatur lebhaft interessiert war und gleichzeitig einen aristokratischen Haß gegenüber armen Leuten hegte, rief immer wieder aus: »Ich hasse sie. Ich hasse die faulen Schweine. Warum richten sie nichts aus, warum nehmen sie keine Arbeit an?« – Aber woher bekommt Frau Pabst all das Gold in ihren Ohren (ohne zu arbeiten), und warum arbeiten die »faulen Nigger« eigentlich nicht?

Sing ein Lied von den traurigen jungen Männern
mit dem Glas voller Schnaps.
Alle Neuigkeiten sind wieder schlecht,
küß deine Träume Lebewohl!
All die traurigen jungen Männer,
die an den Bars sitzen
und die Nacht forttrinken
und aller Sterne verlustig gehen.
All die traurigen jungen Männer,
die durch die Stadt streichen,
die die Nacht durchtrinken,
damit der Schmerz nicht aufbricht.
All die traurigen jungen Männer,
die in der Kälte singen
und zu vergessen suchen,
daß sie alt werden.
All die traurigen jungen Männer,
die von ihrer Jugend erstickt werden,
die versuchen, heiter zu erscheinen,
vor der Wahrheit davonzulaufen.
Der Herbst färbt die Blätter golden,
und langsam sterben die Herzen.
Die traurigen jungen Männer
beginnen zu altern,
das ist das Schlimmste von allem.
All die traurigen jungen Männer – schau, das plötzliche Lächeln,
das jemand kurze Zeit haben kann –,
müde kleine Mädchen
tun alles, was sie können,
um die traurigen jungen Männer zu ermuntern,
während ein verschleierter Mond hoch oben flammt.
All die traurigen jungen Männer
spielen Liebe, um geliebt zu werden.
Der unechte Mond scheint
den traurigen jungen Männern.
Laß dein bleiches Licht
sie wieder nach Haus geleiten,
all die traurigen, traurigen jungen Männer…

ROOMS

JOBS or Income
NOW
Organize! Fight Back!!

Desperate jobless stealing to survive

United Press International

The recession's spreading joblessness is spawning a crop of thieves and robbers, from big-time crooks to petty ripoff artists.

A national survey has turned up statistics that show crimes against property, from bank robbing to shoplifting, are increasing.

"There are some guys who just aren't going to sit back quietly and starve to death."

And in the midst of the cold statistics are such stories of desperation as the 19-year-old Takoma Park, Md., mother who was picked up for stealing $3.26 in baby food and disposable diapers for her 9-month-old son.

Nashville's chief of police Joe Casey reported that until recently most robbers and burglars were stealing to support a narcotics habit, but that "lately, we've been getting more saying the reason they did it was it was that they were out of work."

Allerdings sollten wir die Angelegenheit nicht romantisieren und glauben, es seien nur Arbeitslose, die in den Alkoholismus getrieben werden. Immer aufs neue habe ich auf meiner Reise erfahren, daß im Verhältnis Herren–Sklaven weder der Herr noch der Sklave wirklich glücklich sind, denn beide Rollen hindern sie daran, vollkommen menschlich zu sein. Ich habe in der herrschenden Klasse einen Tablettenverbrauch und Alkoholismus von mindestens demselben Umfange beobachten können wie in der unterdrückten Klasse. Und nicht einmal in der reichsten Familie der Welt, bei den Rockefellers, ging es mir anders.
Die Rockefellers schufen ihren Reichtum mit Hilfe des Ölimperiums ESSO (EXXON), während sie dabei gleichzeitig unzählige Konkurrenten in den Schmutz trampelten. Heute besitzen die Rockefeller-Brüder gleichzeitig einige der größten Banken der Welt sowie viele andere Dinge. Würde ich sie aufzählen, glaubte man nur, ich übertriebe. Wir wissen natürlich, wie die gefärbte, bürgerliche Presse solche Unterdrücker mit Tränen in die Augen treibenden Geschichten über ihre glücklichen Ehen idealisiert – in diesem Fall die Ehe zwischen der vierten Generation Rockefeller und einer anderen reichen Familie, der Tochter des Senators Charles Percy.
Aber ich stellte fest, daß ihr Dasein nicht im geringsten dem rosaroten Bild entsprach, das das Magazin »Life« gemalt hatte.
Hier in der Küche saß ich und ließ mich vollaufen zusammen mit John D. Rockefeller, dem Gouverneur von West-Virginia und nahezu sicheren Präsidentschaftskandidaten. Hinsichtlich ihrer persönlichen Sicherheit geht es der Oberschicht besser als der Unterschicht, aber auch sie bekommt die Gegengewalt des Systems ab und zu zu spüren. Hier Johns Frau, Sharon, die vor ein paar Jahren ihre Zwillingsschwester verlor, die in Chicago mit einhundertsechzehn Beilhieben und Messerstichen ermordet wurde.
Aber daß die Kriminalität der Unterschicht nur ein Reflex auf die Kriminalität der Oberschicht ist, begriff ich erst richtig an dem Morgen, nachdem wir gute Freunde geworden waren und mein Brummschädel sich etwas aufgeklart hatte. Rockefeller rief mich in sein Kontor. Er hatte versprochen, einen kurzen Bericht über mein Projekt durchzusehen, den ich immer bei mir habe in der Hoffnung, Leute dazu zu bewegen, mir Geld für ein paar Filme zu geben. In meinem Rausch darüber, bei einem Rockefeller zu wohnen, hatte ich allerdings einen Satz in meinem Gesuch vollkommen vergessen. Es ging dabei um »die brutale Abschlachtung von einundvierzig Gefangenen im Attica-Gefängnis durch den Rockefeller-Clan«. Es braucht eigentlich nicht näher erwähnt zu werden, daß ich von Rockefeller keinen roten Heller erhielt. Plötzlich wurde mir bewußt, daß ich hier bei einer Familie saß, die mehr Menschen

auf dem Gewissen hatte als jeder Mörder, bei dem ich auf meiner ganzen Reise gewohnt habe, und die darüber hinaus Menschen gemordet hatte, deren Familien ich persönlich kannte. Als ich an diesem Morgen ohne Geld und ohne Film hinaus auf die Landstraße ging in die Berge, hatte ich eine neue Erfahrung über die Welt der Eloi und Morlocks gemacht: Die Gettosyndrome Mord und Alkoholismus sind nur ein Spiegelbild der herrschenden Klasse.

Der Prediger Salomo 5, 9-12

Eines Abends, als ich bei einer reichen Dame in Columbia, Maryland, wohnte, machten wir am See einen Spaziergang. Plötzlich hielten drei Autos. Im ersten saß eine Gruppe betrunkener Menschen. Aus den beiden anderen Wagen sprangen sofort Menschen mit Pistolen heraus. Ich war so erschrocken, daß ich versuchte, mich davonzuschleichen; aber die Dame, mit der ich zusammen war, erkannte eine der Personen im ersten Auto. Es war der bekannte Komponist Burt Bacharach. Er war so betrunken, daß er nicht nach Hause finden konnte. Wir wurden gebeten, ihnen den Weg zu zeigen. Wir stiegen in den Wagen ein. Der einzige unter ihnen, der noch nüchtern genug war zum Reden, fing an mir Fragen zu stellen. Er wirkte sehr jung, und da ich an dem Abend sauer war und keine Lust hatte, auf Fragen Betrunkener zu antworten, sagte ich etwas in der Richtung: »Hör auf!« Darauf antwortete er: »Ja, weißt du nicht, mit wem du fährst?« Er erklärte mir, er selbst sei Senator Tonney aus Kalifornien, die Dame an meiner Seite Ethel Kennedy, die Witwe Bobs, und der Mann, der das Auto fuhr, Ted Kennedy. Mag sein, daß sich dadurch meine Stimmung besserte. Burt Bacharach war inzwischen eingeschlafen und konnte uns nicht erzählen, wo er wohnte. Wir fuhren deshalb weiter um den See herum – eine der schlimmsten, besoffenen Fahrten, die ich je mitgemacht habe. Ted saß mit einer Flasche Whisky in der einen Hand am Steuer und fuhr offensichtlich, ohne Herr über den Wagen zu sein; sein Hemd war aufgerissen, und er befand sich in einem sehr betrüblichen Sinneszustand. Ethel Kennedy sah noch schlimmer aus, und ich konnte überhaupt keine Ähnlichkeit mit den Bildern erkennen, die ich von ihr kannte. Die Männer mit den Pistolen hinter uns waren Sicherheitsbeamte, denen es offenbar nicht gelungen war, Kennedy in diesem Zustand vom Fahren abzuhalten. Als wir schließlich das Haus von Burt Bacharach fanden, setzten wir bei ihm die Sauferei fort.
Ich fragte Kennedy ein bißchen nach seiner neuen Lateinamerikapolitik, aber bekam nur »Hick..., Hick« zur Antwort. Ich fragte ihn dann, ob er wirklich beabsichtige, John F. Kennedys Politik gegenüber Kuba zu ändern, wie er es in einigen Reden angedeutet hatte. Diesmal antwortete er etwas ausführlicher: »Hm..., Hi – Hick... Hick...« – Ich war zufrieden. Das alles deutete doch auf eine etwas weniger harte Politik gegenüber Kuba hin.

Das war im Mai 1971. Erst einen Tag später erinnerte ich mich an das Chappaquidick-Unglück kurz zuvor – und wie leicht wir auf die gleiche Weise im See hätten landen können. Dieses Erlebnis hat mir seitdem den Zugang zu mehr Häusern geöffnet als jedes andere Mittel. Wenn ich Lust habe, bei jemandem zu wohnen, mit dem ich reise, erzähle ich ihm oft dieses oder ähnliche Erlebnisse. Und die Reaktion lautet fast immer: »So, du kennst Kennedy! Hättest du Lust, zu uns nach Haus zu kommen und bei uns heute abend zu wohnen?« Alle Amerikaner sind der Kennedy-Mystik verfallen, und dieses Erlebnis hilft mir sowohl bei seinen Feinden als auch bei seinen begeistertsten Anhängern. Niemals zuvor ist mir dies so deutlich geworden wie in den letzten zehn Tagen, als ich dieselbe Geschichte an zwei verschiedenen Orten erzählte. Vor ungefähr zwei Wochen wohnte ich bei einem Bankier in Alabama, der mich eines Abends als Gastredner in einen der örtlichen Lions' Clubs einlud, wo er Vorsitzender war. Er wollte seine Freunde schockieren, indem er fünfzig hartnäckigen Wallace-Anhängern einen langhaarigen »Hippie« gegenübersetzte. Ich wußte weder ein noch aus. Ich meinte, es sei meine Pflicht, ihnen meine Meinung über ihre Rassenpolitik so diplomatisch wie möglich mitzuteilen, aber kaum hatte ich das Wort »black« erwähnt, sprang der Bankmann auf und sagte, darüber wolle er nichts hören. Ich versuchte es dann ein bißchen indirekt mit dem Vietnam-Krieg, indem ich ihnen zuerst von der Besetzung Dänemarks durch die Deutschen erzählte und danach Parallelen zu Vietnam zog. Nach etwa einer Stunde wollte er auch darüber nichts mehr hören. Mit starren Gesichtern und zusammengepreßten Lippen saßen die Leute da und strahlten mir gegenüber eine Feindschaft und einen Haß aus, wie ich es vorher niemals verspürt hatte.
Plötzlich kam ich auf die Idee, ihnen etwas von meinem Kennedy-Erlebnis zu erzählen – und der ganze Abend war gerettet. Die Leute brachen anschließend in stürmischen Beifall aus, und alte geliftete Damen kamen, nahmen mich warm in ihre Arme und sagten: »Wir wußten doch, daß Kennedy so ist. Das ist es, was wir hier unten immer gesagt haben.« Und andere fügten hinzu: »Jetzt verstehst du wohl, warum Wallace der beste Mann ist?« Vier verschiedene Leute kamen zu mir und sagten, falls ich bei dem Bankier nicht länger wohnen wolle, müßte ich endlich zu ihnen kommen und bei ihnen wohnen. Von dem Tag an öffnete sich die Stadt für mich. Es war, als ob ein weißer Tornado Verschlossenheit und Mißtrauen weggewaschen hätte – Haltungen, denen ich in den kleinen Städten Alabamas dauernd begegnet war.

Ich kann mir nicht helfen, ich mag sie, diese Leute im Süden. Sie erinnern mich in gewissem Sinne an die Leute meines Heimatortes in Dänemark. Es sind haargenau die gleiche Verschlossenheit, die gleiche Skepsis, der gleiche Konservativismus, die gleiche Trägheit, die, wenn man nur den richtigen Knopf drückt, sich plötzlich in eine unglaubliche menschliche Wärme verwandeln können. Und ich wage zu garantieren, falls man plötzlich in meinem Dorf in Dänemark zwanzig Neger wohnen lassen würde, würde das ganze Dorf augenblicklich aus Protest auswandern. Oder sie würden eher noch nach einem Rettungsbalken wie Wallace greifen.
Einige Tage später trampte ich blitzartig rauf nach Boston. Dazu braucht man nur vierundzwanzig Stunden, und der Vorzug dieser Kontrastreisen zwischen dem Norden und dem Süden ist, daß man die ganze Zeit über die Dinge so scharf wie möglich sieht. Man ist jedesmal wieder schockiert, wenn man das bedächtige Land da unten im Süden, wo die Welt mit Brettern vernagelt ist, verläßt und sich hier oben in Cambridge in Cocktail-Parties stürzt, wo Intellektuelle und berühmte Neurologen, Ökonomen, Harvard-Professoren und was weiß ich alles zusammenkommen. Stunden verbringt man mit Diskussionen über das innere Wesen des Nichts. Mindestens mir kommt es so vor, wenn ich gerade aus dem Süden angelangt bin. Oft beginnen wir eine alberne Diskussion, bei der ich den Süden eifrig verteidige, denn ich liebe ihn wirklich trotz seiner Menschenunterdrückung. Aber gestern geschah etwas, was mich wieder völlig überrumpelte. Ich stand an einer Bar in Cambridge und erzählte einem halb betrunkenen Bekannten von meinen Reiseerlebnissen. Er hatte so viel getrunken, daß er nur mit halbem Ohr zuhörte. Als ich von der Kennedy-Sauftour berichtete, spitzte er plötzlich die Ohren. Er lauschte aufmerksam und stellte eine Detailfrage nach der anderen, um herauszubekommen, ob es der richtige Kennedy war. Darauf drückte er mir die Hand und sagte: »Es war wirklich phantastisch, das zu hören. Ich bin nämlich Ted Kennedys Vetter. Mein Name ist John Fitzgerald, und ich wohne in Dedham. Von jetzt an bist du in unserer Familie ein willkommener Gast. Hast du Lust, mit mir nach Haus zu kommen und von jetzt an bei uns zu wohnen?« Dann erzählte er mir, daß er gerade seinen jährlichen Scheck von Rose Kennedy bekommen habe, der Führungsgestalt des Clans, und ich könne deshalb jetzt an der Bar bestellen, was immer ich wolle, und anschließend würden wir raus in die Stadt gehen und auf die Pauke hauen. Gerade jetzt bin ich meinen Kater wieder einigermaßen los. Auf diese Weise habe ich also in der Kennedy-Familie Fuß gefaßt. (Aber jedesmal, wenn ich einem Kennedy begegne, macht es auf mich mehr den Eindruck, als ob ich Wassertreten betriebe.) Mir kommt das Ganze so unwirklich vor, da ich genau vor nur einer Woche und drei Tagen in Alabama genau dieselbe Geschichte erzählte – wahrscheinlich mit genau denselben Worten – und genauso herzlich aufgenommen wurde. Der einzige in Amerika, auf den mein Kennedy-Erlebnis offenbar überhaupt keinen Eindruck gemacht hat, ist Ted Kennedy selbst. Als ich ihm im Herbst auf einem McGovern-Treffen in New York begegnete, ging ich an den Leibwachen vorbei direkt auf ihn zu und sagte etwas im Sinne von: »Hallo, Alter. Erinnerst du dich noch an die Nacht...?« Aber Ted starrte mich nur verständnislos an. Entweder wollte oder konnte er mich nicht wiedererkennen.

Brief an einen amerikanischen Freund

Aufgrund seiner Politik der Integration weißer und schwarzer Schulkinder hat Kennedy im Süden den gewalttätigen Haß der Weißen auf sich geladen; aber er ist nicht in der Lage gewesen, seine eigenen Kinder oder die der Rockefellers mit den Armen zu integrieren. Rockefellers Tochter hat nicht viel gemeinsam mit diesen armen weißen und schwarzen Kindern in einer integrierten Schule, die hier im Stehen einer Flagge die Treue schwören müssen, deren Streifen sie in den Teufelskreis der Armut gesperrt haben: »Ich gelobe den Vereinigten Staaten von Amerika und der Republik, für die sie (die Fahne) steht, die Treue, eine Nation vor Gott, unteilbar, mit Freiheit und Gerechtigkeit für alle.«
Aber wieviel Gerechtigkeit gibt es für diesen schwarzen Jungen, der gegenüber diesen Prinzipien Treue schwören muß und dann nach Hause geht in sein rattenverseuchtes *shack?* Und wie unteilbar ist diese Nation, in der die Neger bis jetzt noch immer nicht als zu ihr gehörig anerkannt worden sind und Polizeischutz benötigen, wenn sie aus ihrer Isolation ausbrechen und in weiße Schulen kommen? In den Südstaaten ist die Integration ein Kennzeichen zwischen Schwarzen und armen Weißen, die kein Geld für Privatschulen haben. Aber im Norden brechen überall in den Großstädten gewalttätige Kämpfe aus, sobald die Regierung anfängt, Busse mit schwarzen Kindern in Schulen der weißen Viertel zu schicken, um sie zu integrieren. An manchen Orten müssen in jedem Bus Soldaten anwesend sein, um die Kinder gegen weiße Eltern zu beschützen. In New York müssen – zum Schutz der schwarzen Kinder – rasende weiße Eltern mit Barrikaden zurückgehalten werden. Dieses Interview mit schwarzen Kindern beweist, wie weit sie von den Weißen in dieser sogenannten unteilbaren Nation entfernt sind:

WEATHER
Mostly sunny mid 60s.
Tonight: Clear, 40-45.
Tomorrow: Sunny, 60.
Fair on Friday.

New York Post

FOUNDED 1801. THE OLDEST CONTINUOUSLY PUBLISHED DAILY IN THE UNITED STATES.

NEW YORK, WEDNESDAY, OCTOBER 25, 1972 — 15 Cents

CLOSING MARKET FINAL 7 RACES

WHITES ATTACK TWO SCHOOL BUSES HERE

Mafia Captain

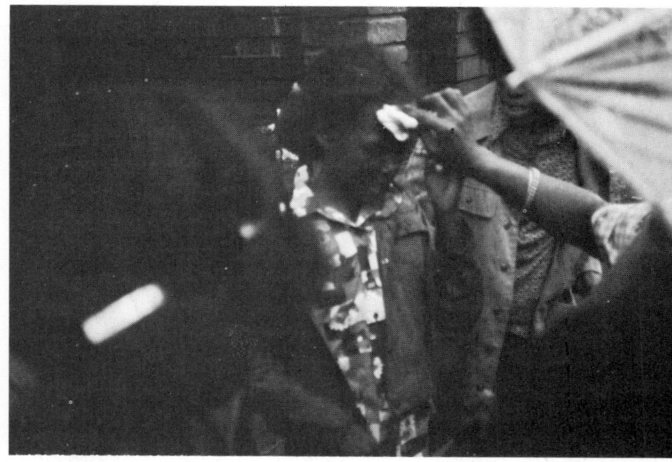

Get US out!
OF THE UNITED NATIONS
LOWER TAXES
through
LESS GOVERNMENT

PLEDGE YOUR
ALLEGIANCE...

»Was bedeutet für euch ›Black Power‹?«
»Es bedeutet mehr Stärke und mehr Macht für die Schwarzen und weniger für die Weißen. Zum Beispiel Geld. Wir brauchen Geld und Essen, damit wir stark werden. Mehr Geld, um Waffen zu kaufen, damit wir die Weißen bekämpfen können, wegen der Dinge, die sie uns angetan haben.«
»Sind sich alle einig darüber, daß die Schwarzen gezwungen sind, zu kämpfen?«
»Ja!«
»Oder sollen die Schwarzen fortfahren, friedlich zu demonstrieren?«
»Nein, nein, nein!«
»Die Schwarzen wären nicht gezwungen zu kämpfen, hätten die Weißen aufgehört, uns zugrunde zu richten!«
»Wenn die Weißen Waffen anwenden, können die Schwarzen es auch.«
»Wenn wir ihnen den Rücken zuwenden, stechen sie uns von hinten nieder.«
»Halt den Mund!«
»Aber hör mal, Benjamin, ihr könnt doch alle kämpfen, stimmt's?«
»Richtig, ja.«
»Ich meine, wir sollten mit den Weißen Freundschaft schließen. Genauso wie mit Avis. Sie ist meine Freundin, und sie ist Weiße.«
»Warte nur, bis sie erwachsen ist. Dann wird sie aus *dieser* Welt verschwunden sein.«
»Warum?«
»Weil sie in einem anderen Teil der Welt sein wird, aber du wirst immer noch hier sein (im Getto) und sagen: ›Naja, aber schließlich war sie mal meine Freundin.‹«
»Woher weißt du, daß sie aus dieser Welt verschwinden wird?«
»Sie wird nicht aus der Welt verschwinden, aber aus diesem Land.«
»Aus diesem *Land* oder aus diesem *Getto?«*
»Aus diesem Land, Getto oder was auch immer!«
»Wirst du ihr gegenüber immer noch freundlich sein, wenn du älter bist und sie größere Möglichkeiten hat als du?«
»Ja.«
»Woher weißt du das?«
»Sie wird vielleicht nicht deine Freundin sein. Sie wird dir sicher den Rücken zukehren.«
»Oder du wirst *ihr* den Rücken zuwenden.«
»Mit dir machen sie bestimmt eine Gehirnwäsche...«
»Aber ein Weißer bleibt immer ein Mensch!«
»Aber warum... Warum behandelt er einen schwarzen Menschen so, als ob er ein Tier sei?«
»Wir müssen *irgend etwas falsch* gemacht haben!«
»Hör mal. Das geht jetzt zu weit. Der weiße Mann hat zuerst gesündigt. Der Schwarze kümmerte sich um sich selbst und lebte in Frieden, und dann kam der Weiße und machte ihn zum Sklaven...«

Um solche Kinder handelt es sich, die die weißen Eltern in den Mauern des Gettos zurückhalten wollen, wo ihre Schulen in immer stärkerem Maße verfallen. Viele Weiße weigern sich auch, Steuern zur Aufrechterhaltung der schwarzen Schulen zu bezahlen. Nichtsdestoweniger hat eine steigende Anzahl schwarzer Eltern damit begonnen, sich aufgrund der Ergebnisse, die man im Süden beobachtet hat, gegen integrierte Schulen zu wenden. Sie sind der Ansicht, daß sie dazu beitragen, das Minderwertigkeitsgefühl zu verstärken, das schwarze Kinder hatten, bevor sie in die Schule kamen. In Konkurrenz mit den weißen Kindern haben sie es auch sehr schwer, denn ihr Hintergrund ist ein vollkommen anderer. Wenn eine Gesellschaft bereits die Kinder in Klassen aufteilt, bevor sie in die Schule kommen, haben sie nun einmal nicht dieselben Voraussetzungen. Schließlich kommt der größte Teil der schwarzen Kinder aus Elternhäusern, in denen es keine Bücher gibt und wo sie gezwungen sind, den größten Teil ihrer Zeit auf der Straße zuzubringen, während die Eltern vieler weißer Kinder mit Hilfe von Büchern und Diskussionen ihre Intelligenz und Wißbegierde geschärft haben. Deshalb haben schwarze Eltern das Gefühl, ihre Kinder würden einer Gehirnwäsche unterzogen und könnten sich später nicht mehr in der Gesellschaft zurechtfinden. Einer der großen schwarzen Schulleiter in San Francisco, Yvonne Golden, sagte:
»Ich bin nicht notwendigerweise gegen die Integration in Schulen, aber ich kann nicht einsehen, welchen Wert sie für die meisten Länder haben sollte – mit Ausnahme natürlich der sozialistischen Länder.«
»Aber die Frage ist: Glaubst du, daß eine wirkliche Integration innerhalb der Grenzen des kapitalistischen Systems möglich ist?«
»Nein, selbstverständlich nicht. Schließlich widerspricht das den eigentlichen Wünschen der herrschenden Klasse – der Politik des Teilens und Herrschens. Schließlich ist dies eine Klassengesellschaft.«

Hey, Onkel Sam, du magst glauben, wir seien verrückt,
wenn wir unsere Kinder auf die bürgerlichen Schulen schicken.
Du betreibst bürgerliche Schulen, und wie um alles in der Welt
sollen wir eines Tages die Regeln brechen.
Wir sind der Gehirnwäsche müde,
des Wettlaufs nach oben in der Gesellschaft,
da wir doch dauernd rückwärts wieder heruntergleiten,
immer dann, wenn wir ein Stück nach oben geschafft haben!
Du hast den Verlag gegründet, hast das Buch zusammengestellt,
und wenn wir jetzt deine Ausbildung erhalten,
wird deine Gehirnwäsche auf ewig andauern…

Dandee
7up
OPEN SUN.
8:00 to 1 P.M.

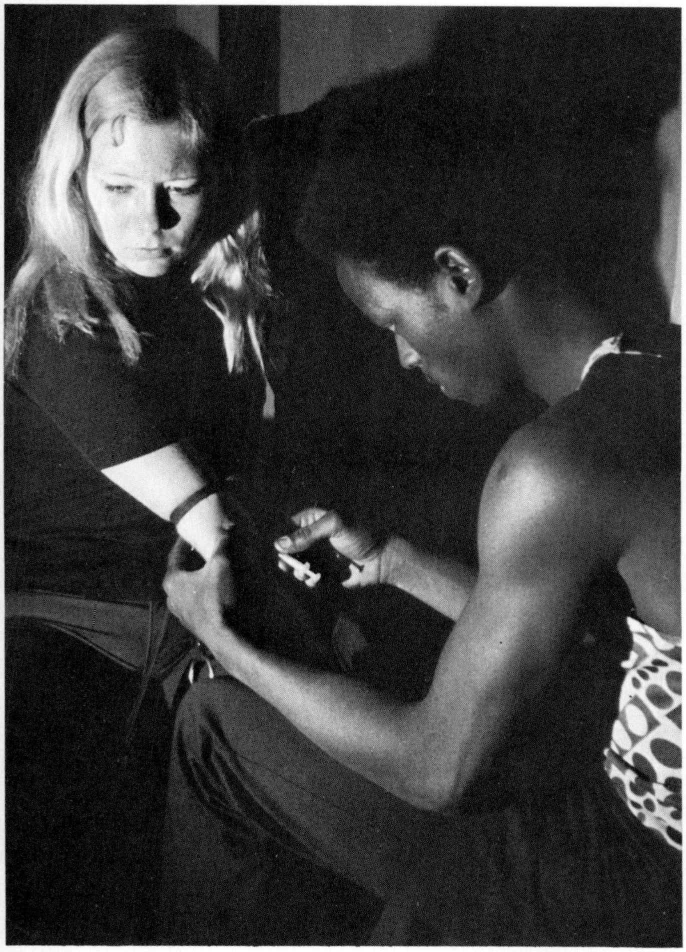

Die USA sind gleich hinter Südafrika auf der ganzen Welt das Land mit der stärksten Rassentrennung. Einem neuangekommenen Touristen dürfte es etwas schwerfallen, das zu sehen, wenn er die Leute auf der Straße beobachtet, die offensichtlich ohne Rücksicht auf Farbe oder Aussehen durcheinander wimmeln. Aber das System hat es einfach verstanden, die beiden Rassen so unterschiedlich sich entwickeln zu lassen, daß die eine mit der anderen nicht kommunizieren kann. Nur ganz wenige sind in der Lage, sich über die unsichtbare Linie hinwegzubegeben, die zwischen ihnen gezogen ist. Aber die meisten sind auf ewig eingeschlossen.

Das Bild hier zeigt eine Gruppe junger Teenager. Unter ihnen ist kein Weißer. Wenn einem das Auge etwas anderes mitteilt, so nur deshalb, weil man glaubt, Rassismus hätte etwas mit der Hautfarbe zu tun. Das ist nur in sehr begrenzter Hinsicht richtig. Dieses Mädchen wurde, als sie klein war, von schwarzen Eltern im Getto adoptiert und wurde deshalb dazu erzogen, schwarz zu sein, sich schwarz zu verhalten, schwarz zu denken und sich schwarz zu kleiden. Sie hat mit den Weißen nichts gemeinsam und spricht kaum ihre Sprache. An anderen Stellen habe ich das Gegenteil gesehen: schwarze Kinder, die in weißen Familien aufgewachsen waren und eine Gehirnwäsche mit weißer Kultur hinter sich hatten. Hier liegt die tiefere Tragödie des Rassismus. Das System hat auf jede mögliche Weise die Kluft zwischen der schwarzen und weißen Kultur vertieft, und alle sind in diesem System gefangen. Selbst wenn Weiße gern mehr mit Negern zu tun haben möchten, ist jeder Versuch in dieser Richtung im allgemeinen zum Scheitern verurteilt. Weder auf den Universitäten noch an den Arbeitsplätzen gibt es eine wirkliche Integration, selbst wenn man gezwungen ist, miteinander umzugehen.

Nur unter zwei Aspekten habe ich in den USA eine gewisse Form der Integration beobachtet: unter Geistesschwachen und in bestimmten linksgerichteten Gruppen. Aber selbst in linken Gruppen scheint das einzige, was sie zusammenhält, ihr Wissen zu sein (von Reisen nach Kuba), daß sie in einer sozialistischen Gesellschaft eines Tages einander menschlich gegenübertreten können. Deshalb versuchen sie, diese Gemeinschaft bereits jetzt herzustellen, obwohl das einzige, was sie gemeinsam haben, ihre Opposition gegenüber dem Mangel an Gemeinsamkeit in der jetzt bestehenden Gesellschaft ist. Auf Kuba konnte man keine integrierte schwarz-weiße Kultur schaffen, bevor nicht die alte weiße und die alte schwarze Kultur beseitigt waren. Aber unter dem herrschenden Konservativismus in den USA sind weder Schwarze noch Weiße heutzutage darauf eingerichtet, ihre Kultur aufzugeben, um eine Gesellschaft zu errichten, in der alle menschlich miteinander leben können.

Wenn man wirklich illustrieren will, was Rassismus heißt und warum es so schwer ist, menschlich gegenüber jemandem zu sein, dessen Kultur sich von der eigenen unterscheidet, gelingt es vielleicht am besten, wenn man ihn mit Homosexuellen vergleicht. Auf sexuellem Gebiet hat man uns dahingehend beeinflußt, daß Homosexuelle andersartig sind, und diese Gehirnwäsche sitzt so tief, daß die meisten sich sehr unsicher und unbehaglich fühlen, sobald sie mit Homosexuellen zusammen sind. Wir fühlen uns von ihnen irgendwie bedroht in genau der gleichen Weise, wie sich der weiße Amerikaner vom schwarzen bedroht fühlt. Es gibt eine ganze Reihe von Punkten, die ähnlich sind. Dreizehn Prozent der Bevölkerung sind Schwarze, während sechs bis zehn Prozent in allen Bevölkerungsschichten homosexuell sind. Die Minderwertigkeitskomplexe, die ich bei vielen amerikanischen Homosexuellen aufgrund ihrer jahrelangen Unterdrückung durch das System gefunden habe, gleichen aufs Haar denjenigen, die ich bei Negern fand. Der weiße Homosexuelle hat ein wesentlich größeres Verständnis für die Neger als die übrigen Weißen. Im übrigen sei erwähnt, daß es den Homosexuellen im Gegensatz zu den Negern unmöglich ist, Kuba als Vorbild anzusehen, denn die kubanische Politik unterdrückt sie mindestens genauso wie das amerikanische System.

Ein tieferes Verständnis des Rassismus erhält man bei der Beobachtung Transsexueller, einer Untergruppe der Homosexuellen, deren Kultur so starke Besonderheiten aufweist, daß sie selbst von vielen Homosexuellen verachtet werden. Ich selbst habe mich im Laufe der Zeit immer stärker zu Transsexuellen hingezogen gefühlt – besonders den schwarzen, wohl deshalb, weil sie sich auf irgendeine Art von der inneren Gewalt befreit haben, die die schwarze Kultur im allgemeinen prägt. Es braucht kaum betont zu werden, daß Transsexuelle vom System noch stärker unterdrückt werden als die Neger. Immer wieder habe ich beobachtet, wie mein politisch sehr bewußter Freund – oder richtiger, meine Freundin Tania – auf der Straße von Polizei belästigt wurde. Während ich in San Francisco war, wurden zwei Transsexuelle von der Polizei ermordet. Die Unterdrückung macht Transsexuelle oft genauso wie die Neger zu Rauschgiftsüchtigen, und sie sind deshalb gezwungen, auf der Straße Prostitution zu betreiben. Für mich besteht die Parallelität darin, wenn eine Gesellschaft eine Minorität wie die Homosexuellen jahrhundertelang mit Verachtung und Feindseligkeit behandelt, führt diese Behandlung schließlich dazu, den Unterschied zu übertreiben und weiterzuentwickeln. Damit hat sich der Teufelskreis der Unterdrückung geschlossen, denn jetzt scheint die Verachtung der Gesellschaft ihnen gegenüber offensichtlich »gerechtfertigt«. Auf diese Weise entsteht »das Getto im Getto«. Es ist eine Form der »Teile und herrsche«-Politik, die das System ihnen gegenüber anwendet, um sie als Gruppe zu schwächen. Die »netten« konformen Homosexuellen haben oft das Gefühl, daß transsexuelle Untergruppen ihr Verhältnis zu den Heterosexuellen zerstören.

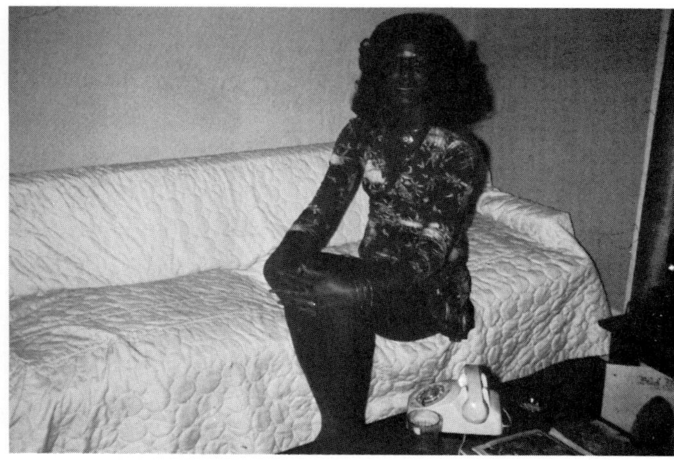

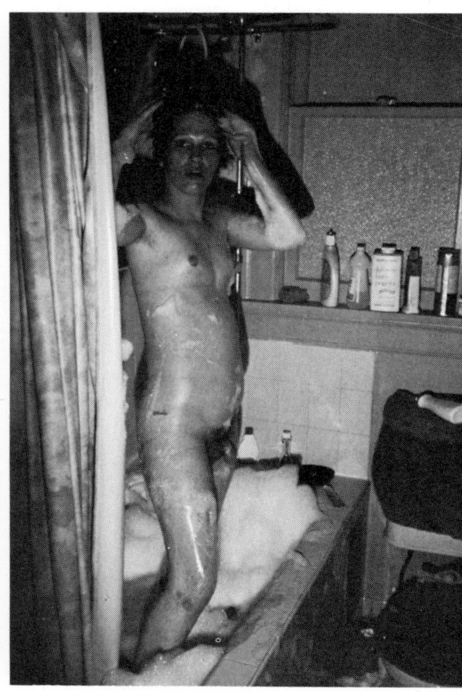

In ähnlicher Weise ist die starke Subkultur in den schwarzen Gettos, weil sie von den Weißen ständig gegen sie ausgenutzt wird, ein Dorn im Auge der bessergestellten Neger, die versuchen, sich in die weiße Gesellschaft zu integrieren: der Teufelskreis der Unterdrückung. Die Spannungen zwischen dem Obergetto und dem Untergetto sind so stark, daß ich mich oft genötigt sah, Partei zu ergreifen, wenn ich mit den Negern zusammen war, und ich entschied mich immer für das Untergetto, denn seine Bewohner werden am stärksten unterdrückt und sind oft Opfer einer genauso starken Verachtung, wie sie die Neger des Obergettos von den Weißen erfahren. Wenn wir die Menschen des Untergettos nicht verstehen, sind wir meiner Meinung nach auch nicht in der Lage, die Dynamik der Unterdrückung in unserem System zu begreifen. Im Untergetto bewegt sich eine für viele Weiße unverständliche Welt aus Kriminellen, Zuhältern, Prostituierten, Rauschgiftsüchtigen und anderen, die von einer Basis der totalen Verachtung aus gegenüber den Gedanken der übrigen Gesellschaft handeln. Billardräume sind ihre Versammlungsstätten, der Cadillac ist ihr Statussymbol, und der brüderliche Händedruck und die »jive«-Sprache sind ihre Kommunikation. Aber es ist keine besonders schöne Kultur. Man sollte sie nicht romantisieren, wie ich es am Anfang versucht habe. Man soll sie nur verstehen und respektieren. Und insbesondere sollte man diese Leute nicht bestrafen, indem man sie ins Gefängnis wirft. Diese Kultur ist grausam und unmenschlich für denjenigen, der in ihr leben muß.

»Backstabbing« kommt genauso häufig vor wie der brüderliche Händedruck. Aber hat man erst einmal diese Regeln gelernt und beherrscht eine gewisse Technik, um in dieser Kultur zu überleben, fängt man an, diese Menschen mehr zu mögen als irgendeine andere Gruppe in der Gesellschaft, denn Menschlichkeit inmitten einer brutalen Umgebung zu begegnen, hinterläßt einen wesentlich stärkeren Eindruck als die Menschlichkeit, die man in einer gesicherten Umgebung antrifft. Hier in der sozialen Unterwelt sieht man tatsächlich die Tendenzen der Gesellschaft am deutlichsten. Sämtliche Tendenzen sind hier auf ein unerhörtes Format vergrößert: die Konkurrenzmentalität, das Jagen nach Statussymbolen, der Männerchauvinismus und nicht zuletzt das Verhältnis Herren–Sklaven.

SIGN PETITION
TO BRING
BACK
DEATH PENALTY

Wo immer es in der Welt ein Herren-Sklaven-Verhältnis gibt, kann man nahezu sicher sein, daß sich bei den Sklaven eine weitere Unterteilung in Herren und Sklaven vorfindet. In der schwarzen Gesellschaft ist dies am stärksten ausgebildet im Verhältnis zwischen Zuhältern und Prostituierten. Zweifellos kann man hier von einer direkten Sklaverei sprechen. Die schwarze Prostituierte ist von ihrem Zuhälter total unterjocht und kriecht psychisch in tiefer Ehrfurcht zu seinen Füßen. Der Zuhälter ist der neue Sklavenvogt, der dafür zu sorgen hat, daß »die Waren geliefert werden« an den Sklavenherren – den weißen Mann. Seine Waffe ist allerdings nicht die Peitsche, sondern »the pimp sticks« (zwei zusammengedrehte Dübel aus Stahldraht, die von sadistischen Zuhältern häufig benutzt werden). Obwohl die Zuhälter im Vergleich zu den großen Kapitalisten in der Gesellschaft ganz unmenschlich erscheinen, ist es wichtig, sich daran zu erinnern, daß sie genau wie die anderen nach ganz bestimmten Gesetzen und Regeln handeln, über die sie selbst keinerlei Kontrolle haben. Diese Gesetze sind in »The Book« festgehalten, einem ungeschriebenen »Adam Smith«, das über Generationen hinweg von Zuhälter zu Zuhälter weitervererbt wird. Man könnte es als eine Fortsetzung des »Adam Smith« betrachten, weil es ein Untersystem in diesem größeren ökonomischen System beschreibt. Wehe dem Zuhälter, der die Regeln nicht befolgt. Genau wie die größeren Kapitalisten in der Gesellschaft ihre täglichen Zusammenkünfte im Industrierat haben, haben sie ihre täglichen Zusammenkünfte in ihrem entsprechenden Zuhälterclub, wo man weniger darüber diskutiert, wie man die Löhne niedrig hält, sondern eher technische Details austauscht, die die Unterdrückung der »ho's« (der Prostituierten) betreffen. In derselben Weise legen sie die Arbeitszeiten ihrer Lohnempfänger fest, die sie »git down time« nennen, die Zeit, zu der die Prostituierten auf der Straße anfangen. Im allgemeinen kann man erkennen, welche Prostituierten einem »mack man« (Zuhälter) angehören und welche die »outlaws« sind, denn alle Organisierten kommen abends haargenau zur selben Zeit auf die Straße, während die selbständigen »outlaws« kommen und gehen, wie es ihnen gerade paßt. Ich fühlte mich unerhört stark zu den schwarzen Prostituierten hingezogen, und viele Male haben sie mich auch auf der Reise versorgt (doch ausschließlich die »outlaws« – aus gutem Grund). Der Grund dafür, warum wir so gut miteinander auskamen, lag ohne Zweifel darin, daß sie als »outlaws« gezwungen waren, das »System« im Untergetto bis ins kleinste Detail zu kennen, um sich die Zuhälter vom Halse zu halten, während ich als »outlaw« (Landstreicher) mir nach und nach in der größeren Gesellschaft ein bestimmtes Wissen angeeignet hatte, um dort überleben zu können.

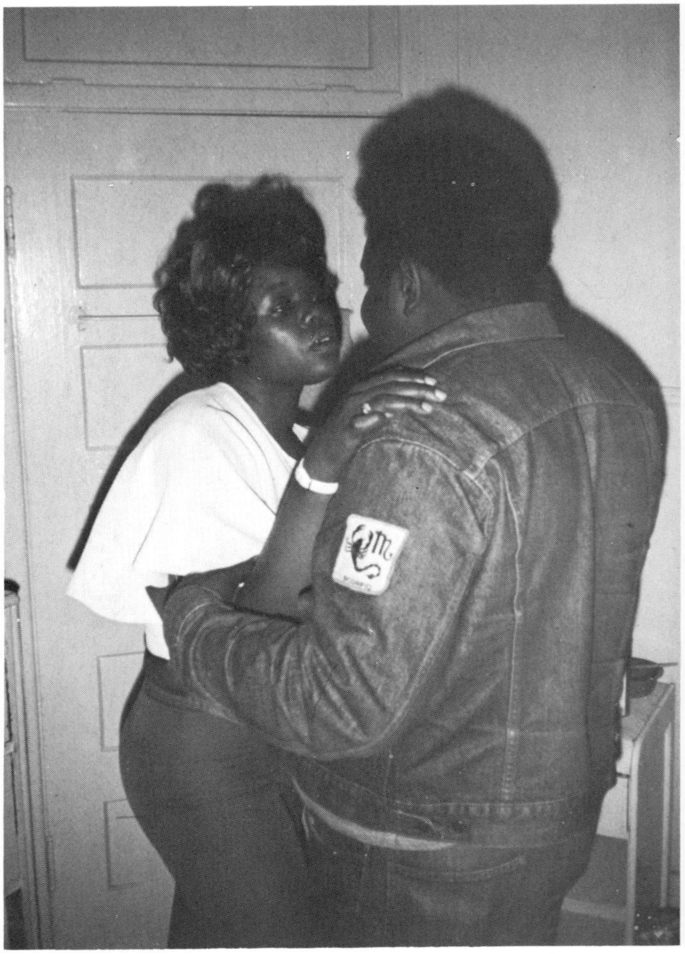

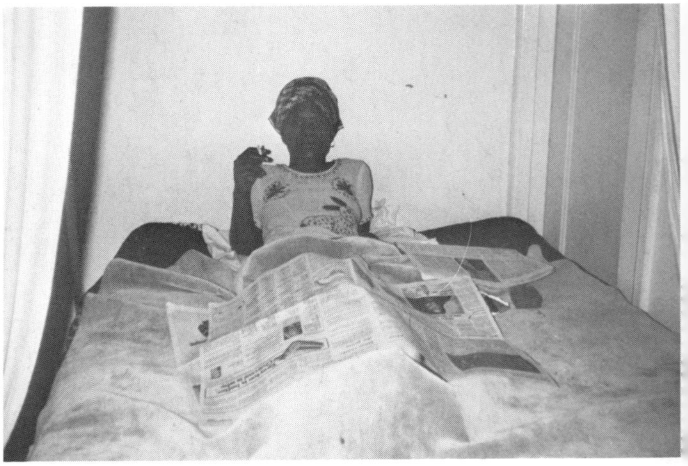

THE
Hustler

PG&E

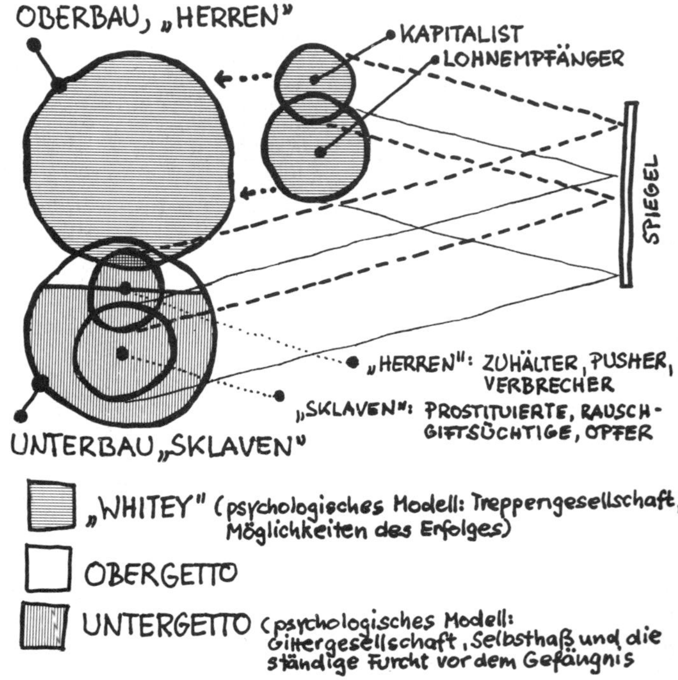

Das System, vom Unterbau aus gesehen

Gerade weil die Parallelen zwischen dem Überbau und dem Unterbau so deutlich waren, hatten sie es jedesmal unerhört leicht, die innere Dynamik des *gesamten Systems* zu übersehen, das schuld an ihrer doppelten Unterdrückung war: der Rassismus und der Männerchauvinismus. So gelang es uns, von einem ganz unterschiedlichen Hintergrund aus zu einer gemeinsamen Auffassung des Daseins zu kommen.
Aber es ist wichtig zu begreifen, wie schwer es oft ist, diese Gesichtspunkte deutlich zu machen, obwohl alle Menschen im Untergetto unter dieser Unterdrückung leiden, einmal abgesehen von den Prostituierten. Denn den Menschen im Untergetto ist mindestens eine so tiefe Bewunderung für erfolgreiche Zuhälter eingeimpft worden wie den Leuten in der größeren Gesellschaft die Bewunderung für erfolg- und initiativreiche Kapitalisten. Ich lernte das sehr eindringlich, als ich ein ganzes Jahr lang in einer Kirche arbeitete, die versuchte, Prostituierte in einer Gewerkschaft zu vereinigen, um sie vor brutalen Polizeiüberfällen und vor Zuhältern zu schützen.
Unter den Prostituierten, die den stärksten Eindruck auf mich machten, will ich gleich Geeguertha nennen. Als ich ihr begegnete, hatte sie gerade mit der Prostitution aufgehört, war im Gefängnis gewesen und vollkommen zerstört durch Narkotika und Gewalt. Ihre Tochter war als Rauschgiftsüchtige geboren, aber durch eine Bluttransfusion gerettet worden. In den fünf Jahren, in denen Geeguertha Prostituierte war, hatte sie ihre Tochter Natasha nicht zu sehen bekommen. Aber durch eine riesige Anstrengung wurde Geeguertha resozialisiert, und Mutter und Tochter waren jetzt das erste Mal zusammen.
Die Mutterliebe, die Geeguertha seitdem ausstrahlt – in diesem Bild festgehalten, das ich so gern mag –, ist so rührend und wirkt so wunderbar auf mich, wenn ich mich an die Geeguertha unserer ersten Begegnung erinnere, als sie ein Wrack war. Heute ist sie verantwortliche Leiterin der Resozialisierungsklinik, die ihr damals half, und studiert gleichzeitig Psychologie an der Universität.

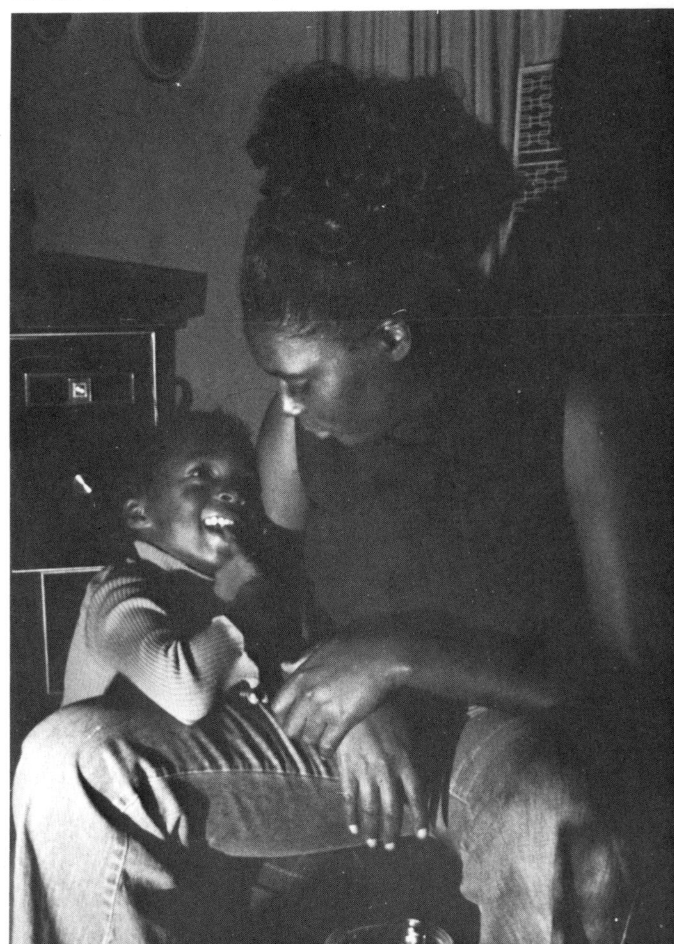

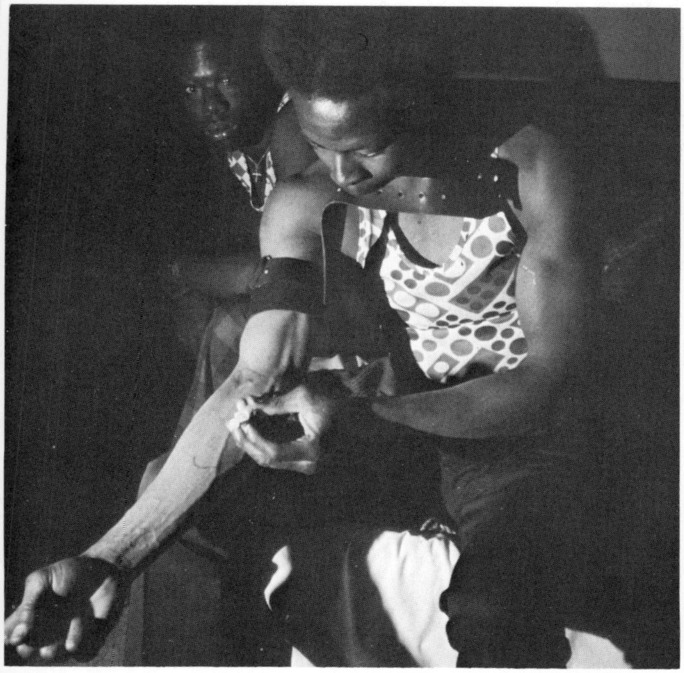

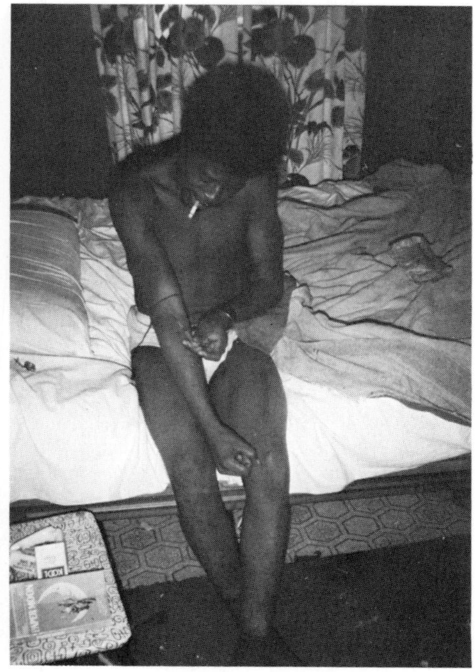

Dieses Sonnenscheinmärchen machte deshalb einen so starken Eindruck auf mich, weil ich wieder und wieder den Schwierigkeiten begegnet bin, mit denen die schwarze Mutterliebe zu kämpfen hat. Ich habe mich schnell daran gewöhnt, bei Rauschgiftsüchtigen den »Riemen« stramm zu halten, wenn sie sich eine Spritze verpaßten, aber es war für mich kaum auszuhalten, in der gleichen Weise jungen schwarzen Mädchen helfen zu müssen, wenn sie sich an den einzigen Stellen spritzten, die noch »frei« waren, am Hals und an den Brüsten. In solchen Augenblicken empfand ich eine tiefe Verbitterung gegenüber der Gesellschaft, die auf so gewalttätige Weise versuchte, Mutterliebe zu töten, was sie mit so großem Erfolg bereits in der Zeit der Sklaverei geschafft hatte. Viele Europäer wird es sicher in Erstaunen versetzen, wie zahllos Rauschgifte in den Gettos gehandelt werden und wie viele süchtig sind. Aber jetzt nach den großen Enthüllungen, bei denen sich herausstellte, daß die Polizei in den großen Städten New York, Detroit, Chicago und Baltimore im wesentlichen die Rauschgifte verkauft, begreift man vielleicht, warum die Neger überall eine gegen sie gerichtete weiße Verschwörung vermuten, eine neue Sklaverei durch die Weißen. Genau wie in der größeren Gesellschaft gibt es im Untergetto eine deutliche Arbeitsteilung. In »The Book« gibt es ein ungeschriebenes Gesetz, daß Zuhälter sich nicht mit Narkotikahandel abgeben dürfen (obwohl es ihre Pflicht ist und sie ein Interesse daran haben, ihren eigenen Prostituierten Heroin zu beschaffen). Dieser Seite des Gettolebens nehmen sich die Kriminellen in direkter Zusammenarbeit mit dem Überbau in der weißen Gesellschaft an. Die ganze Zerstörung, die im Kielwasser des Heroins folgt, ist unbeschreiblich.

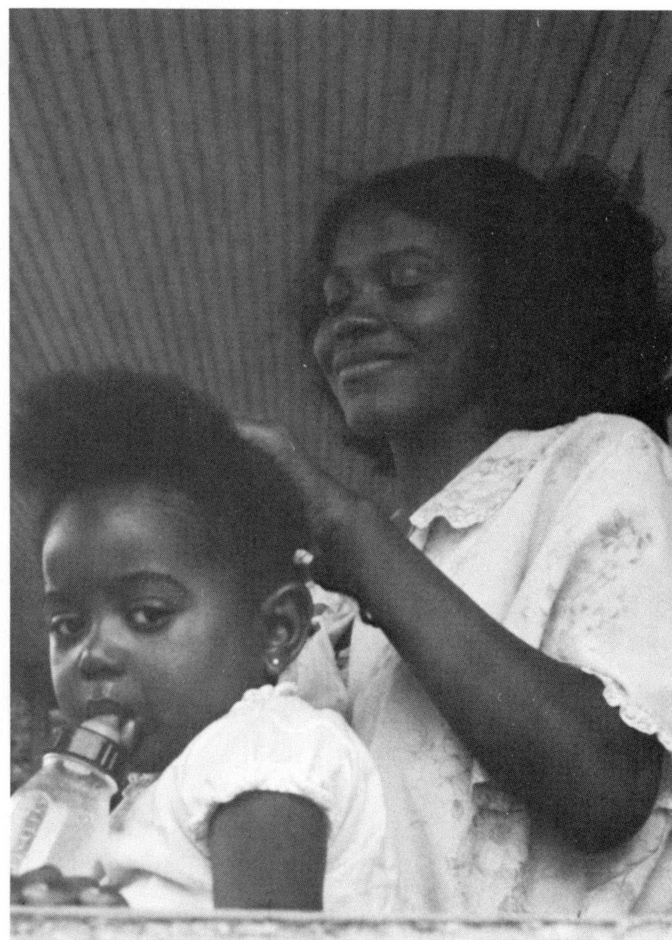

CY MEDIC
VIC
OF NEW YORK

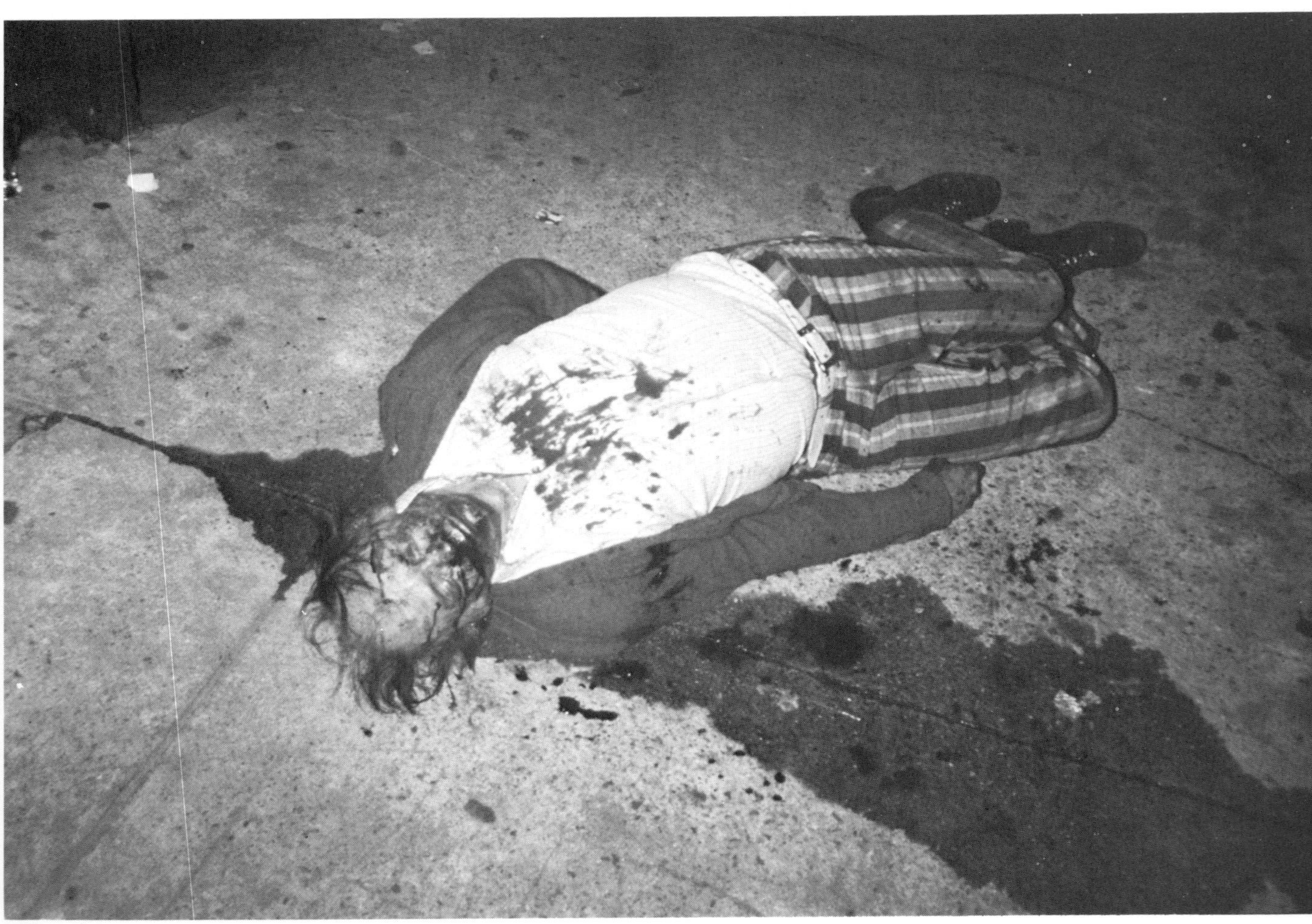

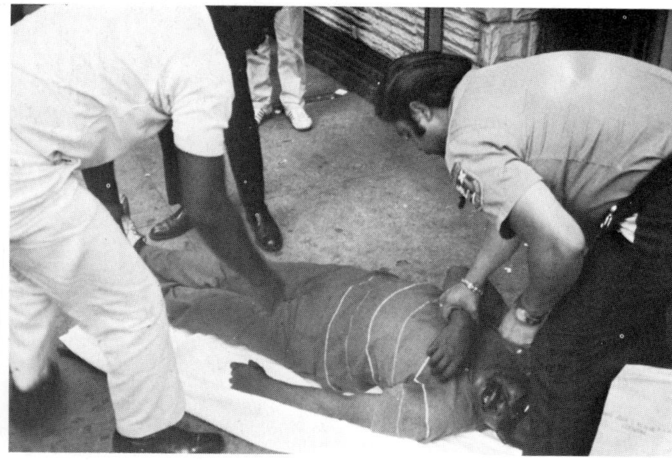

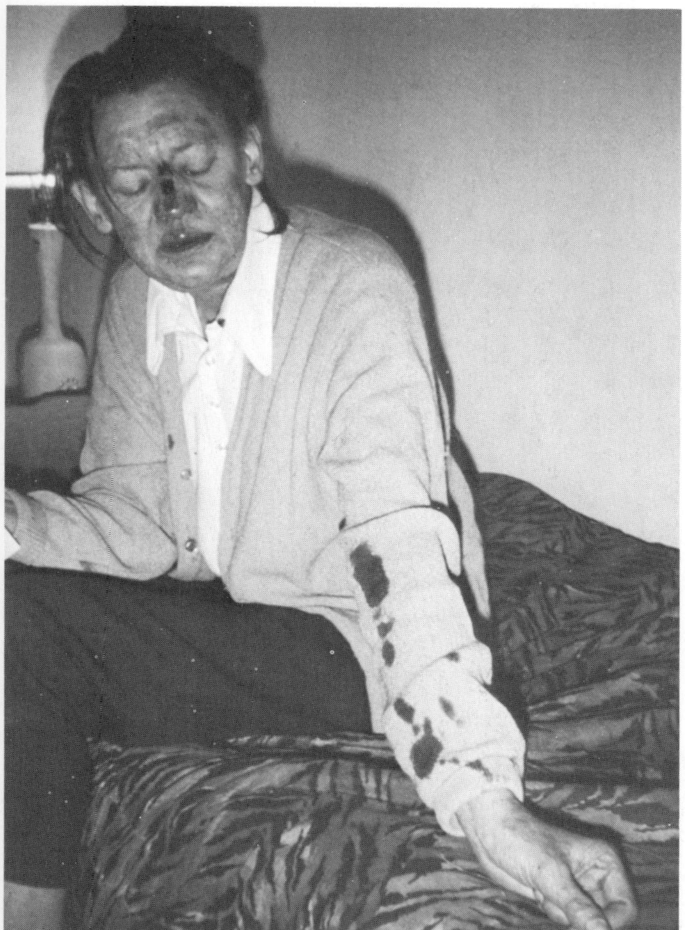

Freddie ist tot.
Ja, das habe ich gesagt.
Der Weiße machte einen Plan,
sagte, er wolle ihn »nach Hause schicken«.
Aber seine Hoffnung war ein Strick,
das hätte er wissen müssen…
Es ist schwer zu begreifen,
daß es in diesem Mann Liebe gab.
Ich bin sicher, daß wir einer Meinung sind,
sein Unglück war, daß seine Frau
ihm auf und davon ging.
Nun ist Freddie tot.
Ja, das habe ich gesagt.
Jeder mißhandelte ihn,
nutzte ihn aus und mißbrauchte ihn.
Ein toller Junkie-Plan,
»shit« zu dealen für den weißen Mann!
Ein fürchterlicher Schlag –
aber so geht es eben…
Freddie ist jetzt unten an seiner Straßenecke,
wenn du gern ein Junkie sein willst, nun gut!
Denk daran, Freddie ist tot!
Wir sind alle mit dem Fortschritt vollgestopft,
aber manchmal, muß ich sagen, können wir uns eher
mit Raketen und Träumen zurechtfinden
als mit der Wirklichkeit, aber was bedeutet das?
Weiter gibt es nichts zu sagen…
Denn Freddie ist tot…
Ich wünsche mir nur ein wenig Frieden in meiner Seele,
ich versuche einen Hauch von Liebe zu finden
mit einem lieben Mädchen, einer lieben Frau.
Oh, ich kann sie jetzt gebrauchen.
Du, ich will nicht so werden wie Freddie –
denn Freddie ist tot…

Wenn man sich lange genug in dieser Umgebung aufhält, sieht und fühlt man leicht die Verschwörung, die gegen die Neger gerichtet ist. Man sieht natürlich nicht andauernd Weiße, die Rauschgift verkaufen, und nicht oft kann man direkt beobachten, wie die Polizei im Interesse der herrschenden Klasse auftritt und immer aufgetreten ist – nichtsdestoweniger steht einem das Bild klar vor Augen: Es ist die Politik des »Teilen und Herrschen«, die hier erneut gegenüber kolonisierten Volksteilen angewendet wird und die Unterdrückten dazu bringt, sich gegenseitig zu bekämpfen, wobei der Weiße nur selten einmal getroffen wird. Wenn wir den reichsten Mann der Welt, Paul Getty, in seiner Luxusvilla in Los Angeles besuchen, die mit Marmor und Kunstgegenständen der ganzen Welt im Werte von Millionen Dollar ausstaffiert ist, Dollar, die wer weiß woher stammen, so erkennen wir vollkommen richtig, wie sehr er daran interessiert sein muß, die Unterschicht dazu zu bringen, sich selbst zu bekämpfen.

Warum können wir Brüder
einander nicht beschützen?
Niemand nimmt es ernst,
und das macht mich rasend.
Laßt euch nicht verleiten,
denkt nur an Freddie.
Alle haben ihn mißhandelt,
ihn ausgenutzt und mißbraucht.
Was für ein toller Junkie-Plan,
»shit« zu dealen für den weißen Mann.
Wenn du dich nicht zusammenreißt
und es energisch versuchst,
bist du zum Tode verurteilt!

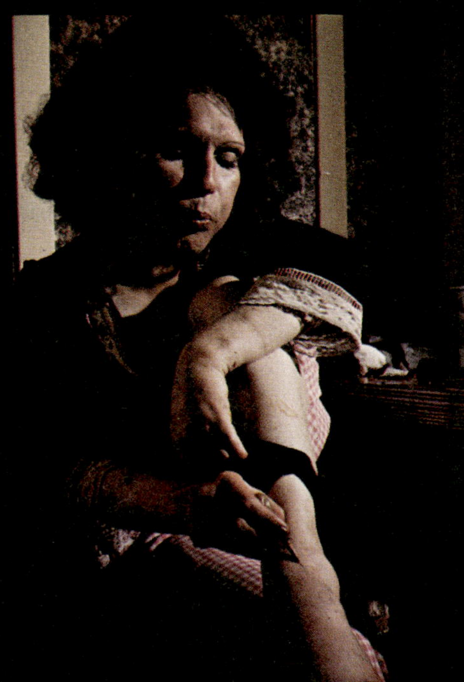

JIMI HENDRIX
IN

POLICE

Zwischen Eloi und Morlocks

In North Carolina hatte mir ein Millionär, bei dem ich oft wohnte, eines seiner Autos, einen großen Buick geliehen, damit ich auf abgelegene Landstraßen kommen konnte, wo an Trampen nicht zu denken war. Ich hatte am Tage sehr viel Armut gesehen und kam abends nach Wilmington. Man hatte mir erzählt, daß es in der Stadt Rassenunruhen gegeben hätte, und ich hatte Lust, diese Stadt näher kennenzulernen. Wie immer, wenn ich in eine Stadt komme, begann ich ganz unten und begab mich in die schlimmsten Viertel. Ich stellte den Wagen ab, da man mit den Leuten nicht kommunizieren kann, wenn man mit einem Auto daherkommt. Ich nahm meine Schultertasche und ging die Straße, auf der ich gerade in die Stadt hineingekommen war, hinunter und betrat eine der schlimmsten schwarzen Bars auf einer der Hauptstraßen. Ich liebe diese schmuddelige Mischung aus Kaffee- und Bierbar mit den kleinen Gläsern, die Eisbein in Sülze mit Pfeffer enthalten, und kann dort oft stundenlang sitzen. In einer solchen Bar geschieht andauernd etwas. Aber an diesem Abend wurde es böse.

Es war ungefähr elf und ganz dunkel, als ich anlangte. Draußen vor dem Lokal stand eine gewöhnliche Gruppe halbkrimineller Typen, die die Neger »superflies« nennen. Mit ihren Sonnenbrillen sehen sie oft böse und gefährlich aus, sind es aber überhaupt nicht, wenn man sie richtig behandelt. Ich liebe sie einfach deshalb, weil sie für mich eine Herausforderung darstellen, den Menschen hinter der Sonnenbrille zu finden. Hier gibt es nur ein Entweder-Oder, denn wenn man eine falsche Bewegung macht, kann das den Tod bedeuten. Wie alle Kriminellen sind sie nämlich unerhört ängstlich und reagieren deshalb oft spontan und nervös. Für mich galt häufig die Faustregel: Je dunkler die Sonnenbrillen waren, desto ängstlicher waren sie vor mir und voreinander. Aber kaum hatte ich ihr Zutrauen gewonnen und sie hatten bei einem Glas Bier oder einer Marihuanazigarette ihre Sonnenbrille abgenommen, waren es phantastische Menschen, die alles für mich tun wollten. Sie waren deshalb immer die ersten, die ich aufsuchte, wenn ich in eine neue Stadt kam, denn sie hatten einen Haufen Kontakte. Ich war ihnen gegenüber immer vollkommen ehrlich und gab mich als nichts anderes aus, als der ich war, versuchte zum Beispiel niemals, ihre Sprache nachzuahmen, und benutzte niemals die gewöhnliche weiße Sentimentalität – »we are brothers« – und all den Unsinn, den ich so oft von Weißen gehört habe. Dabei darf man nie vergessen, wie paranoid sie reagieren. Sie haben weder zu Weißen im allgemeinen noch zu ihren eigenen Leuten noch zu sich selbst Zutrauen. Ihr ganzes Leben lang ist auf ihnen herumgetrampelt worden, und diese Unterdrückung ist durch ein falsches »Bruder«-Gerede nicht zu überwinden. Aber wenn man ihnen durch ein ganz ehrliches Gespräch verschiedene Beweise liefert, wer man eigentlich ist und was man will, kann man ihr Mißtrauen überwinden. Sie müssen wissen, wer vor ihnen steht. Dieser starke Wunsch veranlaßt zum Beispiel viele Neger, dem südlichen Rassisten gegenüber dem Liberalen aus dem Norden den Vorzug zu geben, denn bei dem Rassisten

wissen sie, woran sie sind, und können ihn deshalb respektieren, während der Liberale *immer* das eine sagt und das andere tut. Mit meinen Bildern und meinen detaillierten Beschreibungen meiner Tätigkeit in anderen Gettos fiel es mir normalerweise nicht schwer, sie von meiner Identität zu überzeugen. Aber sie waren niemals ganz davon überzeugt, daß ich kein Polizeispitzel bin. Trotzdem ergriffen sie fast immer die Chance, denn jeder Mensch hat ein Bedürfnis danach, menschlich zu sein; in diesem Gesellschaftssystem ist damit immer ein Risiko verbunden. Wenn man die Maske fallen läßt, läuft man das Risiko, verletzt zu werden. Sowohl der Kapitalist als auch der Kriminelle sind in ihrem täglichen Leben so sehr deformiert von den Rollen, die ihnen das System diktiert, daß ihr Bedürfnis nach Menschlichkeit unsäglich ist. Sie haben eine Chance, dieses Bedürfnis gegenüber einem Landstreicher zu entfalten, da dieser vollkommen außerhalb des Systems steht. Deshalb ergriffen selbst die schlimmsten Kriminellen fast jedesmal diese Chance bei mir, und nachdem sich das schlimmste Mißtrauen gelegt hatte und einige Biere die Kehle hinabgeflossen waren, konnten wir uns in der gegenseitigen Bewunderung der Rollen, die wir normalerweise spielten, heftig ineinander verlieben. Immer waren sie daran interessiert, zu hören, was ich von anderen Kriminellen gelernt hatte, und je mehr technische Details ich aufzählte, desto stärker waren wir miteinander verbunden. Aber beim Austausch der Methoden des »to cop« (das Wort, das alles beschreibt, was ein Krimineller brauchen kann, sei es ein Schuß Heroin, ein Auto, eine Pistole, ein Mädchen oder Wein) legte ich immer Wert darauf, es in einen politischen Zusammenhang zu setzen. Oft wurden die Begebenheiten, denen wir im Laufe einer solchen Nacht ausgesetzt waren, immer krimineller. Ich wußte, wenn ich einen Platz haben wollte, an dem ich bis zum Morgen schlafen konnte, mußte ich ihnen beweisen, daß ich die ganze Zeit über auf ihrer Seite stand. Deshalb bekam ich in der ersten Nacht in einer neuen Stadt normalerweise nicht viel Schlaf; aber auf diese Weise faßte ich in anderen sozialen Schichten des Gettos Fuß, denn die Geschwister, die Eltern und die Freunde der Kriminellen waren ja nicht notwendigerweise auch Kriminelle.

Aber an diesem Abend in Wilmington ging es trotzdem böse aus. Ich empfing die gleichen feindseligen Vibrationen von den Leuten vor der Bar wie sonst auch, aber es bestand keine Möglichkeit, das Eis zu brechen. Gleichgültig, was ich sagte, alles prallte ab. Sie begannen mir zu drohen und sagten: »We are militants, get your ass out of here or you are a dead man.« (Wir sind Militante, mach, daß du hier fortkommst, oder du bist ein toter Mann.) Vollkommen erstaunt darüber, daß meine Überlebensphilosophie nicht wirkte, wurde ich plötzlich ganz schwach. Ich fühlte im selben Moment, daß ich nicht länger Einfluß darauf hatte, was geschehen würde, und gab auf. Ich ging deshalb die Hauptstraße ein Stück weiter hinunter, aber um zum Auto zurückzukommen, ohne an ihnen vorbeizulaufen, mußte ich nach rechts abbiegen und durch eines dieser unbeleuchteten »projects« hindurch, diese kommunalen

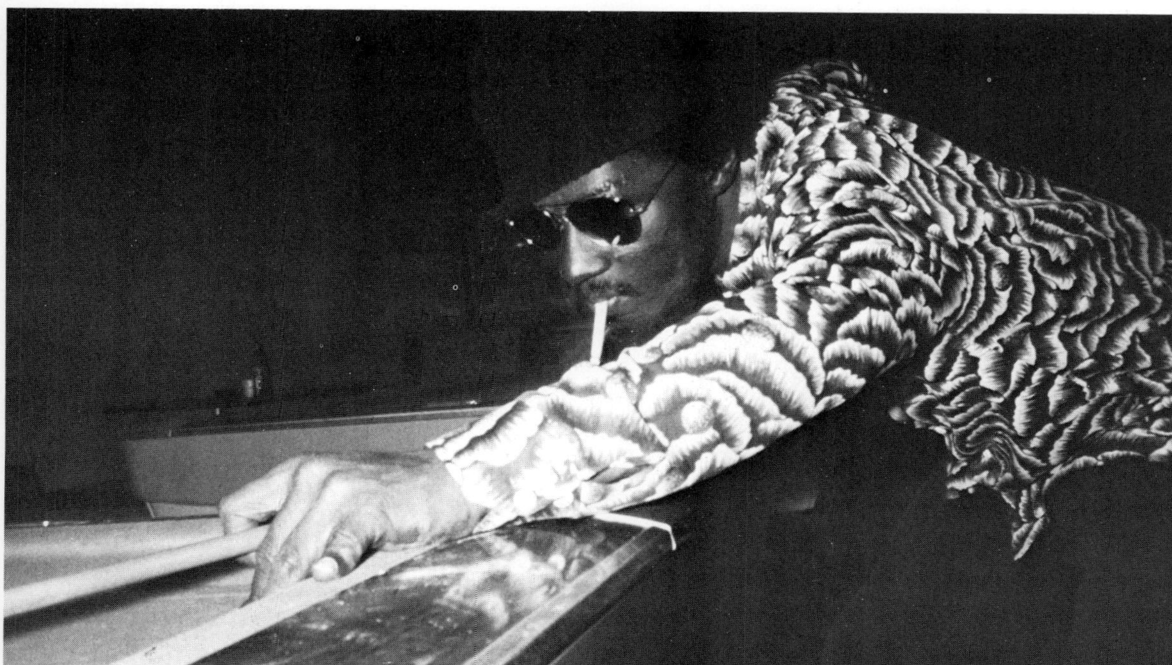

Armenhöfe. Kaum war ich drinnen, bemerkte ich, daß sie mich verfolgten. Offenbar betrachteten sie es als ihr Gebiet. Ich machte den Fehler und lief weiter hinein, um mich zu verstecken. Ich versteckte mich unter einem Busch, aber plötzlich standen zehn, fünfzehn von ihnen um mich herum. Ich fing an zu zittern, so schockiert war ich über die Entwicklung. Ich sah ein, daß ich keinerlei Chance hatte, und lief in ein dunkles Gäßchen, um mich zu ergeben. Sofort war ich umzingelt, und von allen Seiten richteten sich Messer und Pistolen auf mich. Von diesem Augenblick an weiß ich nicht mehr, was genau geschah, nur daß ich einen Haufen Worte hervorsprudelte. Ich sagte etwas in der Richtung, ob sie nicht zwei Minuten warten, meine Bilder ansehen und hören wollten, warum ich hier sei, und falls sie nichts dafür übrig hätten, könnten sie mich erschlagen. Ich weiß nicht, was den Ausschlag gegeben hat, aber nach vielem Rufen und Schreien, was mit mir geschehen solle, führten sie mich mit Pistolen und Messern im Rücken wieder zurück auf die Hauptstraße. Ich zitterte bei dem Gedanken, daß einer von ihnen abdrücken könnte. Dann sagten sie mir, ich könne hinaus auf die Landstraße gehen, bis ich aus der Stadt heraus sei. Ich fühlte mich wie ein Botschafter in Lateinamerika, der gerade von seinen Kidnappern freigelassen worden war. Um zur Stadt zurückkommen zu können, mußte ich jetzt drei Kilometer hinausgehen und dann auf einer Parallelstraße wieder zurückkehren. Ich dachte daran, ein Taxi oder die Polizei zu rufen, aber gab den Gedanken auf. Ich hatte kein Geld für ein Taxi und hielt es für falsch, die Polizei zu rufen. Falls sie mich mit der Polizei sähen, würden sie das als Beweis ansehen, daß ich nicht auf ihrer Seite war. Deshalb sprang ich in der Dunkelheit von Baum zu Baum entlang der Parallelstraße, um nicht von Autos gesehen werden zu können, denn schließlich konnten meine Angreifer in den Autos sitzen. Das Bild entsprach haargenau dem Film »In der Hitze der Nacht« – nur rassenmäßig umgekehrt.

Ich kam mit heiler Haut zurück und donnerte aus der Stadt. In dieser Nacht hatte ich genug davon, in einem Gettoheim wohnen zu wollen. Ich habe seitdem zu analysieren versucht, was ich an dem Abend verkehrt gemacht habe. Ohne Zweifel lief es deshalb so ab, weil ich gegenüber den Kriminellen nicht ehrlich war.

Ich gab vor, ein armer Landstreicher zu sein, der eine Schlafstätte brauchte; aber ich war ja nicht arm, denn mein Wagen stand in der Nähe versteckt, und ich war mir die ganze Zeit über bewußt, daß ich, falls notwendig, die Nacht im Auto schlafen konnte. Ich war ihnen gegenüber nicht vollkommen ehrlich gewesen und vermochte deshalb keine positiven Schwingungen auszusenden, die sie geöffnet hätten. Ich hatte den gleichen Fehler wie der mittelalterliche Edelmann gemacht, der in seiner behaglichen Kutsche mit schimmernden Lichtern angefahren kommt und damit sein eigenes Licht und seinen eigenen Schatten bei sich hat. Er genießt seine Sicherheit und das Licht, das seinen Schein auf die unmittelbare Umgebung

wirft, und begreift nicht, wie sehr der starke Schein ihn blendet und ihn daran hindert, die Sterne zu sehen, die der arme Bauer, der zu Fuß und ohne Leuchte dahinwandert, in ihrer Vollkommenheit erkennt und als Wegweiser benutzt.

Ich fuhr dann in ein weißes Viertel in der Nähe. Nach diesem unangenehmen Erlebnis meinte ich zu spüren, daß in dieser Nacht etwas Phantastisches geschehen werde. So geht es fast immer, wenn man reist: Ist man ganz unten angelangt, kommt man anschließend nach ganz oben. In diesem Punkte war ich ganz fatalistisch geworden: Als ich vor zwei Wochen in kurzen Ärmeln, frierend in einem Schneesturm stundenlang an einer Seitenstraße in West Virginia stand, ohne einen Lift zu bekommen, war ich vollkommen davon überzeugt, daß etwas Gutes geschehen würde. Und richtig, am selben Abend landete ich bei Rockefeller. Wenn man als Landstreicher nicht diesen Fatalismus besitzt, ist man verloren, denn kraft der eigenen Überzeugung ist man in der Lage, so starke Vibrationen auszusenden, daß man selbst dazu beiträgt, eine günstige Situation zu schaffen. Wie dem auch sei: Als ich in dieser Nacht eine Bar in Wrightsville Beach betrat, begriff ich nicht ganz, was geschah. Ich hatte einige Zeit allein dagestanden, als ein ganz süßes Mädchen auf mich zutrat, an meinem Bart zupfte und wissen wollte, wer ich sei. Darauf ging es Schlag auf Schlag, und sie fing an, mir einen Haufen Wein einzuschenken. Wenn man als Landstreicher ganz allein auf der Welt ist, hat man es in diesen Situationen sehr schwer und verliebt sich ungeheuer leicht, aber wenn man nur eine Stunde vorher dem Tode näher war als je zuvor, bekommt diese Verliebtheit so riesige Dimensionen, daß man davon ganz überwältigt ist.

Ich hätte mich auf ewig an welchen Menschen auch immer gebunden, der mir in dieser Nacht Wärme geschenkt hätte. Eines der ersten Dinge, die sie mich fragte, war, ob ich eine Unterkunft hätte. Als ich nein sagte, meinte sie augenblicklich, ich könne zu ihr ziehen. Sie wolle mir so viel Geld geben, wie ich brauchte, und einen Benzinschein für das Auto. Es kam dabei heraus, daß sie zu einer der reichsten Familien Amerikas gehörte, die die Brauerei Schlitz besitzt. Diese Nacht vergesse ich nie. Normalerweise bin ich in der ersten Nacht mit einem neuen Mädchen impotent, aber das Gewalterlebnis steckte noch so stark in mir, daß ich mehr daran dachte, und deshalb ging alles so, wie es sollte.

Es war genauso wie damals in New Orleans, als ich gemeinsam

mit einem Mädchen Zeuge wurde, wie einer meiner Freunde einen anderen totschlug, während wir Polo spielten, und wir anschließend nach Hause gingen und uns die ganze Nacht hindurch liebten. Sexualität und Gewalt sind sicher sehr eng miteinander verknüpft. Rückblickend habe ich den Eindruck, daß viele meiner Liebeserlebnisse in den USA aus Gewalterlebnissen geboren sind – oder eine Gewalttat mit sich gebracht haben. In dieser Nacht verliebten wir uns so stark ineinander, daß sie sofort von Heirat zu sprechen begann. Wenn wir heiraten würden, bekämen wir fünfzigtausend Dollar und danach dreißigtausend jährlich. »Ich will ein Kind von dir haben«, sagte sie. Ich selbst war in den ersten Tagen so stark davon überzeugt, daß wir heiraten würden, daß ich all meinen Freunden ringsherum schrieb, »ich hätte nun endlich die Richtige gefunden«.

Ich war fasziniert von ihr und ihrer Oberklassennatur. Sie brauchte Geld wie Wasser. In der ersten Woche verbrauchten wir fünfhundert Dollar, und sie mußte ihrem Vater in Europa telegrafieren und um weiteres Geld bitten. Ich genoß es, die feinsten Restaurants aufzusuchen und Hummer und Steaks zu essen, was mir nach dem monatelangen »soul food« gut tat. Aber ich bestand trotzdem darauf, meine Arbeit fortzusetzen, und fuhr am Tage im Auto umher und fotografierte die Armut und den Hunger im östlichen North Carolina. Ein Professor für Geofagie (Erdnahrung) hatte mir von dem Hunger in diesem Gebiet berichtet. Am Tage fotografierte ich den Hunger, und abends schwelgte ich in Steaks. Jeden zweiten Tag verbrachte ich mit meiner »Verlobten« auf einer Insel in der Nähe, die nur für Reiche bestimmt war. Auf der Brücke stand ein Wachposten, um Neger und anderen armen Ausschuß daran zu hindern, hinüberzugelangen. Wir wohnten in einer schönen großen Villa, lagen den ganzen Tag am Strand und dösten. Hier begann ich mein Interesse an ihr zu verlieren, da ich mich einfach langweilte. Zu Anfang zeigte sie ein gewisses Interesse an meinem »Hobby«, aber es wurde langsam immer deutlicher, daß sie Neger als Untermenschen betrachtete. Aufgrund ihrer exotischen Art und ihres charmanten Dialekts habe ich mich oft in Rassisten des Südens verliebt. Hinzu kam, daß ich fasziniert war von den Menschen hinter dem Herren-Sklaven-Verhältnis. Aber ich begriff schließlich doch, daß man eine Ehe nicht auf solche Faszination gründen kann. Ich ahnte, daß unser Kind mehr ein Produkt der Gewalt als der Liebe sein würde. Als ich sie fragte, was sie zu tun gedächte, wenn wir uns trennen würden, sagte sie: »Was soll's, ich habe Geld genug und kann jederzeit eine Abtreibung durchführen lassen.« Sie war immer noch wie wild verliebt in mich, aber ich kehrte langsam wieder auf die Erde zurück. Als sie kurze Zeit darauf zu den Galapagos-Inseln reisen sollte, um sich Schildkröten anzusehen, und mich mitnehmen wollte, lockte es mich zuerst außerordentlich, aber ich sagte trotzdem nein; ein gewisser Abstand zwischen uns beiden würde nur der Beruhigung dienen. Sie bat mich, an ihrem Geburtstag zurückzukehren, was ich ihr versprach. Es war der Tag der kubanischen Revolution, der 26. Juli. Ihn würde ich nicht vergessen, ganz gleich, wo ich mich im Lande aufhielt.

Ich trampte viele tausend Kilometer, um an dem Tage zurück zu sein, kam mittags an und glaubte, sie würde sich freuen. Aber sie lag drinnen auf dem Bett und gab sich ganz kühl. Sie hatte schöne Ferien bei den Schildkröten verbracht und fing an zu begreifen, daß wir nicht zusammenpaßten. Schließlich war sie nach Ecuador gereist, um eine Abtreibung vornehmen zu lassen. In »diesem primitiven katholischen Land« war das sehr schwierig geworden. Jetzt hätte sie keine Gefühle mehr für mich übrig, sagte sie. Ich bemerkte, wie oberflächlich sie war, aber schließlich hatte ich mich selbst auch sehr oberflächlich verhalten.

Ich war gleichzeitig tief verletzt und sehr erleichtert, sagte ihr auf Wiedersehen und begab mich ins Getto von Wilmington, um nochmals zu versuchen, ob ich dort wohnen könne. Ich ging in dieselbe Bar, aber diesmal am Tage, und bestellte eine Lage Schlitz für alle Anwesenden. Ich hatte noch Geld aus meiner Luxuszeit übrig. Und dieses Mal gelang es mir. Ich wurde akzeptiert, und es war ein Schwatzen und Reden und eine Wärme in der Bar ohnegleichen. Das war zu der Zeit, als Schlitz seine neue Reklamekampagne mit dem Slogan »only love is better than Schlitz« begann. Jedesmal, wenn ich seitdem den Slogan irgendwo im Lande entdecke, denke ich an Wilmington zurück, die Stadt mit ihrem gewalttätigen Rassenhaß.

Auszug aus Briefen

Kriminalität ist beinahe genauso unmöglich zu fotografieren wie Ausbeutung. Man kann Bilder vom Ergebnis machen, aber nicht vom eigentlichen Prozeß. Normalerweise konnte ich nicht fotografieren, wenn ich mit Kriminellen zusammen war, da das Blitzlicht unser ganzes Vorhaben der Umgebung verraten hätte. Außerdem stellte sich sehr bald heraus, daß Kriminalität nicht sonderlich fotogen ist. In Fernsehfilmen wird die Kriminalität ständig mit Hilfe starker Effekte hervorgehoben, aber in Wirklichkeit ist alles anders. Ein Bild von zwei Kerlen mit einem Fernsehapparat unter dem Arm ist nicht besonders aufregend. Hinzu kam, daß die Überfälle der Kriminellen mehr oder minder spontan erfolgten, so daß ich völlig davon überrascht wurde. Selbst die oft etwas länger andauernden Schießduelle zwischen der Polizei und den Kriminellen waren schwer zu fotografieren, da sie meistens nachts stattfanden. Nur einmal landete ich am Tag in Harlem mitten in der Schußlinie zwischen der Polizei und einigen Räubern. Für mich bestand das Problem ständig darin, daß ich die Kriminalität von der Seite der Kriminellen aus fotografieren wollte, mich aber beim Fotografieren so weit weg von ihnen stellen mußte, daß ich nicht länger »zu ihnen gehörte«. Deswegen unterließ ich es im allgemeinen. Es ist leichter, die Gewalt des Systems zu fotografieren als seine Gegengewalt. Deswegen war es leichter für mich, die Brutalität der Polizei aufzunehmen. Natürlich ist die Polizei sehr nervös, wenn sie in den Gettos – an den wenigen Plätzen, wohin sie sich überhaupt wagt – Patrouille geht. Aber ihre rassistische Einstellung und ihr fehlendes Verständnis für die Reaktionen der Armut sind auch ein Teil der Ursache für die so oft beschriebene Brutalität der Polizei. Die Polizei ist darauf trainiert, sich vor allem auf das Böse im Menschen einzustellen, statt das Gute anzusprechen. Deshalb schießen die Polizisten so oft, bevor sie fragen. Außerdem züchtet Gewalt immer Gegengewalt, und es ist Gewalt, mit Waffen in ein schwerbewaffnetes Getto zu kommen, denn es beweist, wie wenig Vertrauen man in die Menschen des Gettos setzt. Die Polizei setzt von vornherein das Negative im Menschen voraus und fördert es dadurch geradezu. Würden sie statt dessen unbewaffnet mit offenem Gesicht erscheinen, käme es automatisch zu positiven Reaktionen der Menschen. So sorgt die Polizei für ein Klima der Angst auf beiden Seiten und macht damit die übertriebene Brutalität verständlich. Zahlreiche brutale Übergriffe der Polizei erfahren außerdem öffentliche Zustimmung durch die weißen Behörden.
Nixon setzte unter anderem ein Gesetz durch, das der Polizei gestattete, in die Wohnungen der Leute einzubrechen, ohne anzuklopfen. Viele unschuldige Menschen sind auf diese Weise getötet worden:

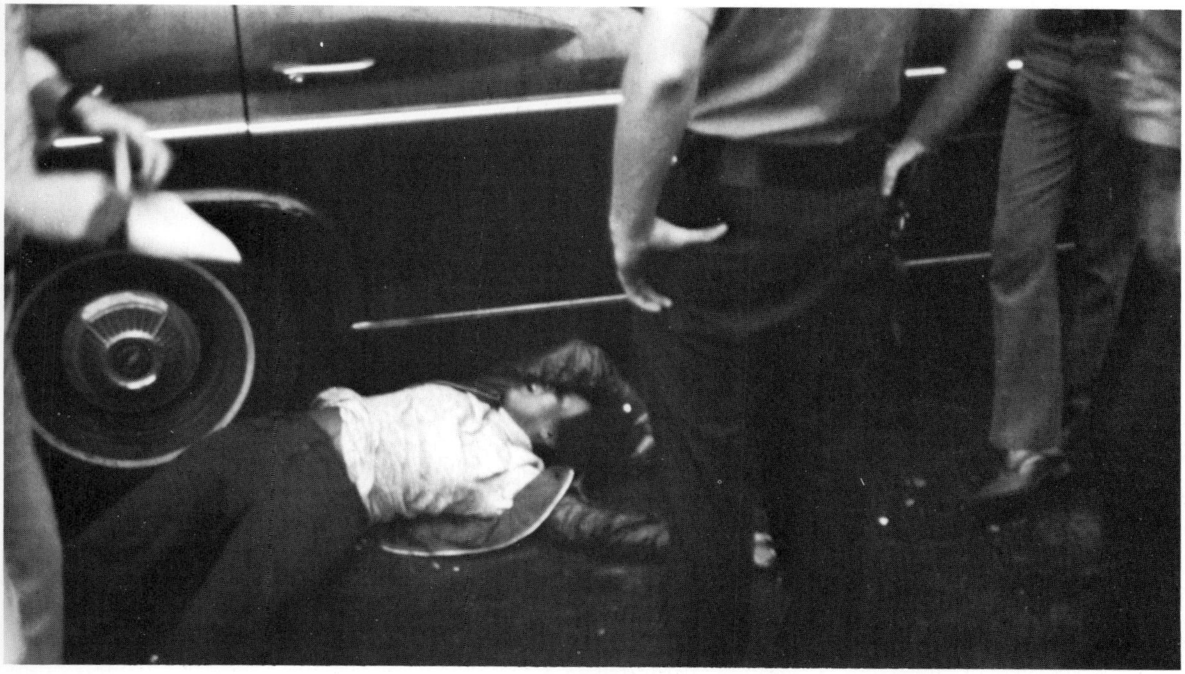

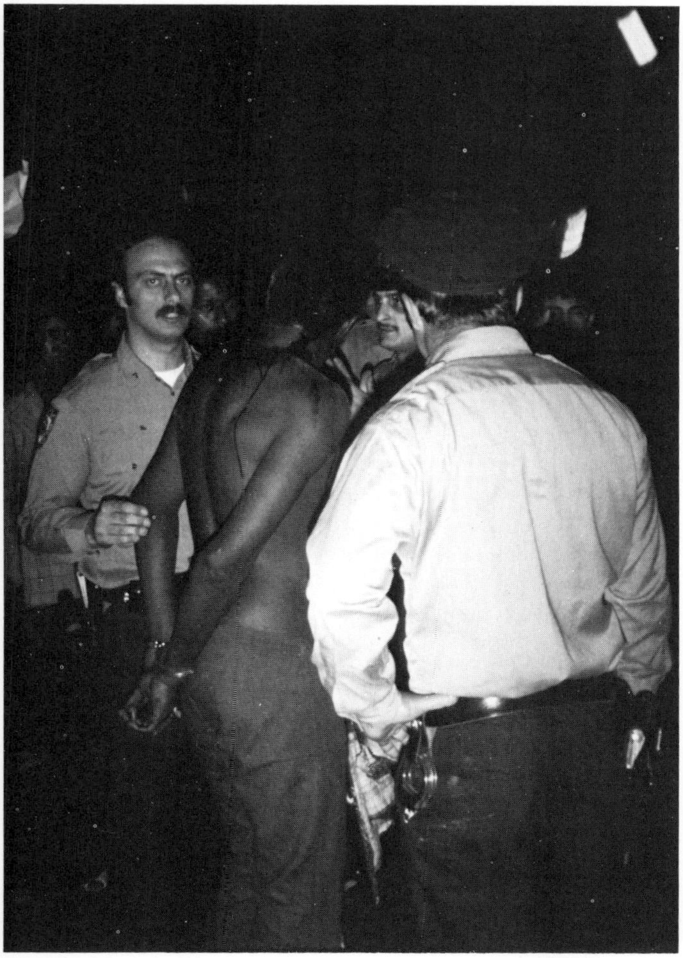

Nixon, ich gebe zu, du hast alles getan, um mich zu überzeugen,
doch, um es rundheraus zu sagen, ich glaube, dein Gerede war Scheiße.
Ein langes Gelaber darüber, man brauche nicht bei Leuten anzuklopfen,
die du immer gehaßt hast,
in diesem Höllenloch, das du und ich unsere Heimat nennen.
Du brauchst nicht anzuklopfen, wird der weiße Mann sagen,
um diesen Mann daran zu hindern, seine Frau zu schlagen.
Du wirst nicht anklopfen, wird der weiße Mann sagen,
um die Leute vor sich selbst zu schützen...
Ohne Klopfen frechen Hauptes in die Wohnung, ohne Klopfen
schießend, fluchend, tötend, gröhlend,
echte weiße Lügereien!

Kein Klopfen vernahm mein Bruder Fred Hampton,
bevor er von Kugeln durchbohrt wurde...
Kein Klopfen hörte mein Bruder Michael Harrison,
bevor man ihm einen Gewehrkolben auf den Schädel schlug...
Kein Anklopfen und zu meinem eigenen Schutz!
Aber wer schützt mich vor euch?
Dir dringt nur Scheiße aus dem Kopf.
Aber wärest du ein kluger Kopfschläger,
würdest du deinen kopfschlagenden Lakaien ausrichten,
daß sie den Kopf meines Bruders mit Schlägen verschonen,
und du würdest deine eigene Tür doppelt verschließen –
denn vielleicht käme jemand eines Tages auf den Gedanken,
bei dir anzuklopfen...

Die Liebe von James und Barbara

Eines Tages sah ich in der »New York Times« ein Zeitungsbild von Bürgermeister Lindsay, der einem »heldenmütigen« Polizeibeamten einen Blumenstrauß am Krankenbett überreichte. Darunter stand, er sei beim »Eindringen in eine Wohnung« niedergeschossen worden. Ich entschloß mich, herauszufinden, was eigentlich wirklich vor sich gegangen war, und streifte mehrere Tage in der Bronx herum, um die betreffende Wohnung zu finden, wo das Ganze geschehen war. Nach und nach bekam ich es heraus. James und Barbara waren ein junges schwarzes Ehepaar, das im schlimmsten Viertel der USA um die Fox Street in South-Bronx wohnte. Eines Tages hörten sie Kriminelle auf dem Dach und riefen die Polizei. Zwei Beamte in Zivil kamen zu ihrer Wohnung und traten, ohne anzuklopfen, die Tür ein. James glaubte, es seien Kriminelle, die einbrechen wollten, schoß auf die Tür und wurde selbst von der Polizei getötet. Barbara lief schreiend zu den Nachbarn. Als ich zur Polizeistation im einundvierzigsten Distrikt ging, bestätigte man den Handlungsablauf und gab zu, »daß man einen kleinen Fehler gemacht habe«, setzte aber gleich hinzu, daß James schließlich »selbst dafür verantwortlich sei, weil er im Besitz einer nicht registrierten Pistole war«. Ich hatte mich mittlerweile so sehr an derartige Ungereimtheiten gewöhnt, daß ich gegenüber dem Beamten keine besondere Entrüstung verspürte. Ich merkte nur, daß er schief gewickelt war. Da ich nun einmal so viel Zeit darauf verwandt hatte, die Zusammenhänge herauszubekommen, konnte ich auch genauso gut am Begräbnis teilnehmen. Ich eilte durch die Stadt, um mir ein sauberes Hemd zu leihen, und kam in dem Begräbnisinstitut morgens ungefähr eine Stunde vorher an. Ich machte einige Aufnahmen von James im Sarg. Er sah sehr gut aus. Ich bewunderte die saubere Arbeit, die der Leichenbestatter geleistet hatte, denn die Schußlöcher waren mit Plastik gestopft. Schwarze Leichenbestatter sind auf diesem Gebiet richtige Künstler; selbst Menschen, denen die Augen ausgerissen worden sind, bearbeiten sie so lange, bis sie wieder ganz normal aussehen. Da schwarze Leichen in allen möglichen Farbschattierungen und auf unterschiedlichste Art entstellt bei ihnen ankommen, brauchen sie eine ganze Farbskala an Plastikmaterialien. James machte auf mich keinen besonderen Eindruck; ich hatte bereits viele Leichen von jungen Schwarzen gesehen. Ich wunderte mich nur darüber, daß die Polizei keinen Kranz abgegeben hatte. Ich wartete noch eine Stunde – die letzte normale Stunde dieses Tages. Es kamen nicht mehr als zehn Trauergäste, die sich alle darüber wunderten, einen Weißen zu sehen. Ein junger Mann flüsterte mir zu, er glaube, es sei ein wenig unpassend, daß ein weißer Mann bei diesem Begräbnis anwesend sei. Plötzlich hörte ich furchtbare Schreie aus der Vorhalle und sah drei Mann, die Barbara heranschleppten. Ihre Beine schleiften über den Boden. Sie war außerstande zu gehen. Ich konnte ihr Gesicht nicht sehen, aber sie war ein großes, schönes, hellhäutiges Mädchen. Ich zitterte, als ich ihre Schreie hörte, und war vollkommen fertig. Niemals zuvor hatte ich so schneidende und schmerzvolle Schreie gehört. Als sie an den Sarg herankam, konnte ich es kaum noch aushalten. Es war das erste und einzige Mal in Amerika, daß ich außerstande war zu fotografieren. Früher hatte ich fotografiert, wenn mir die Tränen die Wangen herunterliefen, aber immer zwischen mir und den Leiden einen so großen Abstand gehalten, daß ich sie registrieren konnte. Als Barbara zum Sarg kam, warf sie sich hinein. Sie legte sich auf James und schrie, daß es durch Mark und Bein drang. Ich vernahm nur die Worte »James, wach auf, wach auf«, immer und immer wieder. Die anderen versuchten, sie wegzureißen, aber Barbara nahm nichts anderes als James wahr. Ich war zu diesem Zeitpunkt vollkommen davon überzeugt, daß James sich im Sarg erheben würde. Ich habe viel Leiden gesehen in Amerika, aber habe oft mitten im Leiden eine Spur von Heuchelei oder doch eine Oberflächlichkeit entdeckt, die es mir ermöglichte, mich von den Leiden zu distanzieren. Aber Barbara machte mich vollkommen denkunfähig. Vor meinen Augen begann alles zu verschwimmen. Plötzlich stürzte ich laut heulend vom Sarg und den Leuten fort, auf die Straße. Ich lief mehrere Straßen entlang, nur um wegzukommen. Mein Weinen war vollkommen unbeherrscht. Ich taumelte die Simpson und Prospect Street in diesem Viertel entlang, wo neun von zehn Menschen eines unnatürlichen Todes sterben. Räuber und gewöhnliche Straßenkriminelle standen in den Türen, aber ich stolperte nur weiter, ohne sie zu bemerken, fiel in Abfalleimer und zerbrochene Flaschen. Ein Wunder, daß mich niemand überfiel, aber sie mögen geglaubt haben, ich sei gerade überfallen worden. Als ich zum Hauseingang von James und Barbara kam, fragte ich immer noch heulend einige Kinder, ob jemand oben in der Wohnung sei »bei dem Mann, der vorgestern erschossen worden war«. Sie fragten, ob ich nicht den Mann meine, der am Abend vorher gegenüber erschossen worden sei. »Nein, es war dieser Eingang«, sagte ich. Aber sie hatten nichts davon gehört, daß jemand in ihrem Haus erschossen worden war. Sie wohnten im zweiten Stock – James und Barbara im fünften. Ich ging hinauf in die Wohnung, die jetzt leer stand. Räuber hatten sie schon geplündert, es lag nur noch ein bißchen Papier und einiger Kleinkram auf dem Boden. Die Leere in der Wohnung ließ mich noch stärker schluchzen. Da, wo James gesessen hatte, waren haufenweise Einschüsse in der Zimmerwand, während ich nur zwei in der Tür bemerkte, die die Polizei eingetreten hatte. An der Tür waren drei Schlösser, wie überall in New York, sowie eine dicke Eisenstange, die im Fußboden befestigt war – eine Sicherheitsmaßnahme, die die Polizei selbst den Menschen empfohlen hatte, damit verhindert wurde, daß ihre Türen von Kriminellen aufgesprengt wurden. James und Barbara hatten solche Angst vor Kriminellen, daß sie doppelte Eisengitter vor ihren Fenstern angebracht hatten, obwohl sie im fünften Stock wohnten und es außen keine Brandtreppe gab. Unten im Hinterhof lag eine meterhohe Schicht aus Abfall, den die Leute aus ihren Fenstern geworfen hatten. Hier hatten

James und Barbara seit ihrem sechzehnten Lebensjahr mit ihrer jetzt vierjährigen Tochter gelebt.
Nach ein paar Stunden wagte ich mich aus der Wohnung. Obwohl ich vom vielen Weinen schon heftige Kopfschmerzen bekommen hatte, wurde ich auf dem ganzen Weg bis nach Manhattan immer wieder aufs neue von Heulkrämpfen geschüttelt. Als ich an einem Kino auf der Westseite vorbeikam, ging ich hinein, obwohl ich es eigentlich gar nicht richtig wollte. Zu der Zeit beschäftigte sich der schwarze Film zum erstenmal mit der Geschichte der Neger. Der Film hieß »Sounder« und handelte von einer armen Familie in Louisiana in den dreißiger Jahren. Die Liebe und Nähe innerhalb der Familie war überwältigend, aber dann wurde der Vater von weißen Behörden abgeholt und in ein Arbeitslager gesteckt, weil er ein Stück Fleisch gestohlen hatte. Der Film war in Hollywood hergestellt und romantisierte die Armut, und nach einigen Jahren im Arbeitslager kam der Vater schließlich zurück zur Familie, um dem Film ein Happy-End geben zu können.
Es war nicht die Armut, der ich im Süden begegnet war. Ein einziges Mal weinte ich im Film, als ich Bilder sah, die mich allzusehr an James und Barbara erinnerten. Danach bummelte ich weiter in Richtung Broadway. Eine alte schwarze Frau, bei der ich die Nacht davor in der nördlichen Bronx gewohnt hatte, hatte mir zehn Dollar gegeben, damit ich mir für das Begräbnis etwas Nettes zum Anziehen besorgen konnte. Zuerst hatte sie mir nicht getraut und Stunden damit verbracht, bei verschiedenen Polizeistationen anzurufen, um dort nachzufragen, welchen Sinn es habe, ihr einen Agenten ins Haus zu schicken. Aber als sie sich nach einem halben Tage vergewissert hatte, daß ich kein Polizeiagent war, wurde sie so fröhlich, daß sie mir zehn Dollar gab und ich ihr versprechen mußte, zurückzukommen und bei ihr zu wohnen. Sie telefonierte auch mit Alaska, damit ich mit ihrer Tochter sprechen konnte, die da oben wohnte. Ich hatte immer noch ein wenig Geld übrig und ging in meinem seltsamen Gemütszustand sofort wieder in ein Kino auf dem Broadway und sah mir den Film »Farewell, Uncle Tom« an. Das war ein erschütternder Film über die Sklaverei. Er war von Italienern hergestellt, die die Sklaverei nicht romantisierten. Man sah, wie die Sklaven auf den Auktionen verkauft wurden, die Foltergeräte, die man gebraucht hatte, und man sah, wie Männer von ihren Kindern und Frauen getrennt verkauft wurden. Das war fürchterlich. Wie hatte dies alles vor nur hundert Jahren geschehen können? An einigen Stellen im Film mußte ich mich fast übergeben. Ich sah mich einige Male im Kino um, denn ich fürchtete, es könnten Neger dasein, aber außer mir saßen im ganzen Kino nur zwei weitere Menschen. Als ich hinausging, stand ein

junger Neger mit einer Sonnenbrille trippelnd vor mir. Ich sah ihm lange in die Augen und begriff nicht, warum er mich nicht niederschlug. Ich war einige Tage lang vollkommen zerschlagen. Diesen Tag werde ich niemals vergessen. In meinem Tagebuch ist hier eine vollkommen leere Seite. Es verging ein ganzes Jahr, bis ich mich zusammenriß und Barbara besuchte. Ich hatte sie nicht vergessen können. Aber als ich zur Küche des Veteranenhospitals kam, wo sie arbeitete, wurde eine ältere schwarze Frau herausgeschickt, um mit mir zu sprechen. Sie berichtete mir, sie sei Barbaras Vormund, da Barbara seit dem Begräbnis nicht mehr normal sei. Sie lebe eingeschlossen und rede überhaupt nicht mehr. Ich fragte sie, wie Barbara vor dem Tode von James gewesen sei. Einen Augenblick lang verfiel sie in tiefes Nachdenken, dann erzählte sie mir mit Tränen in den Augen von den vier Jahren, die Barbara und James gemeinsam in der Küche gearbeitet hatten. Sie waren immer fröhlich, hatten gesungen und waren eine ständige Freude für das Küchenpersonal. Sie hatten niemals einen Tag gefehlt, waren immer gemeinsam angekommen und gemeinsam nach Feierabend gegangen. Aber sie wollte mich Barbara nicht sehen lassen, denn Barbara wünschte niemanden zu sehen.
Es verging ein weiteres Jahr, und ich schickte Barbara einen Brief aus dem Süden. Ich ging davon aus, daß Barbara es jetzt verwunden habe.
Als ich wieder zur Küche kam, war es dieselbe alte Frau, die herauskam. Es war, als ob die Zeit stehengeblieben wäre und wir nur dort unser Gespräch fortsetzten, wo wir es das letzte Mal beendet hatten. Sie seufzte tief, sah mir in die Augen und sagte: »Barbara ist geisteskrank geworden.«

Barbara tauchte immer wieder in meinen Gedanken auf, wohin ich auch reiste. Ein anderes Erlebnis machte einen ähnlich starken Eindruck auf mich. Irgendwo in Florida war eine unglückliche weiße Frau auf einen Wasserturm gestiegen, stand oben an der Kante und wollte Selbstmord begehen. Aber sie wagte nicht zu springen. Es war ein Gettogebiet, und am Fuße des Turmes hatte sich bald eine größere Menschenmenge versammelt, beinahe alles Neger. Polizei und Feuerwehr versuchten, die Frau zu überreden, nicht zu springen, während die Volksmenge ihr zuschrie, sie solle springen. Ich begriff das nicht. Ich rief, so laut ich konnte: »Hört auf, hört auf, laßt doch die arme Frau leben!« Aber ihre Rufe nahmen an Stärke zu. Das war die schlimmste und widerlichste Massenhysterie, die ich jemals erlebt habe. Und plötzlich erinnerten mich die Schreie an Barbaras Schreie an dem unvergeßlichen Morgen. Meine Beine fingen an zu zittern, und ich stürzte Hals über Kopf weg, genauso schnell wie damals bei dem Begräbnis. In fünf Jahren werde ich Barbara wohl wieder aufsuchen. Ich möchte eines Tages ihr Gesicht wiedersehen!

Auszüge aus Briefen

Die Bewohner des Gettos lassen die Polizeibrutalität nicht immer ruhig über sich ergehen, und nicht alle Beamten schaffen es, Blumen vom Bürgermeister zu bekommen und befördert zu werden. Als ein junger Beamter eine schwarze Frau auf einer Straße in Jersey City durchprügelte, wurde ein junger Mann so wütend darüber, daß er ihn mit einem einzigen Schuß niederschoß. Aus Rache marschierten fünftausend Beamte durch die Slums des Gettos, um die Neger einzuschüchtern. Jedesmal, wenn ein Beamter von einem schwarzen Heckenschützen getötet wird, setzt sich der ganze faschistische Apparat auf diese Weise in Bewegung. Aber hinter diesen Polizistenmorden ist eine tiefere Tragödie verborgen. Diese sechsundzwanzigjährige Witwe des getöteten Polizeibeamten kommt genau wie er aus der ärmsten weißen Gesellschaftsschicht. Selbst wenn man ihre Brutalität nicht entschuldigen kann, so kann man sie doch begreifen – ausgebeutet und niedergetrampelt, wie diese armen Weißen selbst sind, und mit so düsteren Aussichten in ihrem Dasein haben sie keine andere Wahl, als zur Polizei zu gehen. Der Rassismus, der ihnen durch ihre weiße Armut eingeimpft wurde, wird noch verstärkt durch ihre Nervosität, wenn sie sich in einer Kultur bewegen, die nicht die ihre ist. Für die Linke ist es nichts Ungewöhnliches, die Polizei anzugreifen, aber wir vergessen, daß diese Beamten in genauso hohem Grade Opfer des Systems sind, das sie repräsentieren. Wir sehen sie an – ihre harten Gesichter und straffen Lippen – und verzweifeln. Sehr schnell kommen wir zu dem Schluß, daß sie sich niemals ändern werden. Sie werden immer voller Bitterkeit, Haß und Angst sein. Aber haben sie etwa guten Willens vor dem Spiegel gesessen und ihre Gesichter geschaffen?

Oder wurden sie gezwungen, ein Leben zu leben, das die Haut auf ihren Gesichtern bis zur pervertierten Verzerrung der Menschlichkeit straffte? Ja, es ist schwer, die Gesellschaft revolutionär ändern zu wollen, denn revolutionär sein heißt daran glauben, daß der Mensch in seinem Innersten gut ist, und sich im klaren darüber sein, daß der Mensch in dieser Gesellschaft programmiert wurde, unmenschlich zu sein. Die Pflicht unserer Generation besteht darin, diese Umwelt zu ändern, so daß der Mensch wieder Mensch sein kann auf der ganzen Erde. Ich glaube nicht, daß ich zwischen all diesen merkwürdigen Menschen in den USA zurechtgekommen wäre, wenn ich nicht einen tiefen Glauben an das Beste im Menschen gehabt hätte. Sonst hätte das Schlimmste überhandgenommen – und ich wäre ausgelöscht worden.

O'MEALIA
...And some 'people' call him pig...
FRATERNAL ORDER OF POLICE
JERSEY CITY LODGE #4
Twelv
wrap

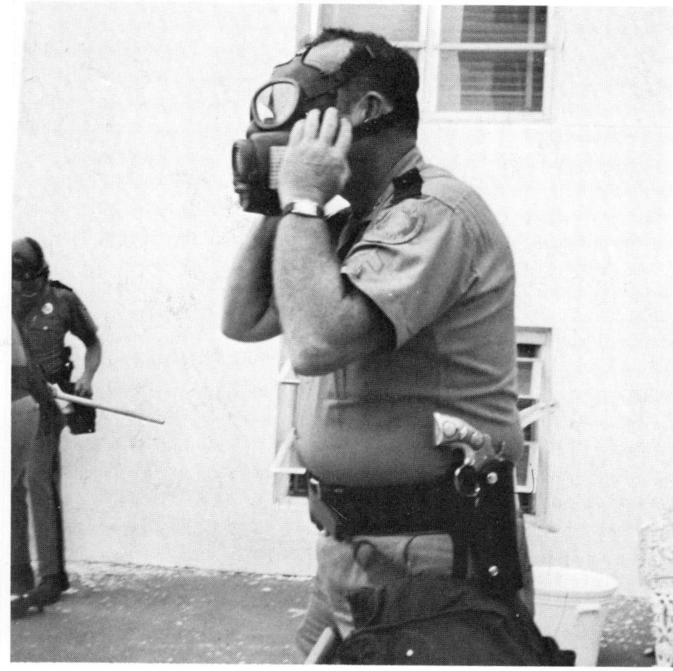

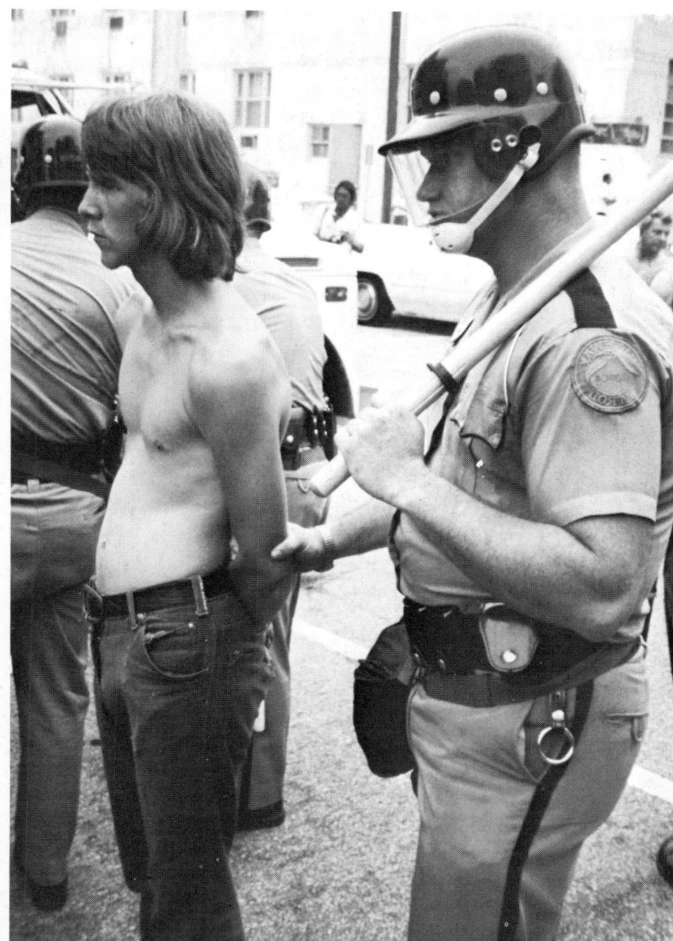

Meine Reise hat mich gelehrt, daß ich außerstande bin, eine Menschengruppe oder Einzelperson oder sogar eine Klasse zu hassen – nicht einmal die schlimmsten Ausbeuter. Würde ich sagen, ich haßte die Familie Rockefeller – jetzt, da ich einige ihrer Mitglieder kenne –, wäre ich mir selbst gegenüber einfach nicht ganz ehrlich. Es ist sicher richtig, daß Rockefeller den Befehl für das Massaker an den Gefangenen im Attica-Gefängnis gab und daß einundvierzig Menschen ermordet wurden, die Forderungen nach Gefängnisreformen erhoben hatten. Aber obwohl ich bei ihrem Massenbegräbnis war und sogar einige der Verwandten unter den weinenden schwarzen Witwen kenne sowie die Schwarzen Panther mit den Gewehren, die in der Kirche riefen »Tod über Rockefeller« und »Bringt die Reichen ins Gefängnis und laßt die Armen frei«, und selbst wenn ich noch einmal die Farbe des Blutes in der schönen afro-amerikanischen Flagge sähe, wäre ich nicht in der Lage, Rockefeller zu hassen, denn ich weiß, daß sich hinter der Rolle, die ihm zu spielen aufgetragen ist, und hinter dem Glauben an ein System, das auch ihn versklavt hat, ein Mensch verbirgt, der unter anderen Verhältnissen keine Menschen auf diese Weise ermordet hätte, um die Unterschicht niederzuhalten. Wenn wir zugeben, daß Mitglieder der Unterschicht aufgrund des Milieus morden und rauben, müssen wir logischerweise auch zugeben, daß die Oberschicht genauso sklavisch an ihr Milieu gebunden ist, an seine Handlungsweisen, Denkmuster und Traditionen. Ich möchte nicht verbergen, daß ich als Landstreicher die Menschen in der herrschenden Klasse der USA beinahe genauso gern mag wie die übrigen der Gesellschaft. Sie haben mir oft geholfen und waren mir gegenüber überaus verständig. Ich kann sie als Menschen nicht verdammen.

Wenn ich in meinen Bildern die Oberschicht trotzdem verdamme, so ist es ausschließlich eine Verdammung des Systems, das die Oberschicht geschaffen hat und ihre Mitglieder zwingt, zu rauben und zu morden – nicht nur in den USA, sondern auch in der Dritten Welt. Wir müssen die Kräfte verdammen, die sowohl die Ober- als auch die Unterschicht unmenschlich und bis auf den Grund unglücklich machen. Je länger ich mich als Landstreicher in diesem System aufhielt, desto mehr verlor ich die Lust, jemals ein Teil des Systems zu werden. Ich kam zu der Schlußfolgerung, daß unser System den Menschen überall verkrüppelt und ihm ein falsches Angesicht verliehen hat. Je deutlicher sich diese unheimlichen Masken vor mir abzeichneten, desto stärker verspürte ich das Bedürfnis, dahinter zu gelangen und durch ihre kleinen Augenlöcher nach draußen zu schauen. Niemals war die Sicht schön: Nur Haß und Furcht und Mißtrauen gegenüber dem Mitmenschen. Wenn ich trotzdem in der Lage war, so lange in diesem System zu überleben, so deshalb, weil ich immer versucht habe, den Menschen hinter der falschen Fassade zu suchen. Aber überall zwischen diesen Fassaden sah ich Reste der Liebe: Dieses unsichtbare Netzwerk aus Drähten eines Gefühls der Zusammengehörigkeit und gegenseitigen Zutrauens, die in jedem System zwischen Menschen zu finden sein sollten. Je mehr es an diesen Drähten fehlte, desto versteinerter und undurchdringlicher schienen die Masken, durch die ich die ganze Zeit über hindurchdringen mußte, um zu überleben. Aber ich will natürlich nicht vergessen, daß selbst innerhalb dieses Systems der Unterdrückung Möglichkeiten für Spielräume bleiben, wo wir auch die besseren Seiten des Menschen zu sehen bekommen. Obwohl ich der Ansicht bin, daß die Liebe zwischen den Menschen in diesem System getötet wird, wissen wir alle, daß die Liebe zwischen Pflastersteinen aufblühen kann, wo immer es auch sein mag.

Die Überlebenden in Attica (Foto nicht von J. Holdt).

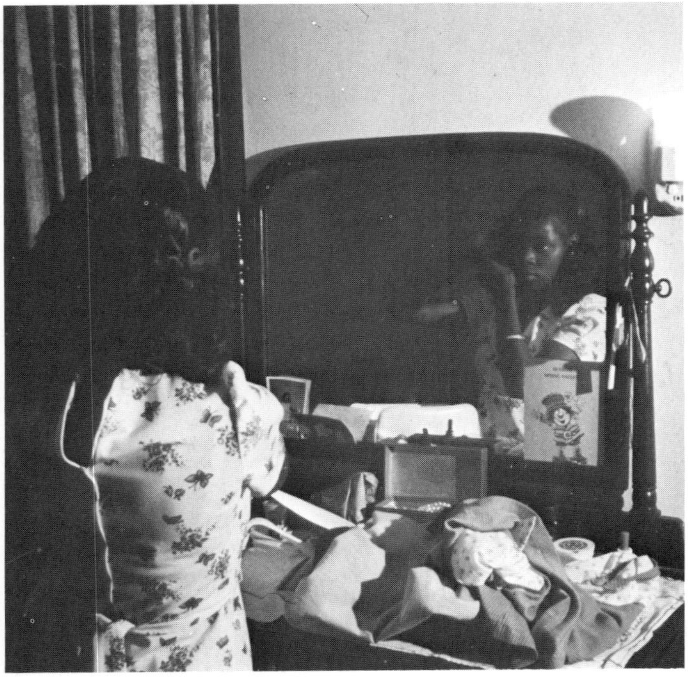

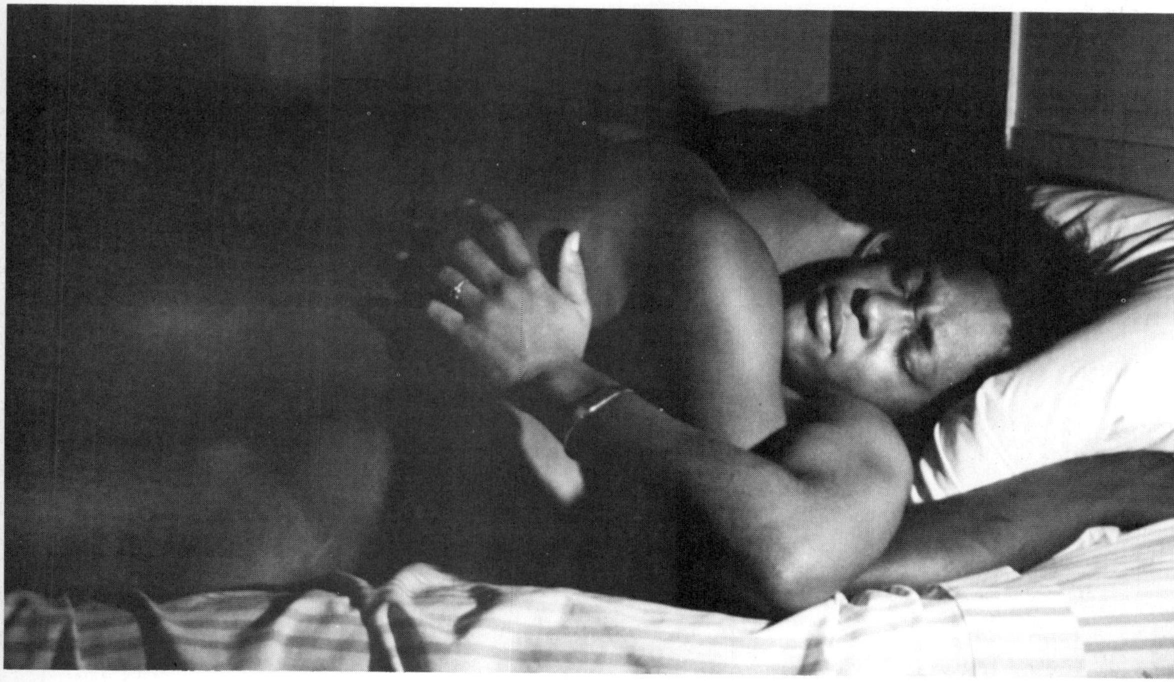

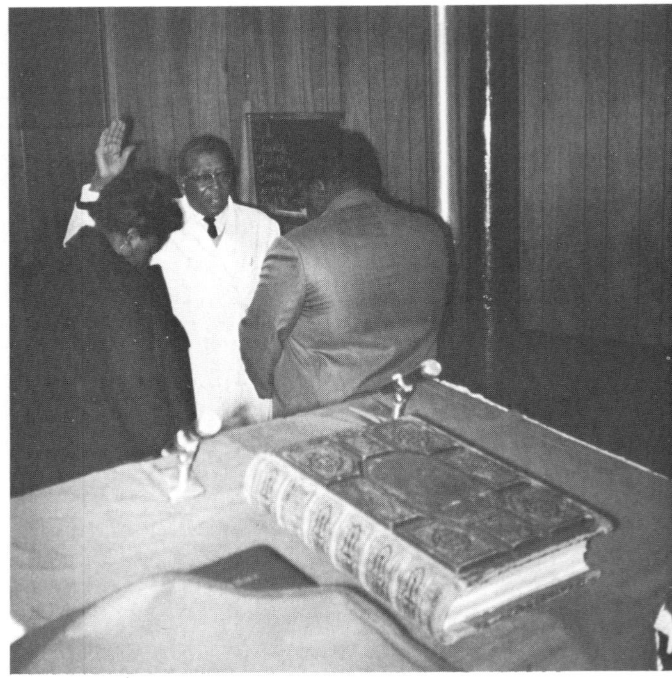

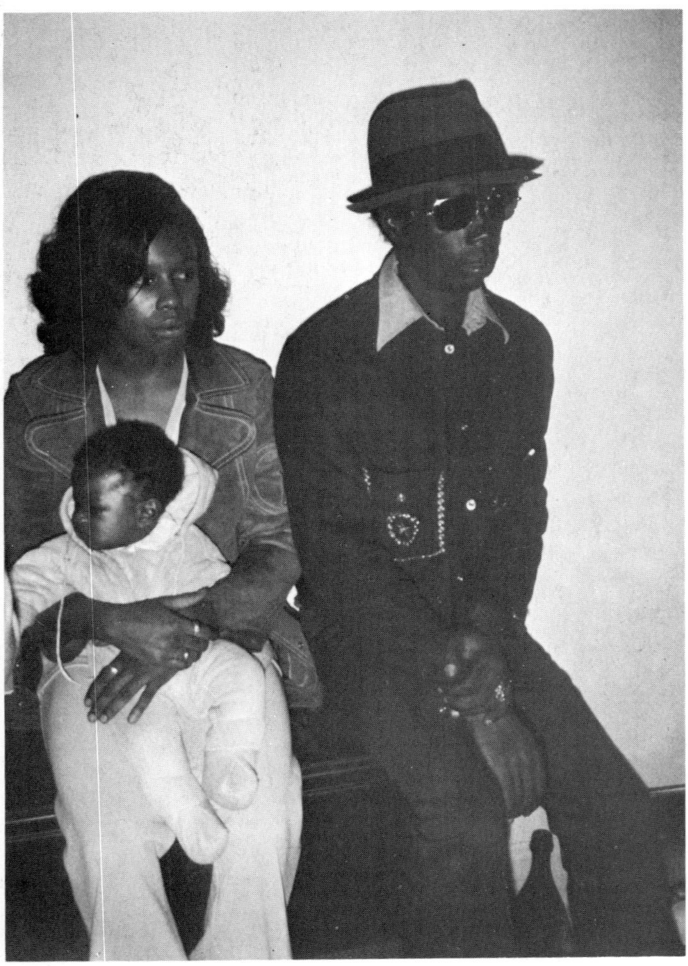

Eine Gesellschaft, in der die Liebe getötet worden ist, ist kein schöner Anblick. Selbst die Kirche bekommt ein falsches Gesicht und verrät die Armen. Daß die Armen daraufhin die Kirche verraten, ist nicht verwunderlich. Nicht selten kommen schwarze Räuber in weiße Kirchen, unmittelbar bevor der Klingelbeutel herumgereicht werden soll, und gehen mit ihren eigenen Büchsen herum und nehmen den Kirchgängern alles ab, was sie bei sich haben. Irgendwo in Chicago sah man sich genötigt, eine lutheranische Kirche zu schließen, da die Kirchgänger jeden Sonntag geplündert worden waren. Im heutigen Amerika ist keine Institution sicher vor den Rückschlägen aus dem Getto. Lehrer werden vor den Augen ihrer Kinder von pistolenbewaffneten Männern überfallen. In einigen Städten ist es notwendig geworden, auf jeder Hoteletage ein oder zwei Polizisten zu postieren, um die Gäste zu beschützen.
Jeder Zug der Untergrundbahnen in New York und Chicago wird von je einem Polizeibeamten in Uniform und in Zivil begleitet, und trotzdem werden Leute sowohl ermordet als auch vor den Augen erschrockener Mitfahrer vergewaltigt, die nicht einzugreifen wagen. Leute werden auf offener Straße vor den Augen von mehr als vierzig anderen Menschen ermordet, die es aus ihren Wohnungen beobachten, ohne daß auch nur einer die Polizei ruft, denn »sie wußten nicht, ob die Täter mit der Polizei unter einer Decke steckten«, sagten sie (zu »Life«).

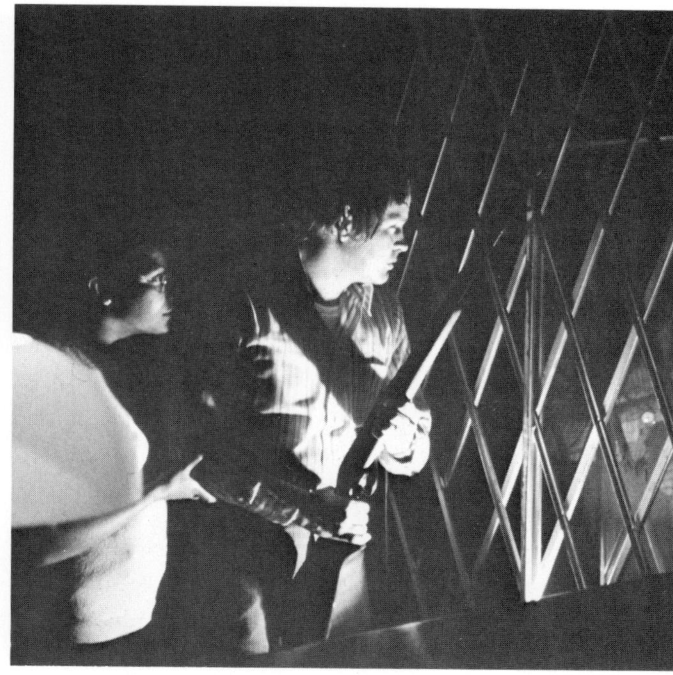

36

Die Kriminalität ist so wahnsinnig, daß man es oft nicht fassen kann. In fünf Wohnungen wurde, während ich dort wohnte, jeweils zweimal mit Waffengewalt eingebrochen. Die Gesellscha wendet Millionen auf, um dem vorzubeugen. Große Firmen, die in den sechziger Jahren Militärausrüstungen für den Vietnam-Krieg produzierten, haben jetzt ihre gesamte Produktic auf Alarmanlagen und ähnliches umgestellt, vielleicht als Ergebnis der Tatsache, daß das Land so viel für diesen Krieg gegen die Dritte Welt verschwendete, daß der Krieg gegen die Armut daheim verschoben werden mußte. Überall verschanzt man sich heute hinter schweren Eisengittern. In New York wurden die Eisengitter vor den Fenstern mit der gleichen Geschwindigkeit errichtet, mit der die Bomben in Vietnam fiele Je mehr man für eine sogenannte Freiheit kämpft, desto mehr schirmt man sich vor ihr ab und muß heute aus seinen eigenen verschanzten Fenstern auf riesige Militärreklamen sehen.

Man betritt Läden und entdeckt, daß man in einem engen Käfig steht. Einige Freunde erzählten mir, sie hätten auf Kuba mehrere Witze darüber gehört, daß der »Eiserne Vorhang« sich über Amerika gesenkt habe. Die Reichen haben natürlich Geld für Besseres als Eisengitter und investieren Milliarden in elektronische Anlagen, die oft unmittelbar mit den lokalen Polizeistationen verbunden sind. Aber die Waffenfabrikanten verdienen nichtsdestoweniger am meisten an der Armut. In den meisten Familien gibt es zwischen einer und vier Pistolen und Gewehre, um sich gegen die »Nigger« zu verteidigen, wie mir diese Vorstadtfamilie in Michigan sagte. Viele werden von Kindesbeinen an im Waffengebrauch geübt. Obwohl alle das Gefühl haben, daß das System sie in eine Sackgasse geleitet hat, verspüren sie gleichzeitig die Notwendigkeit, mehr und mehr Waffen zu kaufen. Die Tendenz ist haargenau dieselbe, die in Dänemark dazu geführt hat, daß man die Entwicklungshilfe herabsetzt und immer mehr Geld für die Polizei ausgibt. Die Leute spüren intuitiv, daß sie dabei sind, ihr eigenes Grab zu graben, aber sie sind außerstande, daran etwas zu ändern, und machen deshalb einen Schützengraben daraus. Je mehr Autos, je mehr Waffen, je mehr verschanzte Häuser, je mehr Militär..., desto mehr verdient die Privatindustrie an der Entwicklung. Je größer die Kluft ist, die die Großindustrie zwischen den Menschen schaffen kann, desto mehr vermag sie, die Liebe zwischen den Menschen zu töten, und desto stärker steigen die Aktienkurse in der Wall Street... Und deshalb ist es vollkommen gleichgültig, ob auf der Straße vor dem Börsengebäude hungernde Menschen stehen.

Die Freiheitsgöttin ist immer schwerer zu erkennen, je stärker man versucht, die Fundamente der Gesellschaft auf Militär und Polizei zu bauen. Gib mir deine müden, deine kranken, deine unterdrückten Menschen, rief die Inschrift auf der Freiheitsstatue damals den armen Millionen zu, die aus der Unterdrückung und Verarmung in Europa flüchteten. Heute wird das Militär überall gegenüber den Armen in den Gettos eingesetzt. Ein Getto war mehr als ein Jahr lang von Militär besetzt. Und wie frei ist man in »Gottes eigenem Land«, wenn die Fenster, durch die Tausende von Menschen in Jersey City die Göttin sehen, vergittert und verschanzt sein müssen?
Die Freiheitsstatue hat ihren Sinn verloren – wenn sie jemals einen Sinn für die Neger gehabt hat. Und ihre das ganze Jahr hindurch offenen Augen werden in immer stärkerem Maße vom allgegenwärtigen Auge des Big Brother abgelöst. In fast jedem Gebäude, das man betritt, in jedem Fahrstuhl, in jedem Laden wird man von der einäugigen Stummheit des Big Brother überwacht. Von Straßen und Gebäuden beobachtet er einen entweder offen oder versteckt.
An ein Auge auf der Vierten Straße in New York erinnere ich mich mit Wehmut; es hätte beinahe meinem Tode beigewohnt, als ich von drei Pistolenmännern überfallen wurde. Aber Big Brother kam mir nicht zur Hilfe, denn er scheint da oben wohl aus einem anderen Grunde befestigt zu sein. Hier ist nämlich der schwache Punkt, denn statt der vorgeblichen Bekämpfung der Kriminalität wird statt dessen jedesmal wieder das Grundgesetz bekämpft. Der größte Teil der Bevölkerung begrüßt jeden Schritt in eine faschistische Richtung mit offenen Armen. Ich möchte nicht verhehlen, daß dieses Buch mein bescheidener Beitrag zur Unterstützung der Kräfte wie zum Beispiel der American Civil Liberties Union ist, die eine Weiterentwicklung dieser Tendenzen verhindern wollen, damit nicht eines Tages die Neger des Untergettos in Konzentrationslagern landen. Schon heute wimmelt es von Geheimpolizei. Kein Europäer, außer denen, die – wie ich – durch Hunderte kleinerer und größerer amerikanischer Städte getrampt sind, hat eine Ahnung, wie zahlreich die Geheimpolizisten sind. Ständig haben sie mich gejagt. Selbst in kleinen, verschlafenen Städten im Süden (wie New Bern in North Carolina) entdeckte ich manchmal in einer einzigen Nacht bis zu zwanzig.

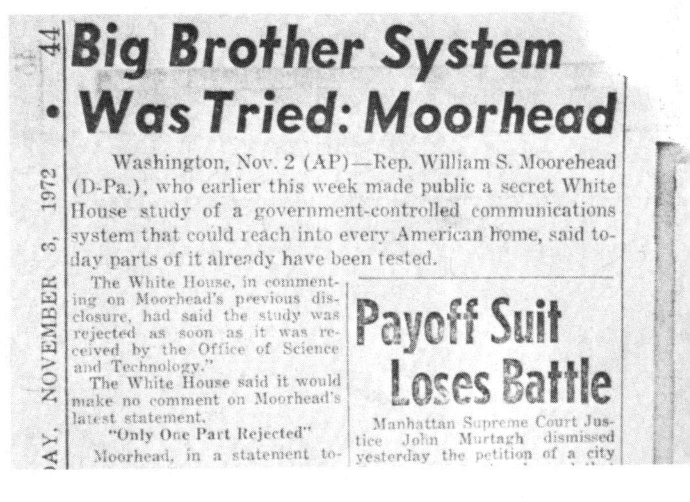
...DAY, NOVEMBER 3, 1972 • 44

Big Brother System Was Tried: Moorhead

Washington, Nov. 2 (AP)—Rep. William S. Moorehead (D-Pa.), who earlier this week made public a secret White House study of a government-controlled communications system that could reach into every American home, said today parts of it already have been tested.

The White House, in commenting on Moorhead's previous disclosure, had said the study was rejected as soon as it was received by the Office of Science and Technology."

The White House said it would make no comment on Moorhead's latest statement.

"Only One Part Rejected"

Moorhead, in a statement to-

Payoff Suit Loses Battle

Manhattan Supreme Court Justice John Murtagh dismissed yesterday the petition of a city

In vielen Städten ließ man aus taktischen Gründen gewaltige Razzien durchführen, nachdem ein Fremder in der Stadt aufgetaucht war und sie wieder verlassen hatte. Die Leute sollten glauben, der Fremde sei ein Spitzel. Zwei Tage, nachdem ich Washington, North Carolina, verlassen hatte, wurden elf Menschen in einer Nacht arrestiert, was es mir unmöglich machte, in die Stadt zurückzukehren.

Der ganze Unterdrückungsapparat trifft natürlich die Neger stärker als irgendeinen anderen Teil der Bevölkerung. Und im Hinblick auf die Kriminalität ist die schwarze Gesellschaft noch gelähmter und noch stärker terrorisiert als die weiße. Wenn man aus seinem Gefängnis in den vergitterten, häßlichen Wohnungen herauskommt, hat man zwei Möglichkeiten: Entweder wird man überfallen, vergewaltigt, beraubt und niedergeschlagen oder man wird selbst kriminell durch die Verhärtung, der man in einem solchen Dschungel ausgesetzt ist. Es scheint, als ob die Neger immer auf die eine oder andere Weise hinter Gittern und Latten eingesperrt waren, sichtbaren oder unsichtbaren. Leider führt dieses Eingesperrtsein im Getto viel zu häufig zum Eingesperrtsein im Gefängnis. Die Armen werden demnach in doppelter Hinsicht bestraft, und das Gefängnis stellt eine Institution dar, die die herrschende Klasse überall auf der Welt benutzt, um damit die Armen in Schach zu halten. In den USA wird dies deutlicher als andernorts, denn fast fünfzig Prozent der Gefangenen sind Farbige, obwohl ihr Anteil in der Bevölkerung nur etwa fünfzehn Prozent ausmacht. Die Bevölkerung in den Gefängnissen entspricht der viertgrößten Stadt in den USA.

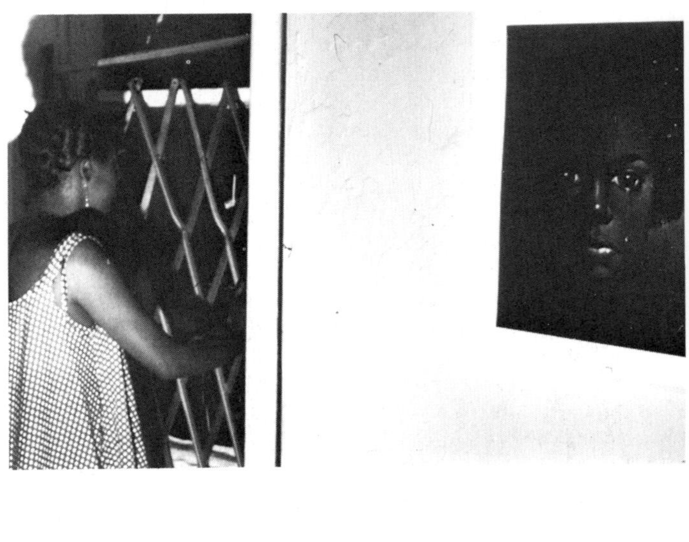

Die »New York Times« ließ eine Untersuchung durchführen, aus der hervorging, daß Schwarze durchschnittlich mehr als doppelt so hohe Strafen für die gleichen Verbrechen bekommen wie Weiße. Aber das ist nicht der einzige Grund dafür, daß Neger behaupten, sie seien politische Gefangene. Ein weiterer Grund ist die Tatsache, daß sie einfach krimineller sind als die Weißen (solange wir Betrügereien nicht mitrechnen), was mehr als alles andere beweist, daß sie ein kolonisiertes Volk sind. Überall auf der Welt in den Kolonien der westlichen Länder können wir dasselbe Phänomen beobachten. Je stärker Europa dominierte, desto höher stieg die allgemeine Kriminalität unter denjenigen, die wir unterdrückten. Das sichtbarste Beispiel dafür war Frankreichs Kolonisationspolitik in Algerien. Außerdem stieg die Kriminalität, sobald die westlichen Mächte eine eingeborene Elite im Sinne des Westens heranbildeten – eine Art Identifikation der Oberschicht mit den Unterdrückern –, was die Massen unmittelbar veranlaßte, ihre eigene Kultur fallenzulassen. Je mehr sich der Selbsthaß ausbreitete, desto stärker stieg die Kriminalität an. Aber das französische Algerien und das britische Kenia (und das dänische Westindien) waren Kolonien, die nicht länger als hundert Jahre existierten. Die USA hingegen nahmen ihre Kolonien bekanntermaßen mit zu sich nach Hause, wo sie dreihundert Jahre lang intensiv ausgebeutet wurden. Anschließend wurden sie etwa hundert Jahre lang im Sinne der Apartheidspolitik nach südafrikanischem Muster verwaltet. Nach einer derartigen Unterdrückung des Körpers und der Seele beginnt man zu begreifen, warum die Schwarzen krimineller sind als die Weißen – ganz unabhängig davon, daß sie ärmer sind. Deshalb sind sie politische Gefangene, denn wenn man sie nicht aus marxistischer Sicht betrachtet, das heißt, daß Umwelt und Kolonisierung sie zu Kriminellen gemacht haben – dann wird man schlicht und unvermeidlich zum Rassisten; es bleibt dann nämlich keine andere Schlußfolgerung übrig, als daß sie Kriminelle sind, weil sie auf einer niedrigeren Entwicklungsstufe stehen als die Weißen. (Leider darf man die Augen nicht vor der Tatsache verschließen, daß die rassistischen Lösungen auch immer die begreiflichsten sind: Für die Weißen ist es leichter, ein ganzes Volk hinter Gitter zu bringen, als ihr eigenes Gesellschaftssystem zu ändern.) Deshalb faßt der Marxismus in diesen Jahren überall in amerikanischen Gefängnissen Fuß, und die Mehrzahl der schwarzen Gefangenen betrachten sich als politische Gefangene. Gleichzeitig ist der Marxismus ihre psychologische Rettungsbrücke, denn er stellt die einzige Möglichkeit dar, ihrem gewalttätigen Selbsthaß zu entgehen, den ein Gefängnisaufenthalt immer mit sich bringt, wenn man sich nicht nur von den Weißen ausgeschlossen fühlt, sondern auch von seinen eigenen Leuten (Obergetto).
Die Philosophie Kubas hat viele sehr stark inspiriert. Bei einer steigenden Anzahl von Verbrechen soll man nicht die Kriminellen bestrafen, sondern die Gesellschaft und sie fortwährend verändern, damit sie erneut in Harmonie mit den tiefsten Sehnsüchten der Bevölkerung steht. Deshalb hatten die Gefangenen im Attica-Gefängnis während ihres Aufstandes verlangt, man solle ihnen politisches Asyl auf Kuba gewähren – und wahrscheinlich erachtete Rockefeller es deshalb für notwendig, sie brutal zusammenzuschießen.

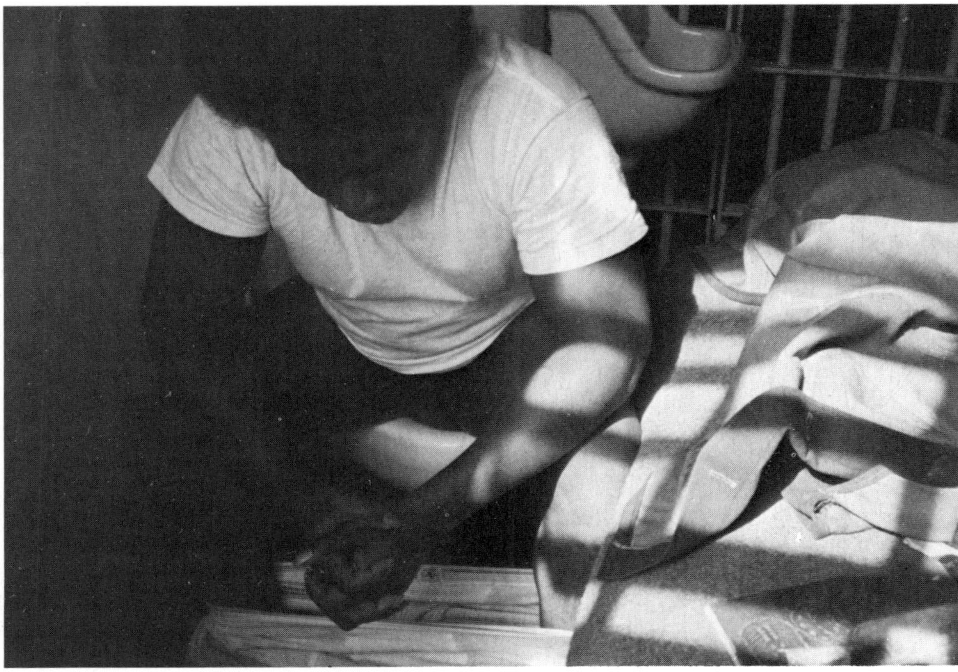

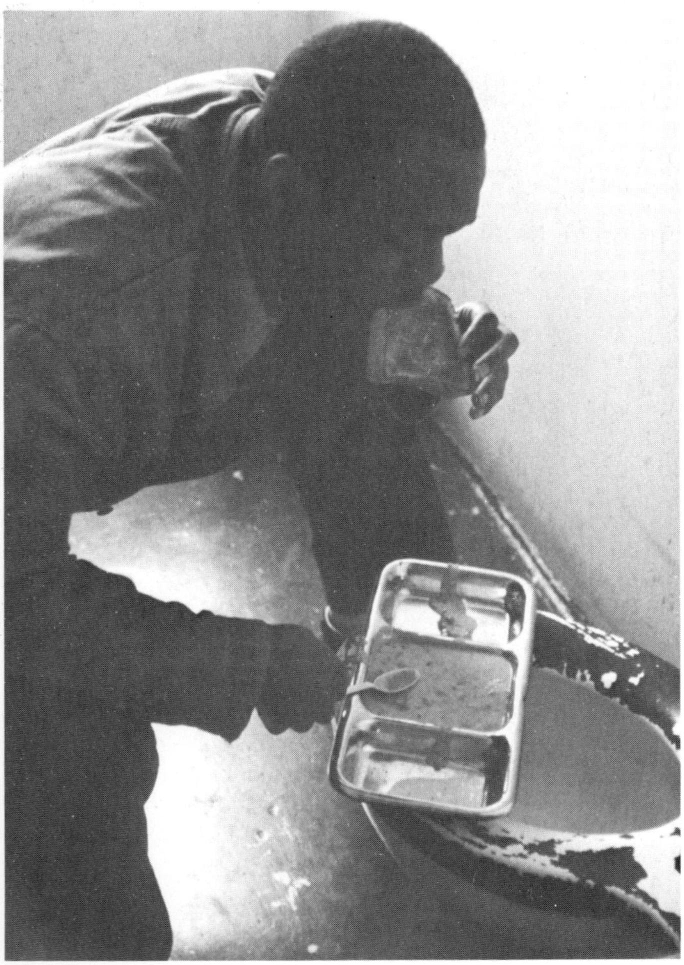

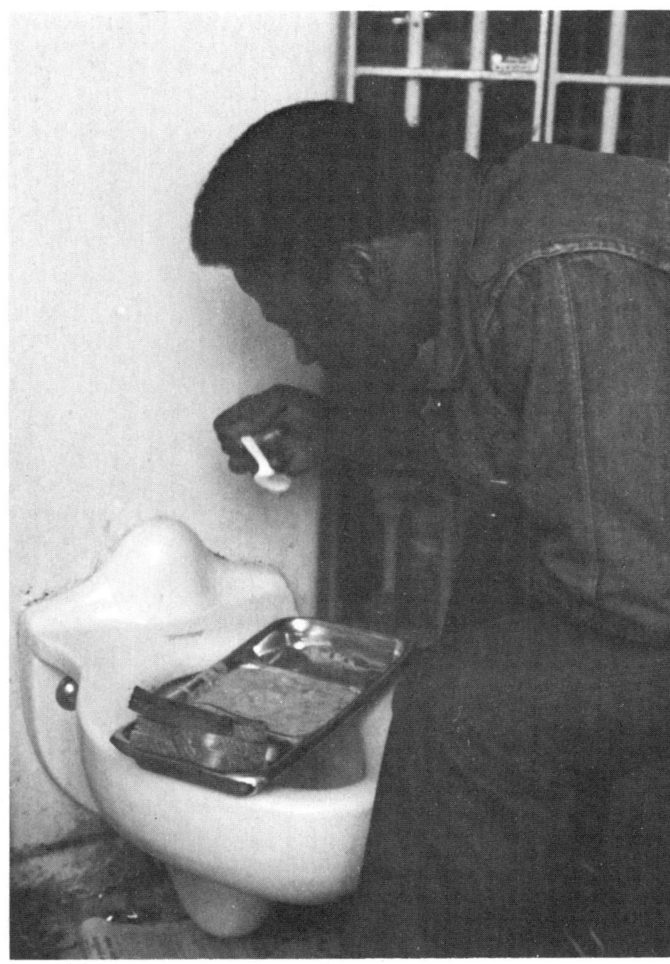

Ohne Zweifel ist die amerikanische Gesellschaft auf ihre Weise die freieste der Welt, aber nur bis zu dem Punkt, an dem die Bevölkerung anfängt, Fragezeichen hinter die geltende Gesellschaftsordnung zu setzen. Dann wird mit harter Hand zugeschlagen. Unzählige Negerführer und Schwarze Panther sind von der Polizei in ihren eigenen Wohnungen erschossen worden. Unter Präsident Johnson wurden mehr als dreißig Schwarze Panther ermordet und etwa vierhundert ins Gefängnis geworfen. Und das einzige, womit sie wirklich aktiv gegen die Gesellschaftsordnung verstoßen hatten, war im wesentlichen die Einrichtung kostenloser Kliniken für Kranke in den Gettos, die Verteilung kostenloser Morgenmahlzeiten an arme Kinder sowie das Reden über eine neue sozialistische Gesellschaftsordnung. Diese Bilder stammen aus Baltimore, wo nur noch zwei Schwarze Panther übriggeblieben sind, um diese enorme Arbeit zu erledigen. Alle anderen sind im Gefängnis.
Fünf von ihnen wurden zu lebenslänglichen Haftstrafen plus fünfzehn Jahren für jeden verurteilt. Sogar ihre weißen Verteidiger kamen ins Gefängnis.

Aber nicht nur die revolutionären Schwarzen werden hart bekämpft. In Wilmington lernte ich einen Priester kennen, Ben Chavis, der versuchte, die Schwarzen in seiner Stadt für die Bürgerrechte zu organisieren:
»1971 waren wir acht Teenager, eine weiße Frau und ich, die für die Armen arbeiteten. Gewalttätigkeiten brachen aus, als die Schule integriert werden sollte, vollständig, wie jetzt in Boston. Wir versuchten, die Bürger der Stadt gegen den Rassismus in den Schulen zu organisieren. Ich arbeitete von der schwarzen Kirche aus, weshalb wir vom Ku-Klux-Klan angegriffen und einige Leute erschossen wurden. Einer unserer Studenten, er war nur siebzehn Jahre alt, wurde getötet. Ich gründete eine neue Kirche, und wir hofften, daß von ihr aus Leute ins Amt gewählt werden würden, denn dort gab und gibt es bis heute keinen einzigen schwarzen Beamten, obwohl es fast fünfzig Prozent Schwarze gibt. Da Gewalt und Terror gegen uns nichts halfen, beschloß der Staat, das Rechtswesen und die Gefängnisse gegen uns einzusetzen. Wir wurden wegen zahlreicher Verschwörungspläne verklagt. Wir zehn wurden insgesamt zu zweihundertzweiundachtzig Jahren Gefängnis verurteilt.«
»Wieviel hast du selbst bekommen?«
»Vierunddreißig Jahre Gefängnis.«

Ben Chavis brachte sein Urteil vor den höchsten Gerichtshof, der es nicht aufheben wollte. Pastor Chavis bat mich, es den Menschen überall auf der Welt mitzuteilen. Ich hoffe, daß der Bericht über ihn in diesem Buch dazu führen wird, daß man ihn freiläßt. Ich habe außerdem auch starke persönliche Beweggründe: Der weiße Terror und der gewalttätige Rassenhaß in Wilmington hatten schließlich dazu geführt, daß ich beinahe mein Leben verloren hätte (ich habe an anderer Stelle davon berichtet). Aber vierunddreißig Jahre Gefängnis sind im übrigen in den USA ein ziemlich mildes Urteil; es gibt einzelne, die über tausend Jahre Gefängnis erhalten haben. Auch dies ist ein mildes Urteil im Vergleich zu dem, das über meinen besten Freund in Kalifornien gefällt wurde und über viele, viele andere schwarze Führer. So unter anderem über den weltberühmten George Jackson, dessen verbitterte Schwester ich kennenlernte, als ich mit Angela Davis' Freunden gemeinsam in einem Kollektiv wohnte. Es waren diese entsetzlichen Monate unmittelbar nach dem Guerillaangriff in Marin County, bei dem ihr jüngster Bruder Jonathan Jackson den Tod gefunden hatte.

Popeye Jackson hatte genau wie George eine kriminelle Gettovergangenheit hinter sich. Popeye kam schon mit zehn Jahren ins Gefängnis und hatte seitdem neunzehn Jahre im Gefängnis verbracht. Aber während dieser langen Aufenthaltszeit reifte er langsam heran und begann den Marxismus zu studieren. Als er »auf die Erde zurückkehrte«, gründete er eine Gewerkschaft für Gefangene und wurde ihr Präsident. In weniger als fünf Jahren wurde er zu einer landesbekannten Erscheinung und war unter anderem Mittler zwischen der Hearst-Familie und der revolutionären Untergrundtruppe SLA, die Patricia Hearst gekidnappt hatte. Popeyes Einfluß auf die Gefangenen wuchs und wuchs, und die Polizei versuchte mehrere Male, ihn wieder ins Gefängnis zu bringen, indem sie Heroin in seinem Auto versteckte und ihn damit reinzulegen versuchte. Popeye war nicht ohne menschliche Fehler, und es dauerte bei mir eine Zeitlang, bis ich begriff, was neunzehn Jahre Gefängnis für eine menschliche Seele bedeuten; aber nachdem wir einander verstanden, fühlten wir uns während der Arbeit in der Gewerkschaft immer stärker miteinander verbunden. Deshalb war es nur natürlich, daß man mich mitnahm, als er erneut ins Gefängnis kam. Heimlich nahm ich diese Bilder von ihm und den anderen Gefangenen auf, um sie in der Gefängniszeitung zu veröffentlichen, die zu den Gefangenen hineingeschmuggelt wurde. Es machte auf mich einen starken Eindruck, wenn ich sah, wie Popeye andauernd versuchte, die Gefangenen unter diesen unmenschlichen Verhältnissen zu organisieren, unter denen das ganze Privatleben ausgeschlossen war und wo das System fast jedes Mittel benutzte, um den Menschen zu zerbrechen. Gerade weil mich diese Umgebung vollkommen lähmte, machte es auf mich einen unauslöschlich starken Eindruck, wenn ich sah, wie Popeye die Mitgefangenen dazu brachte, politische Literatur zu

lesen, obwohl man sich kaum vorstellen konnte, daß ein Mensch bei diesem schrecklichen Lärm und trotz der ständigen Angst überhaupt lesen konnte. Viele Gefangene berichteten mir, daß Popeye auf sie einen genauso starken Eindruck gemacht habe, insbesondere deshalb, weil er kein intellektueller und gebildeter Mann war. Er war einer von ihnen und trotzdem in der Lage, sie in eine andere Welt zu versetzen und auf neue Gedanken zu bringen.

Obwohl die meisten Gefangenen schwarz waren, versuchte er in gleichem Maße Weiße in die Arbeit mit einzubeziehen, und viele sagten mir, sie wollten in der United Prisoners Union arbeiten, wenn sie rauskämen.

Schon früher hatte es gewaltige Kampagnen gegeben, um Popeye aus dem Gefängnis zu holen, und schließlich wurde er entlassen. Wir veranstalteten für ihn ein riesiges »Zurück-auf-der-Erde-Fest«. Popeye war stolz auf seinen (Unter-)Gettohintergrund und kleidete sich deshalb immer nach der typischen Gettomode. Sowohl er als auch seine Genossen warnten mich ständig davor, nicht zu laut darüber zu reden, worum es ging, und im übrigen auf eingeschleuste FBI-Spione zu achten. Da ich an diese allgemeine Paranoia im Getto gewöhnt war und im allgemeinen den Menschen immer vertraute, nahm ich diese Warnungen leicht, denn selbst in meinen wildesten Phantasien hätte ich mir hier mitten in San

Franciscos Sonnenschein und seiner schönen Umgebung keine Geheimpolizei vorstellen können. Deshalb war ich vollkommen erschüttert von dem Terror, mit dem das System Popeyes Gewerkschaft begegnete, und als ich entdeckte, daß ausgerechnet einer der Freunde, zu dem ich stärkstes Zutrauen hatte, von der Geheimpolizei kam.
Es war Sara Jane Moore, ein wenig älter als die anderen und für uns eine nette, sympathische Hausfrau aus den Vororten. Sie war es, die wenig später beinahe die Weltgeschichte geändert hätte, als sie versuchte, Präsident Ford im Auto auf der Union Square in San Francisco zu erschießen. Dies zusammen mit einem noch fürchterlicheren Ereignis, das sie ausgelöst hatte, waren der eigentliche Grund dafür, daß ich es nicht länger aushalten konnte und aus den USA flüchtete. Was war geschehen? Sara hatte Gewissensbisse bekommen. Sie hatte langsam unsere Gesichtspunkte übernommen und gab in der Tagespresse öffentlich bekannt, daß sie im Dienste des FBI als Spionin gearbeitet hatte. Und ihre Gewissensbisse waren berechtigt. Am Sonnabendabend, wenige Tage nach unserem »Zurück-auf-der-Erde-Fest« sollte Popeye nämlich zu mir kommen, um die Bilder aus dem Gefängnis für unsere Zeitung auszusuchen. Er rief dann an und sagte, er habe keine Zeit, da er zu einem Treffen mit Vietnam-Veteranen müsse. Wir beschlossen, daß ich später am Abend zu dem Treffen kommen solle, um danach anschließend mit zu ihm nach Hause zu fahren, wie ich es oft getan hatte. Nur zwei Stunden vorher bekam ich plötzlich einen Telefonanruf, ich solle nicht mit Popeye nach Hause fahren. Wenn dieser Anruf nicht gewesen wäre, hätte ich mir am nächsten Abend die Tagesschau im Fernsehen nicht ansehen können:

»Guten Abend, hier sind die Dreiundzwanzig-Uhr-Nachrichten, Sonnabend abend. Die Polizei von San Francisco setzt die Untersuchungen des hinrichtungsartigen Mordes an dem Gefängnisreformer Popeye Jackson fort, dem Vorsitzenden der Gefangenengewerkschaft. Gemeinsam mit der achtundzwanzigjährigen Sally Voye saß er am Sonntagmorgen um 2.45 Uhr in seinem Auto. Die Polizei berichtet, daß sie auf der Stelle tot waren.«

»Genau wie viele von Ihnen liebe ich Hunde. Ich mag sie sehr gern. Deshalb gebe ich meinen Hunden ›Alpo‹, denn Fleisch ist die natürliche Nahrung eines Hundes. Fleisch mögen sie am liebsten. ›Alpos‹ Fleischmahlzeit enthält Rindfleischprodukte, die wirklich gut für ihn sind. Sie enthält kein einziges Gramm Mehl. Wenn Sie Ihrem Hund ›Alpo‹ geben, brauchen Sie ihm nichts anderes zu geben. Es gibt keine bessere Hundenahrung auf der Welt!«

Chef der Polizei: »Es hat den Anschein, als ob der Mörder zuerst das Fenster des Wagens herausgeschossen hat und dann auf kurze Entfernung schoß. Die erste Kugel traf Sally Voye, die nächste Popeye Jackson. Offensichtlich versuchte der Mörder nicht, ihnen etwas zu stehlen. In den Taschen der Getöteten fanden wir Geldscheine und Münzen.«

Fernsehmann: »Könnte das Ganze eine Hinrichtung gewesen sein?«

»Ja, eine sehr gute Theorie.«

»Arbeiten Sie nach dieser Theorie?«

»Wir arbeiten mit ihr als einer möglichen Theorie. Gewöhnlicher Diebstahl ist ausgeschlossen.«

»Die Polizei berichtet, daß eine Anzahl Menschen in der Straße an ihre Fenster liefen, als sie die Schüsse hörten. Morgen wird die Polizei sie verhören, um den Mörder zu finden.«

»Hier sehen Sie, wie das Ganze beginnt. Hier sehen Sie Mr. Jones, wie er zum erstenmal genußvoll in ein ›Kentucky-Brathähnchen‹ beißt, und das unwiderstehliche Aroma wird Sie auch dazu verführen, hineinzubeißen. Auf der ganzen Welt gibt es nur ein Brathähnchen, das so sagenhaft gut schmeckt. Whauw, werden Sie sagen! Heute ist Kentucky-Brathähnchen-Tag.«

Obwohl es mein bester Freund war, den ich in einer Blutlache auf dem Bildschirm liegen sah, nur wenige Stunden nachdem ich in dieser schicksalsschwangeren Nacht beinahe mit ihm zurückgefahren wäre, war ich in den ersten vier Tagen außerstande zu weinen – so unwirklich kam mir das Ganze in dieser wunderlichen amerikanischen Mischung aus Hundenahrung- und-Gebratene-Hähnchen-Reklame vor. Das System kann sich vollkommen ungehindert gebärden, denn es ist imstande, die Menschen im selben Augenblick vergessen zu lassen, was sie gerade gesehen haben. Erst beim Begräbnis fing ich an zu begreifen, was geschehen war, und brach vollkommen zusammen. Auch jetzt begriff ich erst, daß Sally – das Mädchen, das ich so gern mochte, das Gettokinder unterrichtete und mit Gefangenen arbeitete, obwohl es aus den sicheren weißen Vorortvierteln stammte, daß auch dieses phantastische Mädchen ermordet worden war, ausschließlich deshalb, weil sie sonst eine Zeugin des Mordes gewesen wäre.

Aus diesem Grunde weiß ich natürlich, welches Schicksal mich getroffen hätte, wäre ich in dieser Nacht dabeigewesen. Bis jetzt ist noch nicht aufgeklärt, wer sie ermordet hat; aber seitdem Sara Jane Moore zu lebenslänglichem Gefängnis verurteilt wurde und in einem Interview im »Playboy« ihren haarsträubender Bericht über ihre Arbeit für den FBI erschien und darüber, wie das FBI auch ihr Leben zu bedrohen begann, nachdem es festgestellt hatte, daß sie sich auf Popeyes Seite geschlagen hatte, dürften kaum noch große Zweifel bestehen.

Popeye hatte nie Angst zu sterben und berichtete mir oft von den früheren Attentatsversuchen, denen er ausgesetzt gewesen war. In seinem letzten Artikel, den er schrieb, als ich bei ihm im Gefängnis war, sagte er: »Wir sollten den Tod nicht fürchten. Wir sind die verdammte Klasse, und nur durch die Revolution können wir unsere Freiheit und die Freiheit aller Unterdrückten dieser Erde gewinnen.« Bei seinem Begräbnis gaben ihm viele revolutionäre Gefängnisgenossen – Indianer, Neger, Mexikaner und Weiße – im Sarg einen Kuß, während andere erst nach einigen Generationen durch die Gitterstäbe hindurch zu seinem Grab werden gehen können. Seine Mutter, die ihm neunzehn Jahre lang hindurch jede Woche ins Gefängnis Kuchen brachte, erlitt am Sarg einen völligen Zusammenbruch.

Who killed 'Popeye' Jackson?

SLA jury's 11th day-- no verdict

Livermore street gala ends in riot

Special to the Examiner

LIVERMORE—A police officer and two civilians were stabbed and another officer was severely injured early yesterday in a riot that erupted at the end of a street dance here.

Six other policemen and various civilians also received minor injuries during a wild 45 minutes of rock and bottle throwing.

Forty-three persons were arrested, including a woman for felony battery on a police officer.

"Nobody knows what really happened," said a Livermore police spokesman. "All of a sudden, bottles and rocks started flying. The air was full of them."

He added: "It most probably was the combination of hot weather and I guess all the alcohol. There were a lot of young people."

The street dance at the downtown mall was a highlight of the city's annual rodeo weekend. Police Chief Ron Lindgren said from 6,000 to 8,000 people had gathered in a four-block area for the dance.

During the course of the ...

INSP. ROBERT DAGITZ CHECKS JACKSON MURDER CAR
Crime laboratory officer seeks clues to dual assassination
—Examiner photo by Bob Bryant

CIA called a danger to the people

United Press International

ATLANTA — A former high-level Central Intelligence Agency official says the CIA is "a secret weapon of the presidency" that po...

Rocky's report

Ford takes to TV in furor over CIA

United Press International

WASHINGTON — Five months after President Ford ... sources said Ford had always intended to release it but was offended when commission officials took the ...

By Larry D. Hatfield

Wilbert "Popeye" Jackson, one of California's fiercest and best known prison reformers was shot to death yesterday as he and a woman companion sat in a parked car outside his apartment.

The woman, Sally Voye, a 28-year-old Vallejo kindergarten teacher, also was slain, although San Francisco police said Jackson apparently was the target of the attack.

Police said they had few clues.

Surviving leaders of Jackson's militant United Prisoners Union almost immediately charged the police department with only "pretending" to investigate the bloody murder and planning to "exploit Popeye's death to further harass and investigate the Left."

Jackson, a 45-year-old former convict, and Miss Voye apparently had been to a party before returning to his apartment at 43 Albion St. in the Mission District, according to Homicide Inspectors David Toschi and Frank Falzon.

According to a 13-year-old witness to the 2:45 a.m. shooting, a young man approached the car from the driver's side, where Miss Voye was sitting, and fired a volley of shots into the car.

According to Falzon, the young witness, who was rushed into seclusion by police, said the assailant then leaned into the car to pump more bullets into Jackson.

"He appeared to be intent on shooting Popeye," the detective said.

Jackson was shot once in the left side of the head and once in the chest. Miss Voye was shot once in the head and twice in the chest. Preliminary reports indicated that one or two shots may have passed through the woman's body into Jackson.

Police said they found five ...

POPEYE JACKSON
Coolly killed

'Popeye' Jackson-- who executed him?

By Larry D. Hatfield

Wilbert "Popeye" Jackson, one of California's fiercest and best known prison reformers, was shot to death early yesterday as he and a woman companion sat in a parked car outside his apartment.

The woman, Sally Voye, a 28-year-old Vallejo kindergarten teacher, also was slain, although San Francisco police said Jackson apparently was the target of the attack.

Police said they had "few clues."

Surviving leaders of Jackson's militant United Prison...

'POPEYE' JACKSON
Coolly killed

SALLY VOYE
Slain with 'Popeye'

Examiner N...

SACRAME... SLA murder... nounced toda... the fate of on... is split 9-3 on...

Superior ... Sheehy sent ... en and four ... one more try ... verdict.

All were ... physical and ... haustion on thi... of their delibe... nine-week-old ...

There was n... their one verd... defendant: Jos... 23, or Russell ...

Only the ... whether it w... innocence.

And whethe... was for convic... tal was anybo...

Foreman Wi...

Das letzte Bild von Popeye, das ich zu seinen Lebzeiten machte.

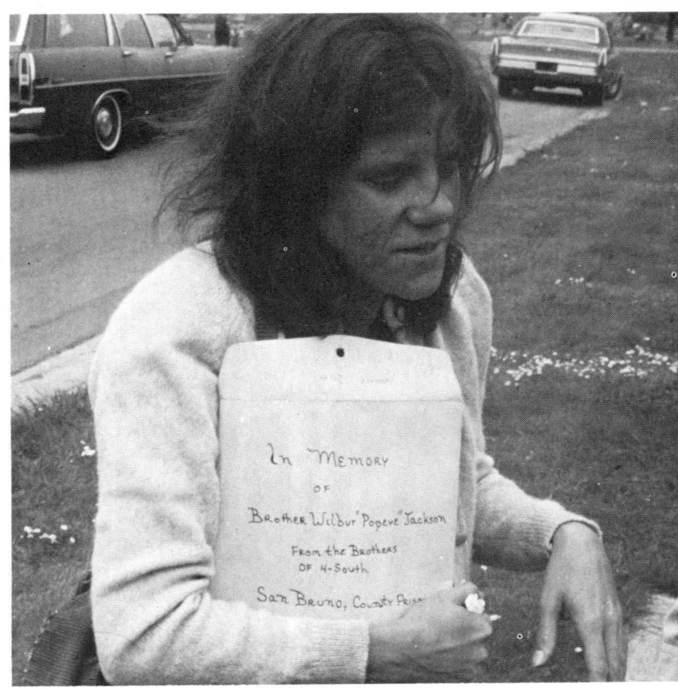

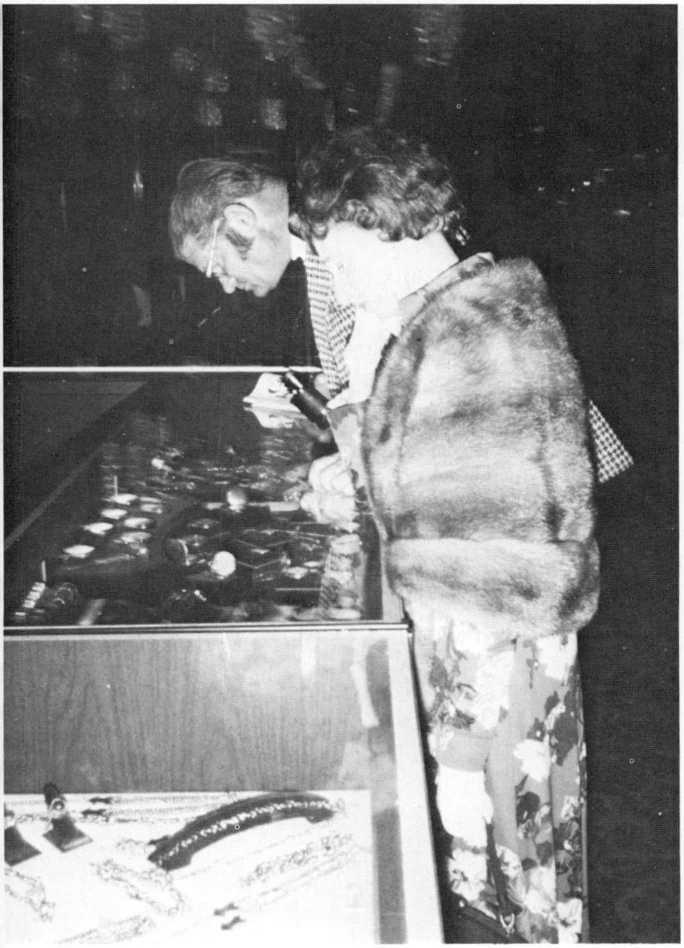

Es gibt einen Mann,
der uns ständig im Wege steht!
Und seine gierigen Hände
strecken sich über die ganze Erde.
Aber wenn wir diesen Mann töten,
gibt es Frieden in diesem Lande
und unser Kampf
wird ein Ende haben.

Und was wir wünschen,
ist nur das,
was wir brauchen,
und in Frieden zu leben
mit unserer Selbstachtung.
Aber diese wenigen alten Männer
wollen nichts hergeben, sich nicht beugen,
nur durch ihren Tod
erhalten wir unsere Freiheit.

Und wenn wir zu kämpfen wagen
für das, was wir wünschen,
ohne jemanden zu schonen,
der uns im Wege steht,
ja, dann ist der Kampf hart und lang!
Aber wir können keinen Fehler begehen:
Unsere Freiheit wird unser Gewinn sein.

Und wir kommen wieder zusammen,
falls wir nicht sterben,
denn das ist der Preis,
den wir vielleicht bezahlen müssen.
Aber wenn wir diesem Wege folgen,
werden wir uns wieder begegnen,
werden wir uns begegnen,
wenn wir nicht sterben.

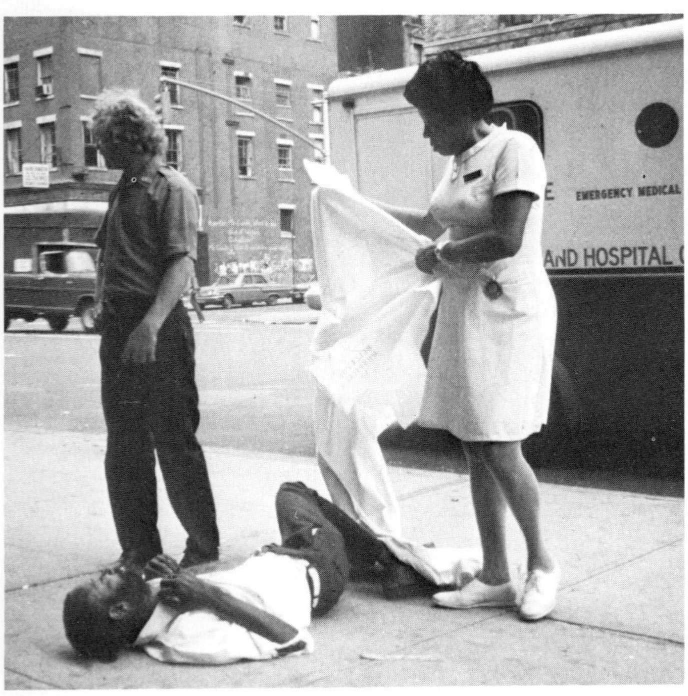

Aber wie lange…, wie lange…, wie lange?
Popeye war der letzte Freund, dem ich auf diese Weise auf Wiedersehen sagen wollte. Nach dem Mord an Popeye und Sally hielt ich es nicht länger aus und verließ das Land.
Alle meine Gefühle und Sinne waren abgetötet. Ich hatte zwölf meiner besten Freunde und Bekannten durch die sinnlose Gewalt in den USA verloren, und zahlreiche andere waren in den Gefängnissen verschwunden. Ich liebte das amerikanische Volk mehr als irgendein anderes, das ich jemals kennengelernt habe. Ich spürte, daß ich immer ein Teil dieses Volkes bleiben würde, und hatte eigentlich nicht die Absicht, das Land zu verlassen.
Die menschliche Wärme, der ich überall begegnet war, bildete in meinem Leben eine frische Brise nach der Verschlossenheit, die ich aus Europa kannte. Aber die Wärme und Offenheit der Amerikaner stand in schreiendem Kontrast zu dem grausamen und unmenschlichen System, dem ich überall begegnete. Ich war auf den höchsten Zinnen in Amerika und in den tiefsten schattenreichen Tälern am Rande des Grabes, und überall schmerzte mich die zunehmende Versteinerung und Verschanzung, der die Wärme und Offenheit ausgesetzt waren – eine Wärme, die mir als Ausländer andauernd zugute kam, die aber anderen amerikanischen Mitbürgern gegenüber zu Angst, Haß und Bitterkeit versteinert war. Amerikaner leben sicher

isolierter voneinander und in größerer Entfremdung als irgendein anderes Volk der Erde.
Aber die Gewalt wird fortgesetzt – die Gewalt gegenüber allen unterdrückten Völkern. Allein in Lateinamerika starben innerhalb von sechs Jahren genauso viele Menschen, wie im Ersten Weltkrieg getötet wurden – Menschen, die man hätte retten können. Wieder sind wir bereit, eine Leiche mit einem Tuch zuzudecken, aber wie viele Leichen wollen wir noch zudecken, um Systemen zu entgehen, die besser geeignet sind, dem gemeinsamen Interesse der Weltbevölkerung zu dienen? Dieser Mann wurde unmittelbar vor meiner Unterkunft auf der Ersten Straße in New York ermordet, schräg gegenüber einer Getto-Wandmalerei, die er vielleicht nicht mehr hat erreichen können und die er vielleicht auch gar nicht hätte lesen können. Zur späten Abendstunde stehen an dem Bild zwei Vietnam-Veteranen, die draußen waren, um die westliche Zivilisation zu verteidigen und die jetzt auf den Straßen betteln gehen müssen. Die Farbigen sind zu ihren eigenen Ausbeutern und Unterdrückern geworden und werden über das Meer dahin geschickt, woher sie kamen. Noch ein Kind, ein Mädchen von fünf Jahren, ist in der Gettogewalt getötet worden. Der Kreis schließt sich.
Bei wie vielen Leiden sollen wir noch Zeuge sein – oder ihre Ursache? Wir wissen es nicht. Wir streuen die Unwissenheit mit der Asche unserer Opfer ins Meer. Das Meer mag sie zurück an die Küsten schwemmen, von denen ihre Vorväter damals kamen, als wir sie brauchten. Möge noch eine schwarze Mutter ihr Kind ins Meer werfen – wie schon einmal vor vierhundert Jahren…
Die Lebenszeit unseres Systems…

Schiff ahoi! Schiff ahoi! Schiff ahoi…
So weit, wie das Auge sehen kann,
Männer-, Frauen- und Kindersklaven,
die ins Land der Freiheit kommen,
wo ihre Lebensweise schon vorbestimmt ist –
sie sind so jung, sie sind so stark
– und warten nur darauf,
erlöst zu werden…

Schiff ahoi! Schiff ahoi…
Fühlst du nicht das Wogen des Meeres,
den kalten Wind, der vorüberweht?
Es gibt so viele Fische im Meer –
wir gleiten nur auf den Wellen,
den Wellen, den Wellen…